新时代高质量教师培训研究丛书·第一卷

肖韵竹　张永凯　汤丰林◎主编

教师培训课程建构

钟亚妮　等◎著

北京出版集团
北京教育出版社

图书在版编目（CIP）数据

教师培训课程建构 / 钟亚妮等著 . —— 北京：北京教育出版社，2023.10

（新时代高质量教师培训研究 / 肖韵竹，张永凯，汤丰林主编；第二卷）

ISBN 978-7-5704-5968-1

Ⅰ.①教… Ⅱ.①钟… Ⅲ.①教师培训—课程建设 Ⅳ.① G451.2

中国国家版本馆 CIP 数据核字 (2023) 第 203597 号

新时代高质量教师培训研究丛书·第二卷

教师培训课程建构

钟亚妮　等著

出　　版　北京出版集团
　　　　　北京教育出版社
地　　址　北京北三环中路 6 号
邮　　编　100120
网　　址　www.bph.com.cn
总 发 行　京版北教文化传媒股份有限公司
经　　销　全国各地书店
印　　刷　北京九州迅驰传媒文化有限公司
版印次　2023 年 10 月第 1 版第 1 次印刷
开　　本　787 毫米 ×1092 毫米　1/16
印　　张　16
字　　数　310 千字
定　　价　52.00 元

如有印装质量问题，由本社负责调换
质量监督电话 (010)58572740　(010)58572393

新时代高质量教师培训研究丛书

编委会

主　　任：肖韵竹　张永凯

副主任：桑锦龙　汤丰林　杨建新　张润杰　张林师

编　　委：王远美　王钦忠　李军　李雯　吴珊　邸磊
　　　　　张金秀　胡淑云　谢志东　潘建芬

主　　编：肖韵竹　张永凯　汤丰林

副主编：张金秀　钟亚妮　余新　王军　李军

著　　者：于晓雅　王丁　王军　王志明　王希彤　王淑娟
　　　　　石双华　白永然　吕蕾　刘勇霞　许甜　孙翠松
　　　　　李军　李怀源　李玮　李爱霞　吴呈苓　何冲
　　　　　余新　邸磊　沈彩霞　张庆新　张金秀　金颖
　　　　　孟彦　胡春梅　胡淑均　柳立涛　钟亚妮　徐超
　　　　　徐慧芳　黄琳妍　常洁云　梁文鑫　靳伟　谭文明
　　　　　潘建芬　薛野

本卷作者：钟亚妮　许甜　王志明　于晓雅　李玮　何冲
　　　　　白永然　常洁云

总　序

2023 年，北京教育学院迎来七十华诞。作为北京市专门设置的以首都基础教育干部教师继续教育为使命的成人高等师范院校，经过七十年的艰苦奋斗，学院在人才培养、学科建设、科学研究、队伍建设等方面取得了显著成绩，核心竞争力和综合办学实力不断提高，培养了大批优秀干部、教师、学科带头人及教育专家，为首都基础教育干部教师队伍建设做出了应有的贡献，成为深度支撑首都教育现代化发展战略需求、引领和支持京津冀基础教育协同发展的重要基地，在全国基础教育干部教师培训领域发挥了示范表率作用。本套丛书在深入总结学院七十年干部教师培训经验的基础上，以"高质量教师培训"为主题，围绕培训理论、培训课程、培训模式、培训质量评价等干部教师培训的核心问题，既做了必要的理论提升与建构，又针对实践中的一些难题做了必要的回应，希望在新时代推动教育高质量发展的新征程中，能够为干部教师培训的实践者和研究者提供有益的启示。

丛书以北京教育学院干部教师培训长期积淀和凝练的宝贵经验为出发点，展开理论与实践的反思、研究与写作。

第一，以政治建设为统领，全面加强党的领导。北京教育学院长期以来一贯重视党建和思想政治工作。坚持以马克思列宁主义、毛泽东思想、邓小平理论、"三个代表"重要思想、科学发展观、习近平新时代中国特色社会主义思想为指导，统一全院党员干部思想、意志和行动。坚持和加强党对学院工作的全面领导，坚定落实党委领导下的校长负责制，推动学院党建与主责主业深度融合，为教育事业发展提供坚强的政治保证。学院多年发展的经验告诉我们，只有始终坚持党的全面领导，坚决扛起管党治党、办学治校主体责任，切实发挥党委"把方向、管大局、作决策、抓班子、带队伍、保落实"的作用，才能确保学院事业发展蓬勃向上。七十年来，围绕提高党的建设科学化水平，学院持续加强党的政治建设、思想建设、组织建设、作风建设和纪律建设，不断推进基层党组织全面进步、全面过硬，着力打造忠诚干净担当的干部队伍，深入推进党风廉政建设和反腐败工作。特别是我国发展进入新时代以来，学院坚持以党的政治建设为统领，把政治标准和政治要求贯穿到管党治党与办学治校全过程；坚持不懈用习近平新时代中国特色社会主义思想武装头脑，牢牢掌握党对意识形态工作的领导权；深入落实新时代党的组织路线，大力加强学院领导班子建设，健全完善党委职能部门，优化基层党组织设置，加强党支部标准化、规范化建设，增强党支部战斗堡垒作用；推进全面从严治党向纵深发展，认真落实党委主体责任和纪委监督专责，形成党委纪委同向发力、齐抓共管的工作格局，学院风清气正的政治生态和育人环境得到进一步巩固和提升。坚定的政治方向是我们开展高质量干部教师培训研究的基本遵循。

第二，恪守职责使命，服务首都教育发展。学院只有恪守职责，胸怀教育大局，心系服务对象，通过有效培训架起衔接政府需要与教师需求之间的桥梁，才能凭借优势为首都基础教育发展提供贴心支持。多年来，学院精心设计与组织实施的一系列重大培训项目，得到各级领导与基层学校的充分肯定与好评，也印证了始终坚持服务首都基础教育是学院事业发展基本遵循的宝贵经验。学院从诞生之日起就同首都基础教育改革与发展的大局息息相关，也因此长期坚持了紧跟时代需求的办学理念。学院为大局服务的重要方式就是通过提供专业的培训，建立社会、政府需要与校长、教师自身发展需求有机结合的纽带，保证政府公共教育政策的落实，同时促进培训对象自身的发展。学院广大教职工透彻理解教育公共政策的核心价值目标，准确分析政策实施中的重点难点问题，深入了解培训对象的现状与教育方针政策实施之间的差距，在培训的设计与实施中，努力探寻缩小这一差距的最有效方式，想政府之所想，急基层之所急，解校长、教师之所需。七十年来，学院始终坚持深入基层学校、深入教学一线、深入教师生活的工作作风。早在二十世纪五六十年代，学院教师就形成了"系统进修与中学教学实际相结合"的教学特点。七十年代末之后，"下校听课"以切实了解一线教学状况成为学院的一项常规制度。近些年来，学院精心设计并组织实施的一系列新项目，如"农村中小学教师研修工作站""北京市中小学校本研修与整校推进培训项目""支持通州教师素质提升专项计划""房山北沟美丽乡村教育项目"等，因扎根一线又深度契合学员需求，获得了北京市中小学校和培训学员的一致好评。密切联系学校教育教学实际、深入了解校长教师需求，是学院培训工作质量不断提升的"传家宝"，也是高质量培训研究的重要基础。

第三，坚持守正创新，科学定位学院发展。坚守是发展之魂，创新是发展之源。坚守是为了履行使命，永葆学院特色；创新是为了紧跟时代潮流，与时俱进。在"变"与"不变"的对立统一中，学院只有科学定位，才能保持自身发展的定力与活力，在传承中创新，在创新中传承。七十年来，学院心无旁骛地牢牢坚守为基础教育改革发展服务的信念，专心致志从事干部教师教育培训事业，形成了独特的发展优势，也获得了广阔的发展空间。七十年来，学院深刻领会市委、市政府坚持独立设置北京教育学院的战略意义和教育部的相关精神，不跟风、不浮躁、不摇摆，以"心系首都教育，造就首都教育家；情系学院发展，营造教师发展摇篮"作为全院共同的目标追求，始终坚持造就首都教育家的教育使命，做首都教育事业的"奠基石"决不动摇。在坚守办学方向的同时，学院努力在创新中实现超越。从建院初期的"教什么，学什么；缺什么，补什么"，到之后的教材教法培训和学历补偿教育，再到近年来大规模的干部教师专业培训，无不体现出学院办学的与时俱进，体现了学院对教育改革与发展趋势的准确研判，以及对一线学校和干部教师发展需求的及时把握，确保了培训的前瞻性和引领性。随着学院培训专业建设与内涵发展的深入，新的培训模式不断涌现，如名校长工作室"开放式主题合作研究"模式、骨干教师工作室"主题驱动合作研修"模式、"祥云行动"的现场学习模式、国内访学"研究性访学"模式、"反思性实践"培训模式、"导师带教""带薪脱产"培训模式、线上与线下相结合的混合式培训模式等。此外，学院还成功举办了多元智能国际研讨会、教师培训国际论坛、海峡两岸教育论坛、教师学习与专业发展等影响较大的学术活动。这样的坚守与创新也是我们开展高质量干部教师培训的根本动力。

第四，遵循教育规律，促进培训模式升级和转型。只有遵循规律，潜心钻研探索，塑造精准、专业的品质，学院的干部教师教育培训事业才能实现长足发展，保持领先地位。遵循规律是发展之规，专业品质是发展之果。实践证明，以研促训，研训一体，在丰富的培训实践中开展研究，同时以研究的态度和方法促进培训质量的提升，是学院实现专业化发展的必由之路。其中，最重要的是对校长教师成长规律的研究，对教师培训科学规律的探寻，以及对从根本意义上的学科建设规律的遵循。对规律的遵循也是学院培训工作不断升级转型的前提。七十年来，学院在培训实践中不断深入理解教师作为培训主体、培训是实现教师自身生命成长的内涵，促进了培训方式由教师被动参与培训向构成学习共同体的研修形态转变，推动了学院在教师培训理论上的新发展，不断实现从工作走向学术、从经验走向理论的跃迁。对规律的系统总结与梳理，是我们开展高质量干部教师培训研究的宝贵财富。这些规律主要体现在如下三个方面。

一是校长教师成长规律。在丰富的培训实践中开展校长教师成长规律的研究，是学院的优良传统。学院所倡导的校长教师研究不仅仅是纯学理性的研究，更是将先进理论与教育教学实践有效衔接的实践性、应用性、对策性、操作性的研究。在探寻规律的道路上，学院取得了一系列卓有成效的成果。比如，二十世纪八十年代编著了国内第一部《学校管理》专业教材和第一部《中国教育管理史》，推出了全国第一套较为系统的教师继续教育课程指南，出版了在全国影响广泛的由教师、校长著书立说的《北京教育丛书》，等等。在新世纪课程改革的挑战面前，学院启动了新课程理念转化为优质教学行为的过程研究、教师专业发展的理论与实践研究、借鉴多元智能理论开发学生潜能等实践研究。学院的学科创新团队和学科带头人在这样的研究与实践中成长起来，学院也因此拥有一批又一批实践性、综合性与辐射性较强的研究成果，核心竞争力大大增强。

二是教师培训科学规律。干部教师培训是一种具有专业性的教育实践，有其自身的规律与特点。七十年来，学院未曾改变过校长、教师教育"专门"学院的性质，在丰富的培训实践中认真研究培训。依据成人学习规律努力更新培训内容，创新培训模式，提升专业品质，已经成为全院教师的共识。学院陆续开展了"中小学教师专业标准""中小学教师培训课程指南""中小学教师教学技能测试""中小学校长任职资格培训课程体系建设""中小学校长任职资格培训必修课程标准""中小学校长培训效果追踪""中小学校长教师培训评价体系建设""中小学新任教师培训标准与规范化培训"等领域的研究；在全国率先实行校长岗位任职合格培训制度，创立了中小学校长持证上岗制度；创新并逐步完善了在职教师继续教育与培训制度。从建立标准、建构课程到科学评估，学院对培训开展的专业研究有条不紊地进行并持续开展。学院还特别注重以科研促进培训课程资源建设，先后组织出版了"绿色耕耘"丛书、"校长研修"丛书、"学校诊断"丛书、"学习与思维"教学指导丛书等，在全国干部教师教育培训领域产生了较大影响。

三是学科建设规律。学科建设是学院事业发展的根基。自"十一五"以来，学院通过选聘学科带头人、探索重点学科建设、开展学科创新平台建设等方式，积极推进成人高等教育学校的学科建设，并积累了宝贵的经验。近年来，学院通过推进学科创新平台建设，努力把学术研究、人才培养、队伍建设、实践基地建设和社会服务等有机结合起来，构建了以教师教育为核心的四大学科图谱，特色学科建设模式更加清晰。

学院统筹设置了 33 个非实体性学术研究平台，跨学科、跨专业、跨院系的科研攻关机制更加完善，有组织的科研有了更加强有力的组织保障。

第五，坚持人才强院，造就"师者之师"。学院发展的历史，是几代培训人创业、奉献，在促进学院发展的基础上实现自身发展的历史。只有锤炼队伍，培养顶天立地，教学、科研、管理"三位一体"的人才，学院的事业才能蒸蒸日上、永葆活力。随着时代的发展，人才是立院之本、教师是学院发展的第一资源的理念愈加深入人心。学院坚信，只有始终坚持人才强院，构建"顶天立地"的人才发展格局，为教职工创造发挥潜能、成就事业的体制机制，才能永葆事业发展的活力。作为"师者之师"，一是要有专业情怀，形成对干部教师教育培训事业价值的高度认同。学院始终重视党建和思想政治工作，坚持"师者之师"标准，加强师德师风建设，常态化推进师德培育涵养，举办青年教师启航成长营，建立新教师入职宣誓制度和师德承诺制度。二是要具备深厚的专业理论功底，深谙中小学教育教学实践。学院一方面加强学科带头人队伍建设，发挥他们在学科建设、科学研究和培训工作中的示范引领作用；另一方面，强化"欲为人师先拜师，欲强培训先下校"的人才培养理念，积极促进青年教师的专业发展。学院通过举办青年教师教学比赛、先锋博士论坛等活动，安排新入院教师到一线学校锻炼，持续提升教师教书育人能力水平。学院实施"优教优才发展工程"，深入开展优秀教师与团队选树表彰，引育并举加强教师队伍建设。学院持续性的培训者队伍建设，为开展高质量干部教师培训研究奠定了重要的人才基础。

基于以上经验，本套丛书结合国内外对教师职后教育、在职教师专业发展的最新研究成果，集学院专业力量对如何做好高质量教师培训工作进行了系统研究。"新时代高质量教师培训研究丛书"由四卷构成，分别对培训理论、培训课程、培训模式、培训质量评价进行研究。

第一卷《教师培训理论研究》主要从教师培训哲学、教师培训伦理、教师培训心理、教师培训设计、教师培训机构管理、教师培训文化与教师培训政策七个方面对高质量教师培训进行理论建构。全书以"教师发展"作为逻辑起点，从本体论、认识论和实践论三个层面对高质量教师培训进行哲学探讨，并尝试建构了"教师培训的生命增值理论"，同时，对教师培训中应有的价值伦理、心理场域、设计思维、管理治理及文化与政策等问题进行了阐释。

第二卷《教师培训课程建构》聚焦教师培训课程问题，从社会学、心理学、哲学等学科基础及课程与教学论的视角，基于教师专业标准、教师生涯发展和问题解决等维度建构教师培训课程体系，从教师培训目标确定与主题内容选择、教师培训课程实施与评估、教师培训课程管理、教师培训课程资源建设等方面对培训课程建设的具体流程和环节进行分析，为教师培训课程设计与有效实施提供了理论支撑和实践参考。

第三卷《教师培训模式创新》聚焦教师培训模式创新，基于成人学习、建构主义等理论，对教师培训模式创新的目标、内容、方式、评价的一体化以及模型运行机制进行分析，重点对新手型教师（新教师）、熟练型教师（优秀青年教师）、胜任型教师（区级骨干教师）、成熟型教师（市级骨干教师）、专家型教师（特级教师与正高级教师）以及协同创新型校本教师研修（UDS）等模式进行了创新性探索。

第四卷《教师培训质量评价》基于教师培训质量评价的内涵与要素，分析了培训质量评价体系构建的价值取向与目标体系、原则与结构等基本问题，重点从培训需求分析评价、培训项目设计评价、培训课程资源评价、培训绩效评价、培训组织机构评价等方面建构了系统的教师培训质量评价体系，为实践者与研究者提供了涵盖培训全过程与全要素的丰富案例与评价方法。

新时代是加快建设教育强国的关键时期，也是首都教育全面开启建设高质量教育体系和实现高水平教育现代化的新阶段。面对新的发展形势，我们将站在历史发展的新基点上，继续坚持"献身终身教育，培育育人之师"，全面贯彻党的教育方针，将高质量教师队伍建设作为教育强国建设的基础工程，以更高远的历史站位、更宽广的国际视野、更深邃的战略眼光，持续探索高质量教师培训体系的理论与实践建设新路径。我们期待与全国基础教育干部教师培训的研究者与实践者携手同行，开创更加美好的未来！

肖韵竹　张永凯　汤丰林

2023 年 9 月 10 日

序

深化教师培训研究　健全中国特色教师教育体系

　　教师培训是中国特色教师教育体系中的重要组成部分,是促进教师从资格走向合格、从合格走向卓越的有效途径,是教师提升素质能力的重要环节和不断实现专业成长的根本需要。新中国成立以来,随着社会经济和教育事业的不断发展,国家在各历史发展阶段持续制定了一系列教师培训政策,各地各校也在工作中积累了经验。进入新时代,踏上新征程,一些培训主体提高站位,适应时代,守正创新,开展了一系列卓有成效的理论研究和实践探索,取得了丰富的研究成果,赋能了广大教师的专业成长,为我国建成国家、省、地市、区县、学校较为完备的五级教师培训体系做出了贡献。

　　北京教育学院创建于中华人民共和国成立之初的1953年。作为北京市专门设置的以基础教育干部教师继续教育为使命的高等师范院校,学院70年的发展历程,是中国特色教师教育体制不断健全、教师培训制度不断完善的生动记录和发展缩影。近年来,学院胸怀教育大局,笃信建设教育强国,基础在教师,以构建中国特色教师教育体系为抓手,切实把强师工程作为建设教育强国的战略基础抓实抓好,在全国基础教育干部教师培训领域发挥了示范表率作用,为我国教师教育体系建设和中国特色教师培训体系贡献了首都样本和北京方案,在承担"国培计划"、落实国家脱贫攻坚和乡村振兴教育支援过程中成效卓著,在教师队伍政策研究、教师素养研究、教师专业发展研究方面成果不凡。

　　"新时代高质量教师培训研究丛书"是学院在教师培训研究领域多年砥砺深耕的代表性成果。在北京教育学院建院70周年之际推出的这套丛书,聚焦教师培训领域的核心问题,对教师培训理论、培训课程建构、培训模式创新与培训质量评价等重要议题进行了深入研究,为教师培训高质量发展提出了政策梳理、理论思考、实践策略与未来建议,具有非常重要的时代意义。

　　"新时代高质量教师培训研究丛书"认为,教师是兴教之本、强教之源。中共中央多次部署,强国兴师势在必行。教师是人类灵魂的工程师,是人类文明的传承者,承载着传播知识、传播思想、传播真理,塑造灵魂、塑造生命、塑造新人的时代重任。进入新时期新征程，党中央将教师工作摆在前所未有的重要地位，教师队伍建设迎来了新的历史机遇和发展契机。作为中华人民共和国成立以来首份关于教师工作层级最高的里程碑式文件，2018年1月20日中共中央、国务院印发的《关于全面深化新时代教师队伍建设改革的意见》，从党和国家事业全局和战略高度，深刻系统回答了新时代教师队伍建设的一系列重大理论和实践问题，明确了新时代教师队伍建设改革的战略方向。2018年9月10日，全国教育大会在北京召开，习近平总书记强调，全党全社会要弘扬尊师重教的社会风尚，努力提高教师政治地位、社会地位、职业地位，让广大教师享有应有的社会声望，在教书育人岗位上为党和人民事业作出新的更大的贡献。2019年3月18日，习近平总书记主持召开学校思想政治理论课教师座谈会，希望思政课教师以及全国广大教师政治要强、情怀要深、思维要新、视野要广、自律要严、人格要正。2021年4月19日，习近平总书记考察清华大学时指出，教师要成为大先生，做学生为学、为事、为人的示范，促进学生成长为全面发展的人。2023年5月29日，习近平总书记在中共中央政治局第五次集体学习时指出：强教必先强师，要把加强教师队伍建设作为建设教育强国最重要的基础工作来抓，健全中国特色教师教育体系；健全中国特色教师教育体系，大力培养造就一支师德高尚、业务精湛、结构合理、充满活力的高素质专业化教师队伍。2023年9月9日在第39个教师节到来之际，习近平总书记为参加优秀教师座谈会的同志们写来贺信，指出教师群体中涌现出一批教育家和优秀教师，他们具有心有大我、至诚报国的理想信念，言为士则、行为世范的道德情操，启智润心、因材施教的育人智慧，勤学笃行、求是创新的躬耕态度，乐教爱生、甘于奉献的仁爱之心，胸怀天下、以文化人的弘道追求，展现了中国特有的教育家精神。上述重要论断，既为全面加强教师队伍建设注入了强劲动力，也为教师培训工作提供了根本指引。有了"尚方宝剑"，有了持之以恒，有了五级体系，教师培训更具中国特色、中国品质，体现独特性。

"新时代高质量教师培训研究丛书"认为，回顾过往，教师培训成绩巨大，问题仍存，亟待突出精准培养，体现提质增效。在过去十年里，中央和地方一度加大培训力度。为主动适应深化基础教育课程改革、全面实施素质教育的需求，教育部于2013年发布《关于深化中小学教师培训模式改革 全面提升培训质量的指导意见》（教师〔2013〕6号），希望教师培训工作由规模发展向质量提升转型。自此，各地以满足教师专业发展个性化需求为工作目标，引领教师专业成长，在培训规划、项目设计、组织实施、质量监控等方面逐步完善，教师培训进一步规范化和专业化。各级培训机构以服务基础教育干部教师终身学习为使命，培养了一批又一批优秀教师、优秀教育管理者和教育专家，用专业力量助力干部教师成长与学校发展，书写了与时代同步伐的教育篇章。然而，在教师培训领域也存在着针对性不强、内容泛化、方式单一、质量监控薄弱等问题。"新时代高质量教师培训研究丛书"聚焦精准培训、落实提质增效，这是培训"专业化、标准化"必须攻坚克难的问题。教育部、财政部印发《关于实施中小学幼儿园教师国家级培训计划（2021—2025 年）的通知》及附件《"国培计划"示范项目指导方案》中，两处强调"精准培训"，一是在目标任务上强调"实行分层分类的精准培训"，二是在重点改革方面提出"完善高质量精准化的培训机构"。针对现实情况，根据中共中央、国务院印发的《关于全面深化新时代教师队伍建设改革的意见》，2022 年教育部等八部门联合出台《新时代基础教育强师计划》。"强师计划"强调了"深化精准培训改革"，因此教师培训必须更加注重内涵发展、全面提质增效。精准培训不仅是教师培训改革的重要抓手，还是深化教师培训改革的行动自觉和内在追求。所以，要以精准培训为抓手推进教师培训改革，让教师培训赋能队伍发展，让受训的每位教师都能受益，体现精准性。

"新时代高质量教师培训研究丛书"发现，教师培训必须胸怀大局，遵循规律，把握教育改革态势，提高教师培训质量。高质量教师教育体系建设是新形势下教师队伍建设的重要任务之一。随着国家教育领域综合改革的持续推进，"双减""双新"等政策对教师专业素养提出新要求。高质量落实教育改革，关键在教师。为了将国家政策有效转化为教师实践策略，亟待发挥培训的专业引领和支撑作用。随着信息技术的飞速发展，人工智能方兴未艾，教育数字化战略行动亦需要切实落实到教师培训中。教师培训需要提质增效再出发，数字化转型背景下教师培训工作需要创新发展，培训实践与理论研究工作任重道远。教师培训要以新科技变革为动能，依据科学研究与实践论证，重视方向引领，突显示范效应。要实现从教育大国到教育强国是系统性跃升和质变，必须以改革创新为动力，让教师培训与时俱进，体现时代性。

"新时代高质量教师培训研究丛书"认为，教师培训应当对照首善标准，勇担强师重任，服务教育强国建设。锚定 2035 年，面向 2050 年，应当发挥专业培训院校的独特优势，加强教师培训机构的协同联动，聚焦培训制度与管理、培训课程与模式、培训质量评价等核心问题开展深化研究，为高质量教师培训体系建设提供有力支撑。要看到，从"四有好老师""四个引路人"和"四个相统一"，到做学生为学、为事、为人的大先生，到弘扬教育家精神，既一脉相承，又层层递进。那么，高质量的教师培训也要按照首善标准，提升培训品质和质量，不断发力，述而有作，实现卓越。在全员培训的同时，组织卓越培训，优化"双名"工程，助力教育家成长。接受高质量培训的教师，不仅要传道授业解惑，给学生指点迷津，而且自身也要努力明道信道，形成大境界、大胸怀、大格局，努力成为大先生。大先生应当形成教育家精神，做教书育人的育人者，学生成长的引领者，改革发展的创新者，至诚报国的奉献者。

总之，我相信"新时代高质量教师培训研究丛书"能够为广大教师培训工作者提供有益参考和借鉴。期望广大教育同仁坚持问题导向，协同研究教育改革与发展和教师队伍建设中出现的新情况、新问题，深入推进需求导向的精准培训，积极探索数字化赋能教师培训的新路径，切实提高培训质量，为加强中国特色教师教育体系建设和加快推进高水平教育现代化做出新的更大贡献，共同为建设高素质专业化创新型教师队伍、推进教育高质量发展贡献实践智慧与专业力量。

是为序。

王定华

2023 年 10 月

（本序作者系国家教师教育咨询专家委员会副主任委员、中国教育学会副会长、北京外国语大学党委书记、博士生导师）

前　言

　　高质量教师教育体系建构是我国当前教师教育领域的重要政策方向。教师培训是中国特色教师教育体系的重要组成部分。从教师教育体系的视角理解高质量教师培训，需要以新发展理念为导向，以满足广大教师对于高质量专业学习与发展需求为使命，以教师培训体系的多维度优化调整为动力，在推动教师职前培养与在职培训有效衔接的同时，促进教师培训体系内部各阶段、各环节、各要素之间有机融合与持续优化，服务于新发展格局和教育高质量发展。

　　高质量教师培训体系建设是一个整体、动态、复杂的系统，既需要注重理论引领下的顶层设计和系统构建，亦需要关注重点、难点单项突破。其中，教师培训课程是提升教师培训质量的核心要素。近年来，中央和地方不断加大培训力度，教师培训工作取得明显进展，但在培训课程内容与实施等方面依然面临实践问题。如《教育部关于深化中小学教师培训模式改革全面提升培训质量的指导意见》（2013年）明确指出，教师培训"存在着针对性不强、内容泛化、方式单一、质量监控薄弱等突出问题"，同时提出"国家制订教师培训课程标准，建立资源共享平台，促进资源共建共享"。

　　课程是教师培训的载体和中介，是确保培训目标得以实现的关键，是决定培训质量和效益的关键因素之一。随着时代的不断发展，深化精准培训改革对改进与优化培训课程与内容具有新期待。《中共中央　国务院关于全面深化新时代教师队伍建设改革的意见》（2018年）提出要"改进培训内容，紧密结合教育教学一线实际，组织高质量培训"。《新时代基础教育强师计划》（2022年）强调要"聚焦基础教育课程改革的理念、要求和教育教学方法变革""优化培训内容、打造高水平课程资源"。

　　基于新时代对教师培训课程建设提出的新要求，加强培训课程设计、开发、实施的规范性和科学性，进一步增强教师培训的针对性和实效性，是提升教师培训工作质量的重要任务。根据教育部印发的义务教育阶段语文、数学、化学三个学科的"教师培训课程指导标准"（2017年）和"中小学教师培训课程指导标准（师德修养、班级管理、专业发展）"（2020年）等相关政策，结合北京市教师队伍的现状与需求，北京教育学院对教师培训课程建设等工作进行了长期的实践探索与持续研究。本书即北京教育学院对教师培训课程建构的相关理论与实践研究的成果体现。

本书基于社会学、心理学、哲学等理论基础，根据课程开发与实施的基本流程，主要探寻教师培训课程的目标确定与内容选择、培训范式转移背景下的教师培训课程实施策略与方式、培训课程评估、培训课程管理与课程资源建设等重要议题，力求建构系统的教师培训课程体系。教师培训课程的建构，涵盖从新任教师到卓越教师整个教师生涯发展的各个阶段。对于具体培训项目的课程而言，包含课程方案与目标确定、课程内容选择与组织实施、课程评价、课程管理等流程与环节。当前教育数字化转型的背景亦为教师培训课程资源建设提供新动能。

本书共分七章，其中，第一章为导论，第二章阐述理论基础，第三章至第六章分别呈现教师培训课程开发与实施的具体流程与关键环节，第七章探讨数字化转型背景下的教师培训课程资源建设。全书各章主要内容如下：

第一章为导论，主要基于课程与教学论相关研究，界定教师培训课程的内涵、类型、功能、基本原则及开发流程，明确本书的内容边界。在明晰"是什么""为什么"的基础上，明确教师培训课程建构的基本原则（学员主体、学用结合、迭代反馈），以及培训课程开发的主要流程（确定课程主题、开展多方调研、设定课程目标、编制内容体系、设计实施方式、规划评价方案、实施—反馈—迭代）。

第二章聚焦理论基础与设计架构。一是基于社会学、心理学、哲学等理论基础，阐述教师培训课程的内容选择与实施方式，解决教师"学什么"和"如何学"的问题；二是根据课程设计的价值选择，明确学科中心、教师中心、问题中心等三类培训课程设计取向；三是基于专业标准、生涯发展和问题解决等视角，明确教师培训课程建构的维度与结构。

第三章旨在明确教师培训课程的内容。从教师培训课程开发流程的主要环节入手，在确定教师培训方案的基础上，进一步明晰培训主题，开展培训需求调研，确立培训目标和培训课程目标，进而科学选择及编制培训课程内容，为满足教师成长与发展需要提供适切的培训课程内容，确保培训内容的精准。

第四章探讨教师培训课程的具体实施方式。基于成人学习等理论和以学员为中心的培训方式，本章从培训教学流程设计的具体环节及设计要点出发，呈现教师培训课程实施的创新方式，重点阐述旨在提升学员实践反思能力的行动学习法，以及提升学员工作情境中学习迁移能力的"做中学"的培训方式，为培训实施提供实践参考。

第五章围绕教师培训课程评估，从基本流程、数据收集、数据分析和手段革新四方面分析教师培训课程评估"如何做"的问题。本章阐明了教师培训课程评估的主体与客体、模式与原则，以目标评价模式、CIPP 评估模型、柯氏评估模型等评估模型研究为基础，分析了教师培训课程评估的数据采集方式及数据分析方法，并探讨了基于大数据背景下的教师培训课程评估手段革新。

第六章探讨教师培训课程管理问题。一是基于教师培训课程管理系统中的基本要素和主要环节，建构教师培训课程管理体系；二是从团队研发机制、流程管理机制和培训课程质量保障机制等探讨培训课程管理"环环相扣"的组织与制度保障；三是基于政策背景，探讨教师培训自主选学机制及其建构。

第七章旨在探讨教师培训课程资源建设。在明确教师培训课程资源的内涵与类型的基础上，本章重点阐述教师培训课程资源的开发、利用和评价，以及新技术支持的教师培训课程资源。基于数字化教育资源赋能教师培训的层次分析，本章阐述了数字化赋能的教师培训课程资源的开发与应用，呈现了数字技术赋能教师学习的课程资源。

课程是教师培训的核心要素之一。从课程与教学论的视角，以及关于课程建构的社会学、心理学和哲学等学科基础，结合培训实施的实践性，本书建构了包含教师专业标准、教师生涯发展和问题解决等维度的教师培训课程建构框架，在培训实施的具体流程方面，明确了培训课程目标设定与内容选择、具体实施方式、管理与评价等关键环节，并探讨了数字化转型背景下的教师培训课程资源建设。

期望本书提出的教师培训课程建构路径及具体方式，能够满足培训的现实需要和教师发展需求，基于教师专业标准和教师教育课程标准，通过对培训课程的方案设定、课程内容选择、具体实施流程、评估与管理等方面进行系统整体设计，进一步提高培训课程对教师专业发展个性化需求的满足度，提升培训课程内容与一线教育教学实际的关联度，形成基于教师学习需求与现实要求的更具针对性的培训课程，在推进深化精准培训改革过程中，为教师自主选学提供更加多元优质的终身学习资源。

钟亚妮

2023 年 9 月

目　录

第一章　教师培训课程建构：导论

本章主要界定教师培训课程的内涵、类型、功能、基本原则及其开发流程，从课程与教学论的视角奠定理论基调、确定内容边界。本章首先回到"课程"的定义，从课程是什么、课程概念的学术流变、课程的内涵与外延、课程与教学的关系、课程的主要类型及其载体等来把握"课程"的本质，进而剖析教师培训课程的含义、类型与载体，论证教师培训课程的特征，即课程主题的多元性、课程目标的针对性、课程内容的综合性、教学对象的异质性、实施方式的生成性、课程评价的应用性等。在明晰"是什么""为什么"的基础上，明确教师培训课程建构的基本原则（学员主体、学用结合、迭代反馈），详细呈现教师培训课程开发的七大流程（确定课程主题、开展多方调研、设定课程目标、编制内容体系、设计实施方式、规划评估方案、实施—反馈—迭代），分别论述各流程的基本内涵、方法要点及注意事项等。

第一节　课　程

课程是实现特定教育目标的主要途径和基本方式，承担着培养人、传递文化、服务社会等多重功能。对于"课程"这一耳熟能详的术语，学术界、教育实践领域对其内涵的理解不尽相同。为了清晰界定教师培训课程，需要首先回到"课程"这一概念，从学术界对课程的多重定义出发，回到其词源，即本质内涵来确定课程的基本内涵、外延、要素，以及课程与"教学"概念的区别与联系、其分类体系及主要载体等。

一、课程是什么

（一）常见的课程定义

课程是一种古老的教育实践，在人类历史中，课程一般被看作"将特定的、选择出来的文化遗产由一部分人传递给另一部分人"[①]的一种工具和媒介。在教育史上，这种传递涉及非正式的代际对基本技能、礼仪的传授与学习，以及正式的学校制度确立之后的各级各

[①] [瑞典]T. 胡森，[德]T.N. 波斯尔斯韦特：《教育大百科全书：课程》（丛立新、赵静译），重庆，西南师范大学出版社，2011。

类教育方案。尽管课程的实践史源远流长，但将课程作为一种需要专门人力来编制、开发、更新的系统行为，则是相对较新的时期才出现的理念。与之对应，课程论成为教育学科的一个专门研究领域，是直到 20 世纪才确立下来的。随着课程论的不断发展，在长期实践中，学校课程样态不断丰富，对于课程概念的看法也逐渐多元化，且都具有一定的理性根基。概括来看，对课程的概念有如下四种基本的界定。

一是科目，即以知识的特性为主要基础而分门别类呈现的教学内容。这是最古老的一种课程的界定，也是最被广泛接受的一种课程界定。中国古代的六艺（礼、乐、射、御、书、数）、六经（《诗》《书》《礼》《乐》《易》《春秋》），欧洲中世纪的七艺（文法、修辞、辩证法、算术、几何、天文、音乐）等，都是按照不同的知识及学问的独特属性而形成的特定类别的教与学的传授框架。《中国大百科全书·教育卷》也将课程界定为"广义指所有学科（教学科目）的总和……狭义指一门学科[1]。"

二是结果或目标，即预定的有结构、有序列的学生学习结果或预期达到的学习目标，代表人物是以科学管理学和行为主义心理学为主要理论基础的一批学者，如泰勒、博比特、加涅、约翰逊等。他们认为"课程"与"教学"不同，课程的主要特征是还未进入具体互动阶段，课程是"期待的""规定的"教学的结果[2]，是一种预期。泰勒则在《课程与教学的基本原理》中以"预期的教育目标"串起了整个课程设计的全流程[3]。

三是计划，即教育计划或学习计划，重视教学的范围、内容、程序、序列等因素，全面把握教学内容以及课程实施的过程。代表人物塔巴认为课程"是一种学习计划"[4]，比彻姆认为，"课程是书面文件……基本上是学生注册入学于某所学校期间受教育的计划"[5]。

四是经验，即学生在校期间获得的全部经验。这是从 20 世纪初进步主义教育理念风靡全球以来在教育界影响深远的一种课程定义。受杜威的"教育是在经验中，由于经验和为着经验的一种发展过程"[6]的影响，人们认为课程不应是一种预先设定的目标或内容，应该与儿童的生活密切联系，与学科知识、社会相统一。杜威倡导并实施的经验课程形态是"主

---

① 中国大百科全书出版社编辑部：《中国大百科全书·教育》，北京，中国大百科全书出版社，1985。
② M.Johnson，Definitions and Models in Curriculum Theory，Educational Theory，1967（2）.
③ [美]Ralph W.Tyler：《课程与教学的基本原理》（罗康、张阅译），北京，中国轻工业出版社，2008。
④ 靳玉乐、黄清：《课程研究方法论》，北京，人民教育出版社，2012。
⑤ [美]乔治·A·比彻姆：《课程理论》（黄明皖译），北京，人民教育出版社，1989。
⑥ [美]约翰·杜威：《我们怎样思维·经验与教育》（姜文闵译），北京，人民教育出版社，2005。

动作业"，即"复演社会生活中进行的某种工作或与之平行的活动方式"①。此后很多学者继承了这一观点，认为课程最终应该是学习者在学校实际获得的一切经验，不管它是计划内的还是计划外的。如经济合作与发展组织把课程定义为"囊括儿童在校学习期间应具备的全部经验，并包含教育目标、教育目的、课程、教学活动、师生关系、人力物力资源以及所有影响学校师生关系的调查"②。美国《新教育百科辞典》将课程界定为"在学校的教师指导下出现的学习者学习活动的总体"③。经验说一般被认为是广义的课程定义，即不仅看到了学校的规定性、计划性教育活动，也看到了学生主动参与的活动、实际获得的体验，是真正落到学生层面的课程。

除了上述四类最广泛流行的课程定义之外，还有一些其他流派对课程的认识，如麦克·阿普尔、麦克·扬、布迪厄等再生产理论流派和"新"教育社会学派等，他们认为课程是社会文化的复制与再生产的基础性工具与手段。课程知识的筛选、课程内容的传递、课程结果的评价等过程与环节都存在着各种显性与隐性的社会权力要素的作用，这是一类更为宏观视野的对课程现象及其现实问题的审视视角。另有一类观点从教师专业的角度来分析课程的教育意义，此类观点认为课程是教师的研究假设与实践，是教师基于自身经验与智慧作出的一套教学历程的预判，他们通过行动来寻求控制和预测，或者寻求行为的意义、价值的判断，以及教育活动里所蕴含的正义和平等。

综上所述，可以看出课程定义的复杂性与多样性。事实上，还有一些界定是综合化的，如顾明远主编的《教育大辞典（第1卷）》将课程界定为："（1）为实现学校教育目标而选择的教育内容的总和。（2）泛指课业的进程。（3）学科的同义语，如语文课程、数学课程等。"④该定义主要涵盖了科目说、内容说、计划说。

（二）回到词源看课程

从词源学的角度来看，英文"课程"（curriculum）一词的拉丁语词根"currere"是车道、跑马道的意思，最初指的是静态的跑道，也可指"铺设好的"等待被学习的内容。在著名的概念重建主义课程学者派纳看来，它是动态的，是"奔跑"的意思，强调的是师生奔跑的过程与经历、教师与学生在教育过程中生动的经验和体验。英国学者康赛尔则认为，"跑道"有三种隐喻：一是奔跑的每一步都重要，抄近道是一种越轨行为；二

---

① 张华，石伟平，马庆发：《课程流派研究》，济南，山东教育出版社，2000。
② [伊朗]S.拉塞克、[罗马尼亚]G.维迪努：《从现在到2000年教育内容发展的全球展望》（马胜利译），北京，教育科学出版社，1996。
③ 钟启泉：《现代课程论》，上海，上海教育出版社，1989。
④ 顾明远主编：《教育大辞典（第1卷）》，上海，上海教育出版社，1990。

是时序特征明显，不是所有内容一直累加，而是有随着时间流转而逐级展开的内容结构；三是持续的叙事，不是简单的编年体或数列，而是像小说、电影那样充满了内在动态关系的叙事①。

综合学者们的不同观点，以"跑道"为透镜，课程至少有如下基本内涵：

第一，课程是学校教育的正式性的集中体现。学校组织具有不同于家庭教育、社会教育等的正规性，"在跑道上跑"而不是在其他地方随便地跑是学校教育的一个基本要求。铺设了什么跑道，大致可以预见一个孩子在此教育体系结束之时的成长规格。因而，课程一般被视为某一教育体系或者某一学校的核心竞争力，如我国公立教育体系从一年级到九年级的课程体系、国际文凭组织的 IB 课程、英国高中阶段的 A-level 课程、美国的大学先修课程（AP 课程）等。

第二，课程规定了所有学生的大致相同的待学习轨迹。从起点到一个个的阶段性终点，在这个过程中"越轨"是不被允许的。课程中的学习有明显的结构化特征，学完上一步才能进入下一步，学习的每一阶段会有不同的目标、内容及相应的评价标准与资格或资质证明获取标准。

第三，课程中的"人"的要素不可忽略。不同学生的学习速度不一，终点可能不一，学习体验也可能大不相同。输赢并不由起点或中途的某一点决定，持续的奔跑即终身学习的兴趣、毅力与意志品质最重要。

在我国，最早出现的与当前"课程"一词的内涵较为一致的说法可追溯到宋朝的学者、教育家朱熹，其在《朱子全书·论学》中数次提及"课程"一词，如："宽着期限，紧着课程""小立课程，大作功夫"等。这里的"课程"主要指"功课及其进程、进度、程度"，与今天日常语言中"课程"的意义已极为相近，既包含"功课与课业"，也包含"课业学习的进程与程度""自我设定的课业学习目标"等主要内涵。

（三）课程的内涵、外延与基本要素

综合古今中外的多种定义，课程可被视为各级各类教育机构根据一定的教育目的和培养目标，有计划地编制的各个领域的学习内容及进阶体系的整体方案，包括学习的内容范围、组织结构、实施方式、管理机制和评价方案等。

从外延上看，课程概念并不完全等同于学校教育的概念，它是学校教育的重要渠道与途径。学校教育中也并非所有活动都是以课程形式来呈现的。课程也不等同于教学，它不

---

① Christine Counsell, Disciplinary knowledge for all, the secondary history curriculum and history teachers' achievement, The Curriculum Journal, 2011（22）.

是单节课时，而是系列课时的统合体。课程也不是某种单一形态的存在，其开发主体、组织核心、面向人群等内容各异。实践中的各类学科课程、活动课程、必修课程、选修课程等，都是课程的具体类型。

从上述界定中，可识别出课程的基本要素为目标、内容、进阶、评价。目标是期待学生通过课程的学习之后达到的效果，内容是服务于目标的各类教育性经验，进阶是成体系的、有明显时序特征的进程与进度安排，评价是针对目标达成情况的检查方案。只有同时具备了这四大要素才为课程，而缺乏上述要素之一或之二或之三的学校各类教育活动或实践，如只有"内容"的某一项单次活动，则不能够被称为规范意义上的课程。此为课程外延的另一种界定。

二、课程与教学

从上述课程的界定中可以看出，课程是一项综合性、系统性的工作，包含计划、编制、实施、评价、反馈、更新、变革等一系列相互制约、递进循环的过程。如果只停留在课程计划的书面文本上，而没有后续的实施、评价等系列过程，课程只是毫无意义的一纸空文。在学校中，为了有效地实施课程，需要教师与学生两大主体协同互动，开展教与学的相关工作。历史上，"课程"与"教学"二者的关系经历了复杂的论辩。有人认为教学的历史更为久远，在没有正式的"课程"或者说在人类积累的知识被分化为严格门类的学科之前，人类就已经开展教学事业数千年了，故课程不是教学的必要条件；也有人认为尽管"课程"这一正式概念出现的历史较短，但在人类社会的历史上，它一直都与制度化的教育机构相伴而生，任何时代所有师生进行教和学的基本前提都是课程。为了更好地认识课程定义，我们需要对课程与教学的关系进行多方位的辨析。

（一）关于课程与教学关系的常见看法

在课程研究史上，对于课程与教学的关系一直众说纷纭，占主导地位的看法主要包括分离说、分叉说、包容说和整体说。

"分离说"认为课程是上级制定的，是固定不变的；而教学是对课程的执行与实施。课程是内容，教学是过程，二者互相独立，各自分离。

"分叉说"认为教学是课程的其中一种表现形式，如认为课程开发包含三个层次：宏观层面的课程开发是国家层面官方课程文本的编制，中观层面的课程开发是区域或学校对国家官方课程的地方化与校本化转化，微观层面的课程开发即教师拿到课程文本之后针对班级学生学情进行的独特教学设计。因此，教学设计是课程开发的微观层次。

"包容说"分别将课程或教学视为彼此的一部分。如历史上我国曾奉行一些学者"大教学论"的主流观点，将课程视为教学的一部分，重点研究教学的规律与理论，教学的系统可分为教学目标、教学内容、教学方法、教学评价等，而课程就是教学内容。从 20 世纪末和 21 世纪初开始，在新课程改革推行的大背景下，我国学界及实践领域普遍认同英美学界的"大课程论"，研究的重心逐渐从教学论转向课程论，开始将教学视为课程的一部分——课程的系统分为课程编制、课程设计、课程实施、课程评价等，而教学就是课程实施。目前这一看法普遍被大家接受，将教学视为课程实施的主要途径[①]（尽管并非所有的课程都通过教学来实施）。

"整体说"认为课程与教学是一个循环整体。课程设计之后是教学，教学之后再次反馈并回到课程设计；或者认为课程与教学是一个有机整体，共同组成了学校中教师与学生的主要教育活动，没有必要将其中某一个隔离出来单独讨论。

（二）回到词源看课程与教学的关系

上述观点各有其立场，也都有相应的合理性。但如果要把握课程与教学各自的本质要素及其内在区别，需要再做追本溯源的工作。从词源的角度来看，"课程"指的是"课"与"程"的综合体，是课业、功课及其进程与进阶体系，是学校根据一定的教学目的和教学计划为学生设置的学习方案，包括学习的内容范围、组织结构、实施方式、管理机制和效果评价等。而"教学"指的是"教"与"学"的综合体，不仅是强调"教"，而且是教师的教和学生的学相统一的双边活动。

从其各自的重点来看，课程的工作涉及设计学习内容、推进流程及方式、制定相应的规则等；而教学重在理解规则、互动、传递与示范，以及持续地激励学生。从常用的固定搭配看，与课程相关的词组有课程开发、课程编制、课程建设，而与教学相关的词组则有教学手段、教学方法、教学组织形式等，彼此互换搭配之后都不成立，可见课程与教学各有其侧重点。

还有一个与课程、教学概念关系非常密切的专门术语就是"学习"。从词源来看，它指的是"学"与"习"的综合体，是学生的学和习的一体，既包括学习新知又包括复习旧知，既包括间接经验的学习又包括直接的迁移应用与社会实践。在学校中，学生的学习是教育活动的核心、关键和根本目的，而课程与教学都是服务于学生学习的，可谓"一个中心，两个基本点"。

[①] 施良方：《课程理论：课程的基础、原理与问题》，北京，教育科学出版社，1996。

（三）从知识社会学方面看课程与教学的关系

从知识社会学方面来看，知识的生产与传递是一套极其专业化的流程，且可被切割为不同的子过程。从历史上看，知识的生产是科学求知与研究的过程，是一个从"情境到普遍"的过程，也就是科学家们从一个个独立的、具体的事件中抽象出一般、普适规律的过程；而知识的传递也是教育的过程，是"从普遍到情境"的过程。后者可分为筛选和传达两步。

1. 筛选

筛选是指从人类积累的知识库中抽取出最有价值、最具备教育性、最需要传承给下一代的部分，面向全体学生，筛选知识、排列次序、确定步调。这一过程被称为"课程"的过程，即课程是面向全体学生的知识与概念体系及其进阶路径。课程的工作首先需要的是教育学、心理学理论。

2. 传达

传达是指将筛选好的知识与具体的一个个学生进行交互作用，使他们能够很好地掌握和获得这些人类文化遗产。这是"教学"的过程，即教学是课程传达、是与学生互动的具体操作。在教学中，一般需要教师将已经成为"普适"规律的知识再次应用到一个个全新的、贴近于当代学生的、不同于该知识被生产出来时的那些情境的具体情境之中，这就需要教师进行创造性发挥。因此，英国学者伯恩斯坦认为，教学又被称为一个"再情境化"的过程——将"从情境到普遍"的知识"再次回到情境"，但回到的是一个全新的情境[①]。

概而言之，课程与教学既相互独立、又密不可分。课程是基于教育目标，有计划编制的学生学习内容及进阶体系的整体方案，必须考虑普遍性；教学是教师教与学生学的互动过程。课程的重点在内容、组织、定序、步调，是个系统设计的工作，需要有广域的视野。而教学的重点在于针对具体情境与条件的落实与改进，是各个层面、水平的课程在团队中基本达成共识之后，由个体老师来负责实施，老师需要有深度的钻研。从目的来看，课程与教学最终都是为了服务学习者的学习。

---

① Basil Bernstein, Joseph Solomon, Pedagogy, Identity and the Construction of a Theory of Symbolic Control: Basil Bernstein questioned by Joseph Solomon, British Journal of Sociology of Education, 1999, 20（2）.

三、课程的主要类型及其载体

（一）课程的主要类型

对于任何事物来说，判定其类型的前提是分类，而分类的前提是"标准"，也就是分类依据。课程这一实践样态极其丰富的社会现象也是如此，要想对它进行类型的阐述，就需要确立相应的分类依据，在不同的分类依据下，课程的类型也有所不同。根据不同的分类方式，课程主要可分为如下类别。

依据课程管理的主体的不同，可将课程分为国家课程、地方课程、校本课程，也就是我们常说的"三级课程"。随着 2001 年"新课改"之后课程管理权的逐级下放，目前中小学校中普遍存在着三级课程的并存现象，既有国家教育部门牵头开发、出版教材、负责督导实施的课程，又有地方性的如省、市、区层面开发并配套具体资源的地方课程，还有一些学校依据自身的学生学情、周边资源、学校文化与育人目标等而增设补充的、由自己的教师团队开发并负责落实的校本课程。

依据课程组织核心的不同，可将课程分为学科课程与活动课程，或者综合（跨学科）课程与分科（单一）学科课程。学科课程是学校课程体系中的主要组成部分，一般是以系统化的学科知识体系为核心组织起来的，编排与传递的逻辑是知识获取的顺序与结构，而活动课程（经验课程）则是围绕着学生的兴趣、活动、实践、体验等组织起来的，不强调知识的系统传授，而是重视学生的活动过程及问题探究实践。单一学科课程是以某一门学科的知识体系为核心组织起来的，学科藩篱严密，一般不触碰其他学科的边界；而综合课程则强调以某一现实世界的复杂主题或问题为核心，综合性地学习和运用多个不同学科的知识、方法、视角来探究和解决问题。

依据课程选择自由度的不同，可将课程分为必修课程与选修课程；或者必修、选择性必修、选修课程。这一分类直接决定了课程的面向人群，即它是基础性的、面向全体的，还是发展性的、促进个别学生个性培养的。

依据课程存在形态的不同，可将课程分为显性课程与隐性课程（或者叫潜在课程）。显性课程是见诸课程表、学期教学计划、教学设计、教科书等一套可视载体的学校正式运行的课程；而隐性课程则更广义，被认为是隐藏在正式课程内外的课程，囊括了学生在校期间的一切无意识的、非预期的或非计划学到的知识、价值观念、规范或态度及获得的经验[1]，所以，学校的物质环境、文化氛围、社会关系等都构成了学生获取隐性课程的渠道。

---

[1] 傅建明：《"隐性课程"辨析》，载《课程·教材·教法》，2000（8）。

（二）课程的主要载体

教育是与国家公共利益直接相关的社会事业，课程则是这项事业所传承的具体内容的最直观体现。因此，世界各国都非常重视对教育内容进行干预。但由于各国文化历史不同、教育行政体制不同，课程编制权的覆盖程度、下放范围不同，其呈现载体也有所不同，但大体上，各种课程的主要表现形式或者说其载体主要有课程方案、（各科）课程标准、教科书（教材）、教案（学案、课案、单元案）等。

1. 课程方案

课程方案是国家、地方为实现教育目的而对课程设置的整体规划，通常由各级教育主管部门制定，如我国最新版的义务教育阶段课程方案是教育部 2022 年 4 月发布的《义务教育课程方案和课程标准（2022 年版）》，高中阶段的则是教育部 2020 年发布的《普通高中课程方案（2017 年版 2020 年修订）》；在地方层面，各地则会参照教育部的课程方案要求制定本地区的课程方案，如北京市教育委员会 2022 年 9 月发布的《北京市义务教育课程实施办法》。课程方案的内容一般包括培养目标、基本原则、课程设置、教材编写建议、课程实施建议等，其中主体部分是课程设置，即对学校全部教育教学活动及其进程安排的总体规划，包括科目设置及其课时分配的比例关系、课程的开设顺序、教学时间（学年和学周安排）要求等。

2.（各科）课程标准

在 2001 年新课改以前，我国将课程标准视为"教学大纲"，它是法定的，一般由教育部编制，地方及学校必须严格依据、全面落实，在课程理念、课程目标、核心素养、课程内容、学业质量标准和课程实施等具体方面遵循国家课程标准的规定。

课程标准与课程方案不同，它是单科课程的总体设计，反映某一学科的基本性质、在课程体系中的地位、教学目的、教学任务、教材内容和范围、教材深度和结构、教学进度、教学法的基本要求、教学评价要点等。课程标准上承课程方案，下接教材编写，是课程方案所倡导的育人目标与开设原则的具体反映，同时又是教材编写、课程实施、教学评估、考试命题等的基本依据，对教师进行教学设计有直接指导作用，也是国家各级督导部门进行课程督导的基础。

3. 教科书（教材）

教科书（教材）是（各科）课程标准的具体化，是课程实现的载体，既是教师进行教学的基本依据，也是学生学习的主要材料。它有着不同于一般著作的权威性、正式性、敏感性，一般由各级教育主管部门联合不同领域的专家力量进行集体研发，主要由目录、课文（正文）、练习题（复习题）、插图、附录等部分构成。在我国，近年来教材市场呈现出"一纲一本"与"一纲多本"并存的局面,所谓"纲"指的是"教学大纲"即课程标准,"本"则是教材(课本)。在统一的课程标准之下,涌现出不同版本的各科教材,如"人教版""北师大版""苏教版"等。此外,值得注意的是,随着信息科技的不断发展,教科书(教材)的内容及其形式也大大扩展。除了传统的书籍之外,各类辅助教具、教学软件、多媒体资源、人工智能教学平台推送的各类定制服务等,都是教材的现代形式。

4. 教案(学案、课案、单元案等)

教案(学案、课案、单元案等)是教师实际设计并执行的教学工具和学习工具,是课程落到一个个课堂与学生身上的具体形态,直接决定着在每一个具体的课程内容上,教师教什么、怎么教,学生学什么、如何学。

第二节　教师培训课程

与"课程"界定的众说纷纭一样,"教师培训课程"的定义亦具多元化特征。与中小学课程或高校学历教育的课程相比,教师培训课程具有明显不同的特征,在实践中也常常体现为各种不同的形态,有时会与培训活动、培训项目、培训质量保障等概念相混淆。本节承接上文对课程概念的界定,认为"教师培训课程"作为"课程"的一个下位概念,其在基本内涵与要素上与"课程"保持一致,但同时又具有其独特的目标内容、管理方式、形态类别、承载载体等。与此同时,就课程的三大基本功能而言,教师培训课程亦有其相似与不同之处。

一、教师培训课程的内涵与类型

(一)教师培训课程的基本概念

依据课程的基本概念,教师培训课程是各级各类培训机构根据一定的教育目的和培养目标,有计划编制的,供教师在需要专业提升的领域进行学习的内容及其进阶体系的整体方案,包括学习的内容范围、组织程序、实施方式、管理机制和评价方案等。

依据课程的内涵与外延的基本界定,教师培训课程亦应具备如下基本要素:目标、内容、进阶、评价。目标是期待教师在学习之后达到效果,内容是服务于目标安排的各类教育性经验,进阶是成体系的、有明显时序特征的进程与进度安排,评价是针对目标达成情况的检查方案。这四个基本要素是一以贯之的关系:目标是起点,也是终点,教师培训课程需围绕目标来设计内容及组织顺序、教学方式,最终的效果评价也需要对照目标来检查其达成情况。因此,教师培训课程具有结构化、体系化的基本特征,四大要素齐备且统一成系统。

在实际的教师培训实践中，主要有以下三类不同层次的教师培训课程：单次活动型课程、主题模块化课程和系列项目式课程。

1. 单次活动型课程

单次活动型课程是指某些单次组织的教师学习活动，在有明确目标引领、进阶式的内容安排、活动期间及结束后的跟进式评价的条件下，可以被视为一次教师培训课程。实践中一线学校自发组织的校本研修活动多见这种类型的课程。但它的体系化较弱，且如果没有很好的内容与活动方案设计，即缺乏课程四大要素中的绝大部分，如随机组织的对教师进行的某一次偶发的专家讲座等，目标、评价均无，则不能称其为"课程"。

2. 主题模块化课程

主题模块化课程比单次活动课程的设计成分更强，是有一定的指导思想引领，希望提升教师在某一方面的知识、技能或素养，并据此设计的由前后衔接的学习内容相互构架、补充而组成的，至少包括两次（往往更多）学习活动的一个课程组合。在实践中各级各类教师培训机构多根据特定群体教师在一定时期内的专业"短板"开展模块化的课程设计，如师德素养提升课程、干部领导力提升课程、学科知识补足课程、热点政策学习课程等，它们往往由几次相互衔接的学习活动共同构成。

3. 系列项目式课程

系列项目式课程是体系化、系统性、专业性最强的一类教师培训课程，对培训者的设计能力要求较高。它是基于对培训对象的系统研究，在精心设计的培养目标的指引下，系统设计的由若干课程模块（各包含一定学时）有机搭配、共同指向培养目标达成的一个周期性的课程体系。如针对新教师群体的系统培训课程，可能包含师德素养、学科知识、教学能力、班级管理策略等若干模块课程，共同服务于促进新教师形成职业认同、快速适应岗位、掌握必备技能等目标。

（二）教师培训课程的主要类型

与课程及其他所有的学术概念一样，教师培训课程也有多种多样的类型。按照不同的分类标准或来源，可大致将教师培训课程区分为如下不同的类型。

依据教师培训主体与主管部门的不同，可将教师培训课程分为国家级培训课程、省自治区直辖市级培训课程、区县级培训课程、校本培训课程等。例如，"国培计划"，国家智慧教育平台等为广大教师提供了可供选择的、优质的、全国性课程资源。

依据教师培训课程的对象的不同，可将教师培训课程分为新教师培训课程、骨干教师（优秀教师）培训课程、成熟（卓越）教师培训课程等。此类课程主要根据教师生涯发展等相关理论，根据教师所处的专业发展阶段进行有针对性的课程设计。

依据教师培训课程的组织核心的不同，可将教师培训课程分为理论性课程（围绕学科知识与理论知识的系统学习建构起来的课程）、实践性课程（围绕教师问题解决与真实情境应用建构起来的课程，如参与式工作坊、经验分享、实地参访等形式）、综合性课程（既有理论学习又有实践学习的课程）。

依据教师培训课程的实施空间与平台的不同，可将教师培训课程分为线上远程课程（采用信息技术手段进行的远程学习，可部分解决教师工学矛盾）、线下面授课程、混合式课程等。随着数字化转型的推进，转变培训方式，推动信息技术与教师培训的有机融合，实行线上线下相结合的混合式研修成为教师学习的重要路径。

依据学员选择课程的自由度的不同，可将教师培训课程分为必修课程、选修课程等。如根据《"十四五"时期北京市中小学干部教师培训工作方案》，教师培训课程可分为必修课、选修课和校本研修等。其中，必修课包括公共必修课和专业必修课：公共必修课包含思想政治素质与师德修养、教育政策与理论、学生发展、现代信息技术等内容；专业必修课旨在夯实教师专业基础，提高教师的学科专业素养和教学能力，包含各学科各层次培训课程，以及适应课改要求和学生发展的跨学科跨学段培训课程。此外，在公共必修课及专业必修课基础上，市区校亦设置选修课程，教师可结合自身需求进行自主选修学习。

北京教育学院作为北京市专门设置的以首都基础教育干部教师继续教育为使命的成人高等师范院校，自1953年建校以来不断完善人才培养体系，已经成功探索出了全方位、高水准的教师培训课程开发模式，构建起了全类型、高质量的教师培训课程体系，所承担的培训项目覆盖上述教师培训课程中的全部类型：不仅有"国培计划"课程、市级培训课程，而且还承担区域级援助性、委托性培训课程，以及指导一线学校或与学校合作开发校本教师培训课程。从2012年至今，北京教育学院进一步完善了分类、分层、分岗的高质量教师培训体系，"启航计划""青蓝计划（优秀青年教师研修）""卓越计划""名师（名校长、名园长）工程"等项目都有规范化、示范性的课程体系予以支撑[1]。在各培训项目中，为适应当前与未来教育改革发展要求，北京教育学院的课程团队持续加强教育模式创新与资源供给，以"北京教师学习网"为平台，积极推动数字化转型，动态构建了理论、实践、线上、线下、必修、选修等多元融通、功能互补的课程类型体系，以助力教师把握教育改革方向、厚植师德素养、理解学生身心、拓展专业视野、有效服务全市基础教育干部教师的终身学习与专业成长。

---

[1] 肖韵竹，张永凯：《赓续奋进七十载：北京教育学院干部教师培训历史、经验与未来发展》，载《北京教育学院学报》，2023（4）。

（三）教师培训课程的主要载体

教师培训课程既有和一般中小学课程相似的呈现载体，也有其独特性和差异性。教师培训课程的主要载体包含课程方案与课程标准、教材（参考用书）、课件与教学工具单、学员作业与考核表现、线上多媒体教学视频及相应的教学资源等。

1．课程方案与课程标准

与中小学课程不同，在教师培训课程领域，课程方案与课程标准常常合二为一、功能叠加，依据教师培训项目级别的不同，课程方案的制定主体及其指导范围也有所不同，一般而言有国家级、区域级、院校与团队等不同的四个级别。

第一级是国家级的。如 2017 年教育部办公厅印发《中小学幼儿园教师培训课程指导标准（义务教育语文学科教学）》等 3 个文件的通知，涵盖义务教育阶段语文、数学、化学学科教学教师培训课程指导标准[1]。2020 年，教育部发布了《中小学教师培训课程指导标准（师德修养）》《中小学教师培训课程指导标准（班级管理）》《中小学教师培训课程指导标准（专业发展）》[2]，进一步规范和指导各地实施教师全员培训工作。又如在"国培计划"相关培训中，也有国家级的《"国培计划"课程标准》，其具有一般课程方案及课程标准的双重功能：既有整体的课程目标、课程内容安排、课程设置要求、实施建议，也有各科（按学段与学科区分，如小学语文、高中数学）教师培训课程标准。

第二级是地区性的。各地区会适时发布一段时期内的教师培训工作指导性文件，如中共北京市委教工委、北京市教委 2021 年发布《关于"十四五"时期北京市中小学干部培训工作的实施方案》与《关于"十四五"时期北京市中小学教师培训工作的实施方案》，在"培训内容"部分对于教师培训的课程设置比例作出了明确规定，同时也对编制培训课程指南和课程标准提出了要求，可视为地方性的指导性课程方案。

第三级是专业的教师培训机构（院校）对于某类型、某层次的教师培训课程进行集体攻关，规范其课程目标、模块设计、内容要点、学时安排、教学建议、考核方式、师资要求等形成的指导性文本。如北京教育学院建院七十年以来，一直持续探索课程教学的规范化与系统性，对新教师培训、优秀青年教师培训、卓越教师培训、教师学历补偿培训等不同层次、不同类别的培训都出台了相应的指导性研修方案模板，在方案中对各类培训的课

---

[1] 教育部：教育部办公厅关于印发《中小学幼儿园教师培训课程指导标准（义务教育语文学科教学）》等 3 个文件的通知，http://www.moe.gov.cn/srcsite/A10/s7034/201712/t20171228_323255.html，2017−11−16。

[2] 教育部：教育部办公厅关于印发《中小学教师培训课程指导标准（师德修养）》等 3 个文件的通知，http://www.moe.gov.cn/srcsite/A10/s7002/202008/t20200814_478091.html，2020−07−22。

程目标、课程模块设置、课程实施建议、课程考核要求、师资团队条件等都作出相应的规范指导，对课程方案评审论证的流程、细节也进行制度性规定。

第四级一般由教师培训机构或高等院校从事教师培训工作的专业团队负责开发，经过专家评审与论证，反映某一教师培训项目之下某一课程模块的目标、任务、内容范围与结构、进度安排、教学活动与方法、评价方案与标准等，是该课程实施的直接、具体的规范性依据。

2. 教材（参考用书）

某些教师培训课程经过多年的积淀，有成熟的知识体系、实践活动体系与评价体系，会以正式出版或非正式编撰的培训教材的形式呈现，作为该课程实施的一个重要参考工具。如北京教育学院早在 20 世纪 80 年代就基于中小学干部培训的经验编著了国内第一部《学校管理》专业教材和第一部《中国教育管理史》，作为后续培训项目的教学参考用书。北京教育学院还先后组织出版了"绿色耕耘"丛书、"校长研修"丛书、"学校诊断"丛书等，在全国的干部教师教育培训领域都产生了较大影响[1]。至今学院仍有一大批教师以自身培训实践为基础主编相关课程的培训教材，为广大干部教师的学习和工作提供了有益的实践参考，并产生了广泛影响力。

3. 课件与教学工具单

教师培训者在实施课程时，会以该课程的课程方案为基本依据，参考不同授课对象的具体背景进行个性化的教学设计，其开发的教学课件、教学资料、教学工具单等，是教师培训课程落地的具体表现。

4. 学员作业与考核表现

作为课程评价环节的关键指标，学员过程性的作业、终结性的考核任务的完成情况及其考评成绩等，也是教师培训课程的一个有机组成部分。

5. 多媒体教学视频及相应的教学资源

在数字化背景下，大量通过线上远程方式进行的教师培训课程逐渐形成，其主要呈现形态是各类多媒体教学音频、视频、文本等，同时也会有相应的线上作业、参考资料等，亦是教师培训课程的重要组成部分。如北京教育学院"十四五"期间上线的"北京教师学习网"，是为顺应和满足信息时代中小学干部教师在线学习的需求而开发的一个在线教师培训与研修的平台，它既可以满足教师即时性的同步授课与学习的需求，也同时承担着课程资源库的功能，上传了大量可供教师随时回看、学习的课程视频与教学录像，是教师培训现代化、数字化转型的具体体现。

---

[1] 肖韵竹，张永凯：《赓续奋进七十载：北京教育学院干部教师培训历史、经验与未来发展》，载《北京教育学院学报》，2023（4）。

二、教师培训课程的功能与意义

从本体的、衍生的等不同方面来分析，课程具有面向文化、人、社会三方面的功能；与之相呼应，教师培训课程也具有三大功能，但在具体表现及内涵上与一般的课程有所区别。

（一）筛选与传递文化

作为"有意识设计的教育内容"，课程最初、最本源的意义是根据教育目标，为指导学习者的学习活动而有计划编制的教育内容的整体计划[①]。因此，课程的首要功能是选定出一部分教育内容，供学习者学习。由于古今中外形成和积累下来的知识、技能、价值观等教育内容极其庞杂，因此，课程编制的首要任务就是从人类知识库中筛选、梳理出最值得下一代学习、传承的内容。早在 19 世纪，英国著名教育家、哲学家斯宾塞就提出了"什么知识最有价值"这一振聋发聩之问，这一问也成为后世课程学者们进行课程研究的第一问。

我国 2022 年发布的《义务教育课程方案和课程标准（2022 年版）》开篇即提出，"习近平总书记多次强调，课程教材要发挥培根铸魂、启智增慧的作用，必须……体现人类文化知识积累和创新成果"。筛选出人类文化知识传统中最有价值的部分、最有利于未来人类发展的部分，以确保人类文化的精华薪火相传，是学校课程的首要功能也是基础功能。

教师培训课程的首要功能也是传递文化。一方面，教师培训课程本身就会筛选更适合教师学习的各个学科以及教育学和心理学的专业知识，实现这一类知识与文化的传递的目的，使一代一代的教师不断传承这些人类文明的精华；另一方面，教师培训课程也能让教师更好地理解中小学教育教学中承载的文化，让教师具备更自觉和更专业的传递文化的能力，从而更有效、更好地实现文化传递的功能。

（二）培养与发展人

即使多么精心安排的教育内容，如果没有落实到培养对象——人的身上，也无法发挥其独特的功能。课程的作用对象是人，是学习者，精心设计的教育内容是为了使新生代的年轻人不断地增长知识与本领、锻造品质与人格。在课程史上，对课程的研究也经历了从静态的"跑道"（教育内容）到动态的"奔跑"（人的行为）、从学科知识到学习经验、从看得见的"显在课程"到内在的"潜在课程"等的流变，充分体现了课程发展史中越来

---

① 张华，石伟平，马庆发：《课程流派研究》，济南，山东教育出版社，2000。

越重视人的因素以及从科学实证主义走向人本主义的基本趋势。人们日益意识到，课程的本体功能是培养人、发展人，促进人获得与其生存、发展相适应的知识与能力，促进人的潜能开发，实现人的个体价值与社会价值的统一。

我国 2022 年发布的《义务教育课程方案和课程标准（2022 年版）》在指导思想中明确提出了新时代中国特色、世界水准的义务教育课程体系的人的培养规格，即必须"聚焦中国学生发展核心素养，培养学生适应未来发展的正确价值观、必备品格和关键能力，引导学生明确人生发展方向，成长为德智体美劳全面发展的社会主义建设者和接班人"。

具体到教师培训课程，其最关键，也是最根本的目的是促进教师的成长与发展，让教师在所需的专业理念与师德、专业知识、专业能力等方面都有长足的进步，展现出更强的专业自信心和专业自豪感，实现教师自身生命的更大价值，并通过其生命价值的实现与提升，更好地服务于育人功能的实现，促进教师更好地培养学生、实现学生生命的价值。

（三）社会整合与服务

除了上述两大功能之外，课程还有一类被批判教育学家、教育社会学家们广为揭示的功能，即通过内容上传递主流意识形态、组织上复制并维护统治阶级利益、方式上灌输与规训、评价上引导与规范等方式，实现社会控制与社会整合的功能。在任何社会，课程都发挥着类似的功能，以维系社会稳定，进行社会秩序再生产，有时也进行部分的社会重组与改造。在课程理论界，以吉鲁、阿普尔、迈克尔·扬等为代表的一派学者们对此都有理论贡献，如迈克尔·扬在 20 世纪 70 年代末提出的社会建构主义课程论，就大力批判资本主义国家的学校课程过分代表中上阶层的意志与利益，忽略并削弱了劳工阶级的成就可能性，周而复始地复制着一个不平等的精英霸权的社会。这种揭露对于英国教师的培训课程体系也有很大影响，在二十世纪八九十年代，英国教师培训实施过程中，教育社会学是教师培训的必修课程之一。

从积极的意义上来说，课程需要为未来社会的发展培养人才，因而要以建设性的态度来投身社会变革。美国的布拉梅尔德在杜威经验主义与要素主义、永恒主义的基础之上提出社会改造主义课程流派，认为：要素主义的作用在于传递现代文化；永恒主义是复活过去的文化，而进步主义想改变现存的文化，但不想向前走得太远；改造主义则吸收上述理论的积极方面，着眼于未来，创造一种新的社会秩序，拯救人类的文化危机。[①]

---

① 张华，石伟平，马庆发：《课程流派研究》，济南，山东教育出版社，2000。

总之，任何时代的任何课程都根植于学科、学生、社会三大要素，即知识的要素、人的要素、社会环境的要素。课程依赖于特定时期的社会发展环境，包括物质资源、文化环境、科技条件、人口条件等，同时也为它所根植的社会培养着人才，需要扎根它所立基的文化传统，要呼应当前社会的热点，还要服务于社会的未来发展。因此，要立足当下、着眼未来、从长计议，急社会所需，思社会所缺，致力于引导学生通过学习与实践，创造一个更好的社会，即课程的衍生功能。

就教师培训课程而言，还必须考虑其社会性。教师是社会中的人，《中华人民共和国教师法》规定，"教师是履行教育教学职责的专业人员，承担教书育人，培养社会主义事业建设者和接班人、提高民族素质的使命"。在我国，教师的重要职能体现在为党育人、为国育才，培养担当民族复兴大任的时代新人上。教师培训课程需要使教师更加明确自己的责任担当，更好地遵循国家意志，落实好党和国家的教育政策与立德树人根本任务。

第三节　教师培训课程建构的基本原则与开发流程

本节主要论述教师培训课程的开发流程，为各级各类教师培训开发机构与课程开发者提供具体实践指导。为更好地开发一门教师培训课程，首先需要掌握教师培训课程与其他课程相比的核心特点，以及在此基础上建构一门教师培训课程的基本原则。

一、教师培训课程的主要特点及建构原则

（一）教师培训课程的主要特点

与一般的中小学校课程或高等学校的职前教师教育课程相比，教师培训课程的授课对象是在职教师，培训多强调工作场所的实践学习。基于成人在职学习的特点，教师培训课程具有主题多元性、目标针对性、内容综合性、对象异质性、实施方式的生成性与课程评估与评价的应用性等特点。

1. 课程主题的多元性

从课程的来源来看，相较于中小学或高等学校的课程，教师培训课程的主题更少地单纯从学科知识出发来规划或设计，而是更多地考虑教师的素养需求、专业发展阶段、岗位特征等，其主题具有广泛的多元性。

2. 课程目标的针对性

由于教师已经是在一定工作岗位有特定工作经验的成年人，所以其学习常常具有问题导向、情境中心的特征，不是为了系统掌握某领域的知识体系，而是为了特定问题的有效

解决。因此，教师培训课程的目标往往具有更强的针对性：聚焦特定主题、特定对象、特定能力等进行精准化的设计。

3. 课程内容的综合性

与中小学课程相比，由于教师培训的工作场所学习、基于经验的学习、问题中心的学习、在做中学的学习等特征，教师培训课程的内容也具有很强的综合性，主要体现在以下四个方面。

一是各领域知识的综合。不是仅针对某一学科，而是集合了中小学特定学科，以及教育学、心理学、管理学、法学、教育技术等不同学科的知识。

二是知识、能力、情感、反思的综合。不仅是学习系统知识，还要求学习具体的技能、工具和应用方法，并上升为提升解决具体教育问题的能力，同时反思自我的教育情境，形成更强的职业情感认同。

三是学习与实践的综合。不仅是学习他人的间接经验、课堂学习、书本知识学习，更多地是要进行现场学习，基于案例分析与讨论的、基于自我实践改进的直接经验式的学习。

四是输入与输出的综合。与未成年学生以输入为主的学习方式不同，教师培训课程很大程度上是为了"输出"，即学用结合，学是为了自己能够更好地应用，同时能够结合个人反思生成自我的教育思想与体悟。

4. 教学对象的异质性

教师培训课程对象与未成年学生不同，在年龄、教龄、学科、学历、受教育背景、学习与工作的环境与经历等方面都存在很大差异。同一个培训课程的对象可能存在很大的异质性，这也给教师培训课程的设计与推进带来较大的挑战。

5. 实施方式的生成性

教师在其成长环境中更多的是通过个人的实践体悟、同伴交流、观察反思等方式来逐步学习和提高，教师培训的效能很大程度上取决于培训有没有为教师提供这些直接的、在做中学的机会。因此，教师培训课程与中小学课程不同，基于教师面临的真实问题情境，有大量的生成性、参与式、行动式的内容。

6. 课程评估与评价的应用性

与一般中小学课程以试卷来测评学生学习效果不同，教师培训课程的具体效果很难用纸笔测试的方式进行单一评价，个别知识获取类的内容可以用书面测试，但大量的技能与能力、素养与态度的目标要回到教师具体的工作场景进行验证，评价强调的是教师应用培训所学，将所学转化为工作能力的表现程度。

（二）教师培训课程建构的基本原则

1. 学员主体

根据上述教师培训课程的基本特点，从学员出发、依靠学员、为了学员是基本的课程原则。心理学有关人的发展的内部动机的研究发现，要激励个体自主和主动发展，必须将依赖生理冲动的驱动力 1.0 系统和依赖外部奖惩的驱动力 2.0 系统升级到驱动力 3.0 时代[①]，充分认识到人的成长动机由自主、专精、意义塑造，自主性、积极投入工作的专业度和成就感以及对更大价值观的认同才是使我们不断前进的持久动力。教师的学习同样如此。如果没有激发出教师内在的效能感、成就感、价值感，教师培训课程就很难真正起到效果。从教师培训的实践历史来看，进入新时代，随着教师学历达标率的逐年提升，我国教师培训也逐渐从"生存"阶段、"福利"阶段、"义务"阶段走向了"自主"阶段[②]，"精准培训"的实践背景也要求我们必须提升教师参与培训学习的自主性，在教师培训课程的设计与实施过程中，对学员的自主性的尊重、主体性的认可必须贯穿始终。

2. 学用结合

教师的专业性主要体现在其"行"而不是"知"，也就是必须将书本上的教育学、心理学、学科等理论知识应用于日常教育教学实践，转化为符合自身教育场景的具体育人行为，并在日常行为中不断进行反思与自我觉察。没有良好设计的知识内化、实践转化、反思外化的过程，教师培训就很难达到良好的效果。为使培训能够更好地提升教师专业性，促进教师将所学理论知识内化、转化为自身实践，在整个教师培训过程中，所有课程都要遵循学用结合的基本原则。从教师面临的真实问题与挑战出发，结合教师的真实工作情境，通过实践性内容、活动任务、真实性评价等的设计，促进教师将所学知识迁移应用到自己的工作中去，并进行创造性的自我生成。

3. 迭代反馈

与教师工作的在做中学特征相一致，理想的教师培训课程也要经过不断地摸索并修正，经过一轮或多轮的实践与迭代，才能更好地把握针对特定教师群体的目标定位、最适合的内容与学习活动以及最能反映学习效果的评价方式。在实践中，教师培训者们会在开发教师培训课程之前就进行大量的调研与咨询，在课程推进过程中也要随时进行灵活的内容与方式的调整。一轮课程结束之后则要总结经验与教训，为下一轮类似主题或对象的培训提供参考。

---

① [美]丹尼尔·平克：《驱动力》（龚怡屏译），北京，中国人民大学出版社，2012。
② 汤丰林：《教师培训如何突破经验的藩篱——关于教师培训理论建构的哲学省思》，载《北京教育学院学报》，2023（4）。

二、教师培训课程开发的基本流程

（一）教师培训课程的基本要素

在确定教师培训课程开发的流程之前，首先要明确教师培训课程包含的基本要素。根据对课程与教师培训课程的内涵与要素的剖析，教师培训课程无论是哪个层次或哪种类型，大致都需要包含下列六项基本要素：课程基本信息、课程目标、课程内容、课程进程与教学方式、课程评价与评估、课程资源。

1. **课程基本信息**：包括课程名称、类型、适用项目、课时、授课对象等，供课程参与者一目了然地了解该课程的基本情况。

2. **课程目标**：描述通过本课程的学习，学习者预期要达到怎样的知识、能力、价值观等方面的表现或提升。课程目标通常由前期学员调研、政策要求、教育发展背景、学术前沿分析等综合确定。

3. **课程内容**：由课程目标直接决定，与学习者的需求及现有基础相匹配的一系列相互联系、彼此递进的学习内容安排。课程内容是教师培训课程的"血肉"，应包括该课程涉及的主要概念、技能、知识、价值等，它常以教师课件与讲义、课堂练习与教学工具等为载体，有时有相应的教材或教参作为辅助。

4. **课程进程与教学方式**：课程实施过程的外化表现，即课程内容将以怎样的次序、通过怎样的学习活动与教学方法加以落实，通常体现在课表安排与教学计划中。

5. **课程评价与评估**：是指对培训课程实施及实际效果进行的系统的价值评判。课程评价是对学习者学习效果，即课程目标实现程度的评价，需要明确通过哪些评价任务、哪些评价指标，分别达到怎样的程度表现，才可被判定为实现了课程目标。它通常由形成性评价（过程性评价）与终结性评价构成。现实中一般使用课程评估，即除了评价学习者的学习结果以外，还需要对培训课程的内容与实施方式、课程的组织与管理、课程相关资源与学习环境、培训者的教学表现、学习者的学习投入与表现等进行综合判定。

6. **课程资源**：与课程学习相关的各类文本的、电子的、音像的、现场的学习参考资料等，或者可供学习者实地考察的相关场所教育资源。

（二）教师培训课程开发的基本流程

课程史上，泰勒的课程原理有四步：学校应达到何种教育目的、如何选择有助于实现目标的教育经验、这些经验如何有效组织起来、如何评价经验的效果正在实现预期目标[1]。

---

[1] [美]Ralph W. 泰勒：《课程与教学的基本原理》（罗康，张阅译），北京，中国轻工业出版社，2008。

塔巴进一步对社会与文化、学习者与学习过程、知识的特性与教育价值等问题作了科学分析，把课程设计的原则与方法提炼为如下的步骤或"框架"：（1）评估需求；（2）形成目标；（3）选择内容；（4）组织内容；（5）选择学习经验；（6）组织学习经验；（7）确定评价项目与方法；（8）检查平衡性与顺序性。[①]这种框架牵涉教育过程中的目标、内容、方法各个侧面，有计划、有步骤，体系性强，通过一连串的流程，使课程设计更加精致和结构化。

1998年，威金斯与麦克泰基于泰勒四个问题的本质要素，提出了另一种课程设计模式——"逆向设计"。他们指出课程设计其实包含三个主要因素，那就是结果、评价和学习经验。基于此，课程设计可划分为三个主要阶段：（1）明确预期结果；（2）明确可接受的证据；（3）规划学习经验和教学。[②]这种模式将泰勒与塔巴模型最后阶段才关注的"评价设计"提前，引导课程设计者更加关注学习和教学之间的联系、结果与过程之间的联系。

进入21世纪，基于对传统的选择内容并组织、传递这些内容的课程观的审视与反思，"情境化教与学"的理念逐步兴起，强调"将学科内容跟真实世界的情境结合起来，促使学生在知识、知识的应用以及他们作为家庭成员、公民和工作者的生活之间建立联系"，将问题解决学习、自我导向的学习、同伴学习、真实情境中的学习、真实评价等策略融合起来，创造出一种以学习者为中心的适合的课程学习模式。其课程设计步骤包括：（1）开发有意义的目的概述；（2）制作概念图；（3）界定课程单元和撰写单元学习结果；（4）为课程选择序列；（5）提出评价策略。[③]

彼德·泰勒等专门利用参与式方法讨论了教师培训课程开发的一般步骤，他们提倡在多方、全程参与的参与式方法循环系统之下提高培训的效能，具体包括：（1）现状分析（培训需求分析）（又包括十个子步骤）；（2）制订课程纲要或框架（包含三个子步骤）；（3）规划并开发详细课程（包含五个子步骤）；（4）实施（采用）新课程（包含四个子步骤）；（5）开发并完善参与式方法的评估体系。[④]

---

① H.Taba,Curriculum Development:Theory and Practice, New York, Harcourt,Brace&World, 1962.
② [美]格兰特·威金斯，杰伊·麦克泰：《理解为先模式：单元教学设计指南（一）》（盛群力等译），福州，福建教育出版社，2018。
③ [美]Leigh Chiarelott：《情境中的课程——课程与教学设计》（杨明全译），北京，中国轻工业出版社，2007。
④ [英]彼德·泰勒：《如何设计教师培训课程——参与式课程开发指南》（陈则航译），北京，北京师范大学出版社，2006。

借鉴上述学术界经典的课程设计步骤，同时基于教师培训课程建构的三大基本原则，教师培训课程开发可遵循七大基本流程：确定课程主题、开展多方调研、设定课程目标、编制内容体系、设计实施方式、规划评估方案、实施—反馈—迭代（详见图1-1）。

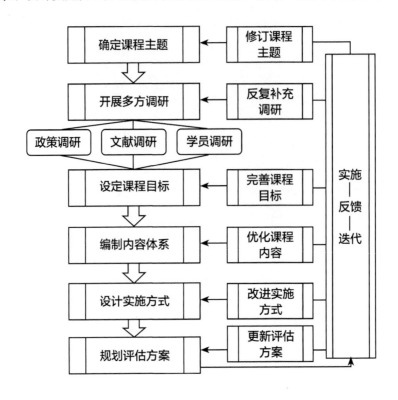

图 1-1　教师培训课程的开发流程示意图

1. 确定课程主题

要开发教师培训课程，需要大致框定该课程的主题范围，包括其"名称""对象""课时"等，即为一门课程赋上专属的"身份标签"。一般而言，此项工作会结合着对培训项目的整体设计而展开，有时一项培训项目就是一门紧凑的课程，此时课程主题就是培训项目的主题；而有时一项复杂性强的培训项目则需要多门课程共同支撑，这时就需要在大的培训主题之下分别确定所需的各个课程的主题及其彼此之间的有机联系与逻辑结构。

由于教师培训课程类型纷杂，在形态上有多种区分维度，持续周期、授课对象、授课内容、教学方式等都具有多样性，所以教师培训课程与体制化的中小学校课程有很大的差异，首先就体现在课程主题的多元上。历史上，正式教育体系中课程的主题主要来源于不同课程所秉持的教育哲学，如人文主义的、自然主义的、理性主义的、本质主义的、实用主义的等。在这些教育哲学的指导下，学者们大致区分了五种不同的课程取向：（1）学术理性主义取向；（2）认知发展过程取向；（3）个人适应取向；（4）社会适应、重建取向；（5）技术取向。[①]

其中，学术理性主义取向倡导学习本质的、永恒的文化遗产，重视学科内容，重视将人培养为博雅的、受过教育的、能够全面迁移基础知识与技能的现代公民。学术理性主义取向很长时间以来都主导着主流学校教育，在其影响下，学校中的学术性学科如地理、历史、文学、科学等，都是长盛不衰且具有压倒性的课程主题。

认知发展过程取向强调课程内容不是最终目的，学生获得超越特定内容的认知策略、技能、思考能力等才是最重要的。在此取向指导下，概念与技能获取、思维方法、信息提取与加工、元认知等相关主题得以成为学校课程的主题。

个人适应取向最看重学习者的个人需求、挑战或问题，而不是现存知识或未来社会的渴望。这种课程期待的是学习者能为自己的选择承担责任、进行自我决策、自我建构、自我组织和自我评价，从而成为审慎的学习者，而不仅仅是知识的容器。个人适应取向常常以学生可以自己选择、设计和评价的学习项目为课程主题。

社会适应、重建取向则看重社会需求，认为课程应为学习者未来适应社会竞争、有效就业提供准备，同时为社会经济、文化等的可持续发展做出贡献。社会适应取向中的课程主题既包括用人单位看重的知识、技能等的训练，又包括对现有社会问题的讨论，如环境保护、气候变暖、全球战争局势等。

技术取向的课程是在人工智能等教育技术兴起之后逐渐发展起来的，强调利用教育信息设备与技术，从目标、过程、方式到评价、资源等方方面面来改造学校课程。

尽管研究者从理论上将不同课程大致区分为上述五种取向，但现实中，有时这五种取向是综合的、杂糅的，无法进行严格清晰的划分。教师培训课程因其特殊性，与中小学课程不同，教师培训的课程主题一般首要地来自上述五种取向中的社会适应、重建取向，而不是来自学术理性主义取向，即更多地出于社会发展、教育政策环境、区域及学校教育发展需求对教师的要求，以及某一阶段的教师培训主题来选择课程主题，但同时也会结合学术领域、教师个人发展需求、教师认知特点、教育技术特征等来综合研判。在此过程中，往往需要通过上述五种取向（如敏锐感知了社会政策的变化，同时对接了学术趋势与现实中教师的个人需求等）初步锚定一个课程主题的大致方向之后，进行学术的、政策的、学员的等多方面的详细调研，经过多轮修订、完善，最终确定一门教师培训课程的主题。

[①] 靳玉乐、黄清：《课程研究方法论》，北京，人民教育出版社，2012。

2. 开展多方调研

在初步确定了某一主题方向后，就需要全面而深入地开展调研活动，以完善并最终确定培训课程主题及其基本信息（包括授课对象、大致课时、上课时间、大致课程目标范围等）。虽然实践中会将这一过程称为"需求调研"，但其实这种表述并不准确。一般而言，有效的课程前期调研至少需要包括三个方面：一是政策调研，二是文献（学术）调研，三是学员调研（包括培训对象的背景调研、需求调研两大部分）。

（1）政策调研

开发教师培训课程首先需要关注相关领域的政策。这些政策为教师培训课程提供基本的合法性与必要性，也规定了课程目标与培训方向。政策调研时要做到"横纵结合"。

在横向上，需要对与课程主题相关的各类政策文本进行充分研究，如进行骨干教师培训，需要对《中华人民共和国国民经济和社会发展第十四个五年规划和 2035 年远景目标纲要》中提出的建设高质量教育体系、建设高素质专业化教师队伍等政策内容有深入把握，也需要对《中共中央　国务院关于全面深化新时代教师队伍建设改革的意见》《新时代基础教育强师计划》等针对教师队伍的专门文本进行研读，同时也需要了解掌握其他与教师工作相关的政策，如《教育部关于加强和改进新时代基础教育教研工作的意见》《深化新时代教育评价改革总体方案》等。

在纵向上，一是要注意政策级别。对某一主题，要从国家级（中共中央、教育部），到省（自治区、直辖市）级，再到区级、校级的维度分层进行政策梳理，如"十四五"规划、"双减"政策、干部教师轮岗、"新课标"等，都要注意先梳理国家层面的政策，再层层向下。二是要注意时间向度。从某一主题的政策源流脉络来进行梳理，如针对课程改革，可从 1949 年后，我国开展的历次课程改革，或者从 2001 年的"新课改"开始，按照历史阶段进行政策文本的分别梳理，以找出其中蕴含的规律与启示。

此外，时间向度上的政策梳理需要特别关注最新的热点政策，如党的二十大召开、"双减"、"双新"等重大关键政策节点。

（2）文献（学术）调研

文献（学术）调研涉及对相关课程主题的学术演进及最新发展趋势的相关综述。文献调研，一是为提升培训课程的内容深度；二是为把握相关课程的学术方向，确保培训准确跟进学术前沿动态。在进行文献调研时，一般需要尽量详尽了解相关学术领域的经典研究，包括专著、期刊和报纸文章、相关学术会议的论文等，一般利用文献检索与综述、访谈相关领域知名学者等方法。

（3）学员调研

学员调研是教师培训课程开发中最不可忽略的一步，它涉及对未来授课对象的现状、需求等方面的了解。一般在初步拟定培训课程主题之后，依据随机抽样的原则，对未来的授课对象进行一定规模的问卷调查，或对个别学员进行深度访谈，或二者结合进行。调查的内容一般包括学员的基本情况、学习动机情况、对相关内容的了解程度及已有经验、相关技能与能力的现状、对相关主题的具体需求、对学习方式的偏好、对学习时段或研修成果的偏好等。

经过上述三大方面的调研，教师培训课程开发者将最终确定既符合教育发展背景与政策要求，又契合学术发展脉络，同时满足相关群体迫切需求的课程主题。更重要的是，通过调研，课程开发者也将进一步廓清相关培训课程应在哪些方面促进授课对象的哪些提升，对课程目标的最终确定起至关重要的作用。

3. 设定课程目标

课程目标一般需描述通过课程的实施，学员在知识、能力、态度、价值观等诸多方面的预期收获、结果或提升。无论是何种类型的课程，课程目标都需要考虑学员、知识（内容）、社会三方面的需求，并力求达到一种平衡。在教师培训课程中三者的平衡尤为重要。前期的三方面调研将为设定课程目标提供很好的基础。

教师培训课程的目标一般上承特定项目的培训目标，下接某一课时的教学目标，是中观层面的目标表述。如某一教师培训项目之下有相互联系但彼此有一定独立性的课程模块，每一个课程模块分别有其鲜明的主题，也相应地有通过这一模块学习之后学员应达成的目标体系，服务于整体的培训项目的人才培养目标。因此，教师培训课程目标的常见具体写法一般可先概述总目标（总目标是对培训项目整体人才培养目标的过渡），然后细述分目标。分目标可参照布卢姆的教育目标分类学的最新表述，从认知领域、情感领域、动作技能领域来进行区分，具体又可从相应的行为动词来区分不同的目标层次，如认知领域从低到高由记忆或回忆（Remember）、理解（Understand）、应用（Apply）、分析（Analyze）、评价（Evaluate）、创造（Create）构成[1]。

考虑到教师培训课程的独特性，教师培训课程的目标一般应更看重高阶的现实问题分析、真实问题解决与产品生成创造等表现性目标，对具体知识点的学习也重在结合实际情境进行应用与转化。当然，不同层次与级别的教师培训，所聚焦的目标层次也有所不同。一般而言，针对新任教师、"教非所学"教师或学历提升教师，应更加重视基础知识的掌握与基本技能的训练；而针对专家型教师，则需围绕创造性问题解决、智慧生成、群体反思等目标设计培训课程。

---

[1] [美]安德森等：《布卢姆教育目标分类学：分类学视野下的学与教及其测评》（蒋小平等译），北京，外语教学与研究出版社，2009。

4. 编制内容体系

目标确定之后，就需要针对目标设计一系列相关的学习内容与教育经验，作为实现目标的路径与过程。在教师培训课程中，完备的学科知识只是学习内容中的一个方面，技能库、思维方法、反思工具、分析问题的模板……都是课程内容不可或缺的组成部分。在多数情况下，教师培训课程中的知识体系并不像中小学课程中那样系统、完备、整体，反而具有更多的针对性和片段性，但其内容的认知层次却是更加系统的。除知识本身之外，一定要有对知识的分析，对知识应用情境的全面展开，对知识迁移的深度再现，以及对知识与自我关系的深刻省思。教师培训课程的内容来源也更加多元，一般很少基于单一的教材或参考用书，而是需要综合研用多种多样的参考资料、多媒体资源、学校及课堂现场资源等。

在编制教师培训课程的内容体系时，一般应遵循"对象—目标—内容"匹配的原则，从调研中发现并确定学员知识能力与价值观上的短板及需求，从课程目标系统的各个分目标出发，系统梳理要达成的具体的细化目标，学员分别需要进行哪些方面的学习、参与哪些学习活动、完成哪些学习任务。一般而言，课程内容的编制是一个结构化的系统思维过程，在对应目标结构的同时也会将学时结构、教学方式方法、评价任务的结构等进行有机统筹。

本书第三章详细阐述了确定课程主题、开展多方调研、设定课程目标、编制内容体系的具体方法及实例。

5. 设计实施方式

依据学术界对成人学习特点的基本归纳，如彼德·泰勒所论：成人具有丰富的经验，会根据自己的需要确定自己的学习需求，是自主的，希望能够把学到的知识和技能融入自己的实际工作中去，能从别人的经验中学习，因而需要互动式的培训方法，需要一个有安全感的学习环境[1]等。诸多成人教育学家如诺尔斯、塔夫等都提出了适合成年人的学习理论，包括被普遍认可的自我导向学习理论、工作场所学习理论等[2]。这些理论的共同点是看重学员本人、学习环境或场所、学习过程之间的动态关系，并认为在教师与他人的合作之下，满足学员个人需求、学员自定学习计划、明确自我的学习内容及有节奏的学习更能够激发成人的学习积极性及效能。

在这些学习理论的指导之下，教师培训课程的教学活动与实施方式的设计有了很好的理论支撑。一般而言，教师培训课程遵循情境化、针对性、应用性的基本原则，广泛采用

---

[1] [英] 彼德·泰勒：《如何设计教师培训课程——参与式课程开发指南》（陈则航译），北京，北京师范大学出版社，2006。
[2] 虞村：《成人学习理论发展探究》，载《中国成人教育》，2016（15）。

体验式问题解决、参与式讨论、参与式工作坊、实践性与批判性反思、共同体合作学习、行动学习与行动研究等教学方式，并辅之以具体的学习、反思与实践工具及相应的评价任务，确保课程内容得以有效落实、课程目标得以高效实现。

教师培训课程实施的理论基础、基本流程与实施方式类型的具体阐释参见本书第四章。

6. 规划评估方案

在教育领域，"评价"与"评估"的内涵不尽相同。为统一使用范畴、恪守同一实践情境中的概念一致性，需对教育评价与教育评估进行相应辨析。从英文词源上，教育评价（educational evaluation）中的"评价"（evaluation）侧重对数、量、价值的认识，指审慎衡量事物的价值或品质；而教育评估（educational assessment）中的"评估"（assessment）是指人们在一起彼此倾听、共同探究，以达成对事物的认知，重在评定性质、能力、质量等，强调广泛收集、综合分析和解释信息的过程[1]。

在我国教育领域，教育评估与教育评价的含义十分接近，有时通用，均有评定某人或某事物的价值的意思。但由于历史上的翻译以及教育测评制度的使用习惯等，二者各有侧重的固定用法。首先，高等教育界惯用"评估"，用于判定高等院校的办学质量与水平，如我国有专门的教育部教育质量评估中心负责全方位的高等教育院校评估、专业认证及评估、国际评估和教学基本状态数据常态监测；而基础教育领域一般用"评价"[2]，对学生、课程、教学等的表现进行估量，如《义务教育课程方案和课程标准（2022年版）》中就使用了"课程目标—课程实施—课程评价"，此外，还有学生综合素质评价、教师教学评价等。其次，二者的使用场景与实施复杂度不同。评价一般用于测评对象性质单一、直接用量化数据与客观指标即可进行研判的场景，而评估则多用于被评对象复杂、难以直接量化表征、需要关注其复杂成因及改进、依赖多重指标体系和同行专家的现场观察与主观审核的场景。再次，评价与评估的目的指向不同。评价多用于鉴定、考核、选拔、衡量、"一锤定音"，如考试评价、绩效评价等，多数能直接给出成绩评定或排行；而评估一般着眼于发展功能，即通过诊断、研判、讨论等指出当前存在的问题、不足以及未来的改进方向，一般由专家组出具定性的或定量定性相结合的评定报告，如学科建设评估、教育教学质量检测评估、研究生专业达标评估等。

基于上述辨析，在教师培训课程开发领域，评价与评估并存。课程评价强调课程目标本身是否实现，或者说学员通过课程的实施是否达成了预期的学习结果；课程评估则看重

---

①高洁，方征：《评价、评估、考核、监测：教育评价若干同位概念辨析及启示》，载《教育发展研究》，2022（19）。
②冯晖：《教育评价与教育评估辨析》，载《上海教育评估研究》，2022（5）。

培训课程的整体设计与实施过程、资源整合程度、师资匹配及教学质量等，侧重以发展的眼光对教师培训课程的改进提供建议。

课程评价具有悠久的历史。自有课程编制的相关工作以来，评价问题始终在课程开发与实施相关流程中居于核心。泰勒的课程开发原理中，目标（即学习结果）是思考问题的起点，对预期目标的评价和鉴定是终点，也可视为课程开发循环的收官。若没有评价，则整个课程过程就不完整。在泰勒之后的课程研究理论中，课程开发的流程或步骤根据理论焦点而有所侧重，但评价环节无一例外都占有举足轻重的位置。在"逆向设计"的倡导者看来，评价更是整个课程开发中最重要的环节。在目标确定之后，就应该构思评价任务及评价方式，之后的课程内容、实施方法、学习进度都应该依据设计好的评价方案来具体细化。由此可见评价方案在课程开发中的重要性。教师培训课程虽有其特殊性，但在这一点上与其他课程无异，都重视对评价环节的设计，因其在很大程度上体现着学员学习结果的品质、课程实施过程的质量、培训项目规划及延续的必要性。

评价是目标的达成。教师培训课程评价方案的设计要严格对照课程目标进行，一般需要逐条对应课程分目标与总目标，将相应的分目标、学习内容与活动、评价方案以列表的方式一目了然地呈现。评价方案的要素包括评价主体（授课教师、学员互评、学员自评）、评价对象（全体或小组）、评价任务（依据目标设定的需要学员完成的相关学习作业、作品或活动）、赋分方式（等级、分数等）、评价时段（形成性或过程性评价或终结性评价）。课程评价的设计一方面一定要回到课程目标，另一方面切忌只设计评价任务（即要求学员完成的作业）而不规划相关的评价方式及评价结果的使用。教师培训课程的目标—内容—评价方案的设计表示例如下。

表 1-1　教师培训课程评价方案示例表

×× 课程的目标体系	×× 课程的教学安排	×× 课程的评价方案				
		评价主体	评价对象	评价任务	赋分方式	评价时段
总目标：××	—	教师	全体学员	一份对照自我工作的课程学习小结	等级：优、良、中	终结性
分目标 1：××	第一课时（具体内容为 ××）	自评或互评	小组	小组完成的课例分析报告	分数	形成性
分目标 2：××	第二课时（具体内容为 ××）	……	……	……	……	形成性
……	……	……	……	……	……	……

广义来说，除了对学员的课程目标实现程度进行评价之外，还要从教师培训课程开发、迭代、更新的角度，立足科学性、可操作性、针对性、发展性的基本原则，综合地、系统地对教师培训课程进行评判。考虑到其使用场景是难以使用单一量化指标进行衡量的，指标体系与具体实施具有高度复杂性，目的与结果指向更强调发展与迭代，而这些特征更契合"评估"一词，故本书采用"教师培训课程评估"的表达。教师培训课程评估的模型、流程、方法、新技术等具体内容，可参见本书第五章。

7. 实施—反馈—迭代

评估方案设计完成之后，较为完整的教师培训课程的前期设计就告一段落。此时一般需要将完成的设计方案广泛征求多方专家、业界同仁、教育行政部门、教师代表的意见，并进行相应的修改与完善。修订后的版本一般会形成《××培训项目××课程实施方案》，投入相关的教师培训项目予以实施，按照既定的课程目标、学习内容、进度安排、评价方案等进行相关的教与学活动。课程实施过程中要注重规定性与生成性的结合，随时把控教学进度、学员学习状态并搜集学员对课程的相关反馈信息，可在原有设计基础上适时地进行一定的授课内容或进度安排的调整，并注意将相关的调整记录在案，以备后续再次进行课程实施时提前做好相关的准备工作。

需要重点关注的是，教师培训课程的设计与实施是一项专业性极强的工作，常常需要多轮反复地尝试、实施、信息反馈、迭代，最终才能形成令人满意的成熟课程，切实对教师发展与成长有所助益。在最初设计教师培训课程之时，实施进行到评估环节并不意味着课程的结束，而是培训课程下一轮设计与开发的起点。在每一次课程实施的过程中，都需要课程开发者、授课教师团队密切关注课程的进展、受众的反应、评估的合理性、学习结果的深度。在课程实施与评估结束之后需要开展一定范围的学员调研，收集学员对课程的反馈信息，包括目标设定的契合性、内容与进度安排的满意度、学习效果情况等，以确保每一轮实施后的数据都可以为下一轮课程设计提供实证依据和改进参考，不断推动培训课程的迭代更新。

第二章
教师培训课程的理论基础与体系建构

本章基于社会学、心理学和哲学等基础理论以及课程与教学论，构筑教师培训课程的设计取向与培训课程体系建构的设计架构。一是从社会学、心理学、哲学等理论出发，阐述教师培训课程的内容选择、实施方式等议题，解决教师"学什么""如何学"和情境创设等问题；二是根据课程设计的价值选择，明确学科中心、教师中心、问题中心三类培训课程设计取向；三是基于专业标准和生涯发展等视角，明确教师培训课程体系建构的维度与结构。

第一节　教师培训课程的学科基础

根据国内外学术界比较公认的观点，社会学、心理学和哲学是课程的三大基础，共同奠定课程研究的学科基础。[1]教育工作者通常运用社会学、心理学和哲学等领域的概念、观点和方法指导课程建设与课程实践。本节从上述理论基础出发，阐述教师培训课程的价值与目标、内容组织与实施方式等议题，解决在培训过程中，教师"学什么""如何学"和学习情境创设等问题。

一、教师培训课程的社会学基础

社会学的理论为教师培训课程的目标与价值提供基础，旨在满足基础教育发展与教师队伍建设的需要。从社会学的角度来说，课程的目的是保存和传递社会文化，促进个体社会化以及重建社会。结构功能主义社会学和知识社会学等理论对于教师培训课程建构的意义，主要体现在通过培训达到提升教师专业性等社会功能的目的并实现价值目标。

（一）结构功能主义社会学基础

以法国学者涂尔干为代表的社会学家，主张社会学要研究社会结构和功能，认为社会成员如不能共享某些共同的看法、态度和价值，社会就无法存续。个体通过社会化过程学

---

[1] 崔允漷：《课程·良方》，上海，华东师范大学出版社，2007。

会为群体而不为自己发挥功能，不同的社会结构需要不同的人来发挥作用。因此，课程与教学成为促进个体行动有助于维持社会结构、保持社会平衡的手段。

美国学者帕森斯发展了社会结构理论，把学校、班级和家庭等都视为一种社会体系，其中最为关键的功能是角色。人们扮演着各种角色，集合在一起，就形成了各种机构和社会系统，进而决定人们将以什么方式生活。教育机构决定了校长、教师、学生的角色。课程的目的是促进个体社会化，理解和接受自己在社会中的位置，适应社会结构。

（二）知识社会学基础

相较于结构功能主义社会学等宏观社会学理论，20世纪70年代兴起于英国的知识社会学是一种微观社会学理论，亦被认为是一种批判教育学理论，其代表人物有英国学者迈克·扬（M. Young）等。

知识社会学主张，不能脱离学校的实际过程和具体课程内容研究教育与社会的关系，必须深入学校课程与教学内容进行研究，才能揭示学校教育的真相。迈克·扬认为，知识的建构总是为某种社会目的而服务，尤其是为社会中某些特定利益服务。课程内容的选择、确定与组织的过程，是教育知识分层的过程。

（三）社会学视域中的教师专业性与专业标准

1. 专业

教学专业化的理论基础来自专业社会学，它认为整个社会由不同层级的职业群体构成，并将那些因具备一些独特性质并能在整个职业结构中占据较上层社会位置的职业群体称为"专业（profession）"。社会学界就"专业"的分析提出了不同的理论模式，教育界关于专业化论述的主要理论依据是具有典型功能主义特征的特质模式；它将那些成熟专业身上所体现出来的具有相似性和普遍意义的"专业特质"作为主要研究对象。

根据功能主义理论的基本观点，专业作为社会结构中比较高级的职业形式，它们承担着某些独特的、重要的社会功能，并通过其功能的正常发挥来保障整个社会生活的和谐与稳定。为了保证其功能的有效发挥，专业人员需要掌握较高程度的专业知识和专业技能。对专业人士而言，这些特殊的知识和技能不能仅仅依赖传统的经验积累的方式获得，它更需要通过长期的、正规的高等教育来实现。随着终身教育与终身学习、学习型社会等思潮的兴起，教师的专业性、专业发展及可持续的终身学习与发展具有重要的现实意义和价值。

早在1966年，国际劳工组织和联合国教科文组织在巴黎会议上发表《关于教师地位建议》，首次以官方文件形式明确指出："教学应被视为专业（Teaching should be regarded as a profession）"，提出教学是一种公共的事务，要求教师经过严格的、持续的学习从而获得并保持专门的知识和特别的技术。

在我国，1993 年颁布的《中华人民共和国教师法》明确规定：教师是履行教育教学职责的专业人员。我国在法律层面确认了教师的专业地位，将教学视为专业，将教师视为专业人员。教师是施教者，承担培养人才的责任。此外，我国于 1995 年建立教师资格认证制度，试图通过法规约束和制度保障来提高教师群体的专业水平，进而改进整体教育质量。

"专业"涉及某一个职业或行业专门的知识和能力。在社会领域，充分成熟的专业具有六条标准：一个正式的全日制职业、专业组织和伦理法规、知识和教育、服务和社会利益定向、社区的支持和认可、自治①。在成熟专业的标准中，包含了专业人员应具备的基本知识、技能与伦理。

2. 专业性

从社会学的视角来看，任何一门专业的"专业性（professionalism）"，都主要由以下四个方面构成：（1）值得尊重的学术知识；（2）可靠的实践技能；（3）拥有社会信任的道德和实践规范；（4）对以上构成要素具有有效的权利和自主（authority and autonomy）。②

概言之，基于社会学理论基础需要及国际教师政策研究，教师工作乃是一种专业工作，而教师则是持续发展的专业人员，通过持续的学习提升其专业水平与专业表现。

为提升全球教师与学校领导的专业性程度，自 2008 年开始，经济合作与发展组织（OECD）开展了"教师教学国际调查（The Teaching and Learning International Survey，以下简称 TALIS）"③。基于教学的专业性（teaching as a profession），TALIS 2018 年以教师专业性（teacher professionalism）为理论架构并将之分为 5 个不同的维度：教师教学所需的知识与技能、教师专业声誉、生涯发展机会、教师合作文化、专业责任与自主性（详见图 2-1）④。

---

① 赵康：《专业、专业属性及判断成熟专业的六条标准——一个社会学角度的分析》，载《社会学研究》，2000（5）。

② Freidson E., Professionalism: The third logic. Cambridge: Polity, 2001.

③ 注："教师教学国际调查"（The Teaching and Learning International Survey, TALIS）是由经济合作与发展组织（OECD）研发实施的国际调查，旨在通过对教师和校长的问卷调研，了解其工作生活、专业发展和学校环境，为各国提供可靠、及时和可比的信息，为各国教师发展提供政策改进依据和建议。TALIS 自 2008 年起，每 5 年开展一次全世界范围内的调查。2018 年开展的调查，共有来自 48 个国家和地区的近 24 万教师参与。我国上海市的部分校长与教师参与 TALIS 2018 年调查。

④ OECD.New insights on teaching and learning: Contributions from TALIS 2018.Teaching in Focus, No. 27, OECD Publishing, Paris,2019.

图 2-1　教师教学国际调查（TALIS 2018）的理论架构：教师专业性

教师专业性关乎职业地位及声望。为了提升教师的专业性，需要为教师专业发展提供相应的制度支持。我国较为系统的教师培训体系为教师的终身学习与发展提供完善的制度保障。

3. 教师专业标准

"标准"通常是指衡量事物的准则。"教师专业标准"（teacher professional standards）是指运用一套有系统的"标尺"，规范教师工作应该具备的知识、能力和态度，用来衡量教师的工作表现，进而提升教师的工作质量。教师专业标准具有指引、协助和激励的效果，可以引导教师职前培养课程设计、提供教师在职培训依据、评估教师专业表现和发展教师高素质教学。

从全球范围来看，我国及英国、美国、澳大利亚等国家均制定了教师专业标准。2012年2月，我国教育部印发《幼儿园教师专业标准（试行）》《小学教师专业标准（试行）》和《中学教师专业标准（试行）》。上述三个教师专业标准，是"国家对幼儿园、小学和中学合格教师专业素质的基本要求，是教师实施教育教学行为的基本规范，是引领教师专业发展的基本准则，是教师培养、准入、培训、考核等工作的重要依据[1]。"各国教师专业标准的制定，旨在让教师职前培养、专业发展和专业表现评估都有准则可循。

---

[1] 教育部：教育部关于印发《幼儿园教师专业标准（试行）》《小学教师专业标准（试行）》和《中学教师专业标准（试行）》的通知，http://www.moe.gov.cn/srcsite/A10/s6991/201209/t20120913_145603.html，2012-09-13。

二、教师培训课程的心理学基础

心理学被公认为是课程理论的基础学科之一。"心理学是探讨学习活动、学习内容和学习方法的基础，因而被作为各种课程抉择的依据[①]。"教师培训课程建构及实施必须考虑作为学习者的教师的个性特征与学习规律，将心理学中的学习理论以及促进学习与发展的相关理论和策略加以运用，重点解决教师"学什么"和"如何学"等问题，即教师在学习培训课程过程中的学习机制问题。对课程理论影响较大的心理学理论包含行为主义、认知主义、建构主义、人本主义等心理学流派。就教师培训与专业发展领域而言，认知主义、建构主义、人本主义等理论为培训课程的设计与实施提供了基础与生长点。

（一）认知主义心理学基础

认知主义心理学曾经在课程研究领域引发了一场"认知革命"，认知发展阶段、认知结构、认知策略、元认知学习等成为课程与教学研究的重要概念和理论话语。其中，皮亚杰、米勒、西蒙、布鲁纳等关于认知领域的观点，深刻影响了课程与教学理论和实践的发展。

布鲁纳提出的认知结构理论主张：学科结构是深入探究和构建各门学科所必需的法则，是课程设计的基础。学科结构包括三种基本结构：一是组织结构，即说明一门学科不同于其他学科的基本方式，同时也表明这门学科探究的界线；二是实质结构，即探究过程中要回答的各种问题，也就是基本概念、原理和理论；三是句法结构，即各门学科中搜集资料、检验命题和对研究结果作出概况的方式。学科结构的思想对课程领域产生了重要影响。

（二）建构主义心理学基础

建构主义是认知主义的进一步发展。在皮亚杰和早期布鲁纳的思想中已经有了建构的思想。自从 20 世纪 70 年代末，以布鲁纳为首的美国教育心理学家将苏联教育心理学家维果茨基的思想介绍到美国以后，建构主义思想的发展得到了极大的推动。建构主义强调学习是建构意义的过程，它包含两方面的建构，并强调学习的非结构性、具体情境性以及学习中的社会性相互作用[②]。建构主义包含激进建构主义、社会性建构主义、社会文化认知的观点、信息加工的建构主义、社会建构论和控制论系统等不同倾向，阐释了认识的建构性原则，有力地揭示了认识的能动性[③]。

---

① 施良方：《试论课程的心理学基础》，载《高等师范教育研究》，1995（2）。

② 张建伟，陈琦：《从认知主义到建构主义》，载《北京师范大学学报》（社会科学版），1996（4）。

③ 陈琦，张建伟：《建构主义学习观要义评析》，载《华东师范大学学报》（教育科学版），1998（1）。

在建构主义理论中，基于维果茨基思想发展起来的社会文化理论（sociocultural theory）阐明了人类心理机能及其发生的文化、制度和历史情境之间的关系，其基本观点为，学习与知识建构的过程是由个人心智与社会历史经验相互作用的过程，社会、文化和历史情境能够定义并塑造特定个体及其经验[①]。人类活动的本质可以理解为人与人之间知识和经验的共享与共同建构，学习是一种由文化意义系统所塑造的社会过程。由于个人所处的社会文化情境不同，获得的文化与知识经验亦不同。理解人是如何学习的，其核心在于理解学习者在发展、文化、境脉和历史上的多样性[②]。

社会文化视角将教师视为能动者，其学习发生在更广阔的社会、文化和历史情境中。教师的思维与活动深深根植于他所处的具体情境中，而具体情境又植根于深厚的特定文化与历史中，为教师培训课程建构与实施提供了更为宏观的理论视角。

（三）人本主义心理学基础

人本主义心理学的主要理论流派包括马斯洛的需要层次理论、罗杰斯的意义学习理论和加德纳的多元智能理论等。人本主义心理学自20世纪70年代以来得到发展，并关注课程与教学，认为课程的职能是为每个个体提供有助于个人自由发展的经验，核心是自我实现。

人本主义心理学强调合成课程（confluent curriculum），即把情感领域（情绪、态度、价值）与认知领域（理智知识与理智技能）整合起来，通过把情感因素整合进常规课程，赋予课程内容以个人意义。合成课程主要强调：第一，师生共同参与，共同承担责任；第二，强调思维、情感和行动的整合；第三，课程内容与学生的基本需要有密切联系，并对其情感和理智都具有重要意义；第四，自我是学习的法定对象；第五，课程的目的是培养完整的人[③]。

此外人本主义心理学还强调关联课程，即课程内容是由学生所关心的事情构成的；提倡超验课程，即超越人们特定的认识状态和特定经验，开设跨学科课程。人本主义心理学强调课程需要把思想、情感和行为整合起来，重视完整的人的发展，对于教师培训课程设计具有积极的启示意义。

除了上述心理学流派，近些年蓬勃发展的脑科学、学习科学、人工智能等研究领域的新成就，也为课程理论提供了重要的发展基础。

---

① John-Steiner V. P. & Meehan T. M. Creativity and collaboration in knowledge construction. In Lee C. D. & Smagorinsky P. (Eds.). Vygotskian perspectives on literacy research: constructing meaning through collaborative inquiry. Cambridge, 1999.
② [美]科拉·巴格利·马雷特等：《人是如何学习的Ⅱ：学习者、境脉与文化》，裴新宁、王美、郑太年译，上海，华东师范大学出版社，2021。
③ 崔允漷：《课程·良方》，上海，华东师范大学出版社，2007。

三、教师培训课程的哲学基础

哲学是课程观最根本的基础。课程都隐含着课程设计者的某些哲学思想与观念，课程总是与知识的性质、知识的价值、知识的组织和传递方式有关。欧陆哲学、英美分析哲学、实用主义等诸多哲学思想关于认识的来源、知识性质及获得途径等方面的观点，对于课程理论和实践具有指导作用，直接影响了教师培训课程的设计、内容选择与组织等方面。本部分主要阐述语言哲学、西方马克思主义哲学、实践哲学等理论关于课程的相关理念。

（一）语言哲学基础

从哲学史上看，从 19 世纪后期到当代西方哲学，出现了一个重要转折，即"语言转向（linguistic turn）"，无论是英美分析哲学还是欧陆哲学，都倾向于通过转向语言分析乃至重建我们所使用的语言或重审语言的本性来解决哲学问题。语言不再被认为仅仅是用来传达观念的手段，没有自身的含义，而是被认为具有一个原本的构成意义的结构。

语言哲学受到维特根斯坦思想的深刻影响，认为语言可以为多重目的服务。维特根斯坦主张，语言只有在特定的情境、活动、目的或生活方式中才有意义。英国学者赫斯特在《博雅教育与知识的性质》一文中探讨了"什么知识最有价值"这一经典的课程问题。赫斯特认为，博雅教育以知识形式为基础而组织设计，关心心智在获得知识中的全面发展，旨在以不同的方式获得对经验的一种理解，每一种知识形式都有一种适合它的方法[1]。语言哲学相关理念对于课程内容选择及"语言间的深度认知、交流和领会"[2]等思想对于培训课程组织实施等方面具有重要意义。

（二）西方马克思主义哲学基础

西方马克思主义是一个庞杂的理论体系，包含各种不同的观点，霍克海默、阿多诺、马尔库塞等不同学者关注的焦点不尽相同。其中，哈贝马斯提出的知识旨趣、交往行为理论等，对当代教育和课程理论都具有深远影响。

哈贝马斯认为，人类的理性活动总是与人类创造的需求有关，科学的产生是为了满足人类旨趣的某一方向，知识起源于人类的三类旨趣或兴趣：一是与经验—分析知识类型相联系的技术控制兴趣，二是与历史—解释知识类型相联系的理解意义兴趣，三是与审辨或自我反省知识类型相联系的自由—解放兴趣。

---

① 施良方：《课程理论：课程的基础、原理与问题》，北京，教育科学出版社，1996。
② 张祥龙：《中西印哲学导论》，北京，北京大学出版社，2022。

哈贝马斯提出的上述三种知识类型，即三种认识水平。在任何学科中，对技术控制的兴趣会引导人们认识与该学科相关的所有事实，则经验—分析的知识就是有用的。对理解隐藏在事物背后的意义感兴趣，会引发人们去探索内部的东西并联系各种因素，则历史—解释的知识就是有用的。对自主性感兴趣，会引导人们对学科内容或自己进行审辨性反思。只有达到第三种认识水平时，才能获得真正的知识。因为真正的知识要求参与和投入，且参与变革的行动。

（三）实践哲学基础

如前文所述，从社会学视角来看，教学是专业，教师是专业人员。所有的专业具有如下特性：服务他人的职责，也称为"使命"；具有某种学术或理论的理解；擅长某种领域的表现或实践；在不可避免、不确定的情况下行使判断；作为理论和实践之间的互动，需要从经验中学习；具有一种能够监控品质和聚焦知识的专业共同体。在上述专业特性中，实践是指专业的技能和策略。专业最终是关于实践的。实践领域是专业工作的场所，专业实践本身是所有知识最终指向的目的[1]。教育问题从根本上来说即实践问题。

西方哲学中存在源远流长的实践哲学传统。"实践"作为古典政治哲学的基本主题，自亚里士多德开始已成为政治哲学的关键词。亚里士多德是这一传统的开创者，马克思的实践哲学是对该传统的继承和创造性转化。亚里士多德将人类活动区分为理论、实践与创制。其中，实践是指人们处理人与人之间关系的行动，这些行动具有自由选择性，并且以自身为目的。马克思提出的实践是指人的自由的、自觉的、生产性的生命活动及其全面发展[2]。

在课程研究领域，课程学者施瓦布在亚里士多德、杜威等的思想基础上提出并发展了"实践"概念，使"实践"具有实践智慧、实践理智的意义。施瓦布从1969年至1983年，先后撰写了四篇里程碑式的文章：《实践1：课程的语言》《实践2：折中的艺术》《实践3：课程的转化》《实践4：课程教授要做的事情》，突出课程的实践本质，提出课程研究的转向。施瓦布实践课程观的确立突破了传统课程模式中对理论的过度依赖，强调课程理论与课程实践的结合，以有效解决课程中的实践性问题。

实践课程的提出，明确了课程的实践兴趣价值取向，强调以"理解"为核心，突出了人的主体性与智慧关注，确立了课程的主体及生命立场。在施瓦布的实践课程观中，实践课程的本质属性体现在真实性、探究性、过程性与情境性等方面。施瓦布实践课程建立的

---

[1] 舒尔曼：《实践智慧：论教学、学习与学会教学》（王艳玲等译），上海，华东师范大学出版社，2014。
[2] 徐长福：《走向实践智慧——探寻实践哲学的新进路》，北京，商务印书馆，2020。

根本旨趣在于追寻实践兴趣，发展生活智慧与课程智慧，进而提升并重建课程价值①。我国学者以实践为核心，提出包含价值、概念系统、方法和情境等要素的实践旨向的课程理论模型②。

课程理论与实践离不开一定的学科基础，心理学、社会学和哲学这三个相互依存的学科从不同视角为课程提供了基础。心理学提供学习机制与规律、动机与策略、兴趣和态度等方面的研究成果；社会学提供社会发展、政治经济变革、意识形态及权力变更等方面的思想；哲学提供知识来源、认识过程、知识类别、价值取向等方面的观念。在这三者中，最重要的是哲学基础，因为课程的理论与实践以哲学为依托，且心理学与社会学亦来源于哲学。课程的理论与实践总与心理学、社会学和哲学的观念联系在一起。只有对课程的基础学科的研究成果有全面了解，在对课程实践问题进行细致调查与分析的基础上，才能进行科学有效的课程设计与开发。

第二节　教师教育课程发展与培训课程取向

教师培训是教师教育不可分割的重要组成部分。2011年，教育部发布的《教育部关于大力推进教师教育课程改革的意见》提出，"推进教师教育课程教学改革和实施《教师教育课程标准（试行）》"，其基本理念之一为"终身学习"，强调"教师是终身学习者，在持续学习和不断完善自身素质的过程中实现专业发展。教师教育课程应实现职前教育与在职教育的一体化……新要求"③。本部分基于教师教育课程的发展历程，探讨教师培训课程的设计取向。

一、教师教育课程发展脉络

研究认为，教师教育课程范式先后经历了从"以知识为本位，以传递为中心"到"以能力为本位，以训练为中心"再到"以标准为本位，以实践为中心"的三次大变革④。当代著名哲学家库恩认为，"范式"是指特定共同体的成员所共有的信念、价值、技术等构成的整体⑤。在课程研究领域，课程范式是指特定时代里相互适切和有机联系在一起的一定的

---

① 袁利平，杨阳：《施瓦布的"实践"概念及课程旨趣》，载《全球教育展望》，2020（1）。
② 崔允漷：《课程·良方》，上海，华东师范大学出版社，2007。
③ 教育部：《教育部关于大力推进教师教育课程改革的意见》，http://www.moe.gov.cn/srcsite/A10/s6991/201110/t20111008_145604.html，2011-10-08。
④ 余德英，王爱玲：《教师教育课程范式变革及其启示》，载《教育理论与实践》，2018（1）。
⑤ [美] 托马斯·库恩：《科学革命的结构》（金吾伦、胡新和译），北京，北京大学出版社，2003。

教育内容及其规范化结构程序、课程成就和课程观念的集合体①。教师教育课程范式由此可理解为教师教育课程普遍拥有的课程观与相应的具体课程主张的统一，并在课程目标制定、课程计划实施直至课程评估等方面表现出的共性特征。对教师教育课程发展历程的探讨，有助于明确教师培训课程的设计取向与路径。

（一）知识本位的教师教育课程

在教师教育课程发展史上，最初的教师教育课程范式表现为以知识为本位。这种课程范式强调知识传递，以掌握、理解和应用客观系统的教育理论知识为主，遵循从理论到实践的认识路线，依托具体的课程科目，以理论知识和认识过程为课程结构展开的起点，以课堂传递为主要教学形式予以实施，辅之以必要的教育实践检查、巩固和应用知识，以书面闭卷考试进行学习效果评价。知识本位的教师教育课程具有以下三方面的特点。

一是课程教学注重系统化的教师教育知识传授。西方理性主义认为，知识是对客观世界准确真实的反映，是独立于人类经验之外的原理与规则，具有客观性、普遍性和中立性的特点。基于上述取向，课程编制者和教学者应关注学科知识点的系统性，将相关知识加以选择、整理和罗列。课程教学旨在让学生接受概括化的概念、原则、原理和理论等确定知识。

二是教学强调以知识传递为中心。由于人们普遍认为课程知识具有客观性、普遍性和中立性的特点，因此，教学是知识传递和积累的过程。为了提高课堂教学效率，教师主要采用直接讲授等方法开展教学，以确保按时完成课程教学任务。教师主要是单向地向学生传递知识，较少让学生对所学知识进行思考、质疑和讨论。创设特定的教学情境让学生进行感知、实践和体验的教学方式亦少，主要是让学生尽可能地记住课程知识，以便通过学业考核。

三是评估方式主要以书面闭卷考试为主。知识本位的课程强调学习者对知识的积累和再现能力。在考核评估方式等方面，多以书面闭卷考试为主。学习者在考试中，主要将所学知识回忆或再认即可。课程评估并不考察学习者能否将所学知识有效地运用在教育实习或者将来教学工作中，也无法考察学习者所具备的实际教育教学能力。

随着时代的发展，知识具有客观性、普遍性和中立性的观点日益受到质疑，人们对知识性质的理解发生了改变。迈克尔·波兰尼认为知识包含兴趣、偏好、取向等个性化的因素，因此，知识不是客观的，而是具有个体性的。教育学不是一类以价值中立和文化无涉为前提、以事实发现和知识积累为目的、以严密的逻辑体系为依托的科学活动，而是一类以价值建构

---

① 黄甫全：《论课程范式的周期性突变律》，载《课程·教材·教法》，1998（5）。

和意义阐释为目的的价值科学或文化科学[1]。此种观点否定了客观主义的知识观和认识论，否定了传统的将教育学视为具有客观性、普遍性和中立性的知识体系的观点。由于知识观发生了根本变化，知识本位的教师教育课程亦发生了深刻变革。

（二）能力本位的教师教育课程

在国际领域，关于教师能力的研究自二十世纪六七十年代之后逐渐受到关注。教师教育者在师资培养过程中，应重视教师专业技能与基本功训练，教师教育课程基于行为主义理论，强调能力本位，主张将对教师工作分析的结果具体化为教师应具备的能力标准，围绕教师应掌握的能力开设相应课程，教学活动注重以技能训练为中心，并依据能力标准对学习者技能的掌握程度与运用水平进行考核与评价。能力本位教师教育课程具有以下三方面的特点。

一是强调基于教师职业能力标准设置课程。如2021年，为进一步加强师范类专业建设，教育部办公厅印发《中学教育专业师范生教师职业能力标准（试行）》等五个文件，分别明确中学教育、小学教育、学前教育、中等职业教育和特殊教育专业师范生教师职业基本能力。每个文件分4个部分提出四大能力，即师德践行能力、教学实践能力、综合育人能力和自主发展能力[2]。《中学教育专业师范生教师职业能力标准（试行）》强调教师职业能力培养，提出建立师范生教育教学能力考核制度。重视教师职业能力训练并将其纳入教师教育课程，体现了教师政策对教师职业能力的高度关注，对教师教育课程中设计教师专业能力课程具有政策导向作用。

二是教学重视能力训练。教师专业能力的养成需要扎实的技能训练。能力本位的教师教育课程强调通过创设教学情境，组织和引导学习者进行教师职业技能的训练，着力培养学习者的实际教育教学能力，而非仅仅是理论知识的灌输。如英国教师教育课程强调教学实践能力培养，在"教学学校"联盟中，中小学校直接培养与培训教师。师范生在具体的教学情境中获得实践经验并提高教育教学能力，形成扎根于实践的新型教师教育模式，强化了在真实的实践场景中培育教师专业能力。

三是改进评估方式以提升专业能力。在能力本位的教师教育课程实施过程中，传统的书面闭卷考试较难评估师范生真实的职业技能与实际专业水平。因此，教师教育者注重采用现代视听技术改进教学评估。通过对技能训练或真实教学过程进行录像并在课后进行视频分析，师生共同观摩、分析和评估技能训练与能力提升情况。评估方法的改进有效发挥了师生的主

---

[1] 石中英：《知识转型与教育改革》，北京，教育科学出版社，2001。
[2] 教育部：教育部办公厅印发《中学教育专业师范生教师职业能力标准（试行）》等五个文件的通知，http://www.moe.gov.cn/srcsite/A10/s6991/202104/t20210412_525943.html，2021-04-06。

体性，有助于学习者及时调整自己的教学行为，以更快提升教学专业需具备的能力。

能力本位的教师教育课程注重对教学技能的训练，能有效提升教师专业能力。但教师作为专业人员，其成长与发展内涵是多维度和多层面的，既包括知识更新、技能提升、能力提高等方面，也包括了专业态度的转变和专业信念的价值追求等。因此，近年来关于教师教育的研究有所转变：一是由注重训练教师职业技能转向提升教师专业的价值追求；二是由注重教师职业道德的外在约束转向注重教师职业内在生命的感悟[1]。随着对教师专业特性、实践性知识等内容的研究不断丰富和发展，逐渐形成标准本位的教师教育课程。

（三）标准本位的教师教育课程

进入 21 世纪以来，基于对教师素质及教师专业的研究，人们对教师角色定位和专业特性的理解发生了深刻变化，认为教师的培养应该像医生和律师的培养一样，依据严格的专业标准进行培养、训练和考核。美国、英国、澳大利亚等国先后颁布并不断完善各类教师专业标准，并根据教师生涯发展阶段，分别研制了合格教师、入职教师、成熟教师、优秀教师和专家教师等不同类别的教师专业标准。基于教师专业标准的研究，教师教育课程亦进行了以标准为本位的改革。

基于教师专业与专业标准的研究成果，标准本位的教师教育课程强调加强教师教育课程理论与实践的关联性，引导学习者在真实教学情境中通过认知、体验和反思，不断提高对教育的理解、信念与责任，逐步提升教育专业知识与能力、教育实践与体验等方面的专业素养。标准本位的教师教育课程具有以下三方面的特点。

一是基于教师专业标准设置课程。教师专业标准反映了一定时期社会对教师培养的目标、专业素养和质量的要求。我国教育部于 2012 年印发《幼儿园教师专业标准（试行）》《小学教师专业标准（试行）》和《中学教师专业标准（试行）》（以下简称《专业标准》），《专业标准》是国家对幼儿园、小学和中学合格教师专业素质的基本要求，是教师实施教育教学行为的基本规范，是引领教师专业发展的基本准则，是教师培养、准入、培训、考核等工作的重要依据。明确提出要依据《专业标准》调整教师培养方案，编写教育教学类课程教材，作为教师教育类课程的重要内容[2]。教师专业标准对教师教育课程设置具有导向作用。

二是在课程教学中强化实践与反思。师资培育的过程不是简单地从理论学习到实践应用的单向线性过程，而是基于实践体验，在经验基础上不断反思的渐进过程。实践性知识

---

[1] 李其龙，陈永明：《教师教育课程的国际比较》，北京，教育科学出版社，2002。

[2] 教育部：教育部关于印发《幼儿园教师专业标准（试行）》《小学教师专业标准（试行）》和《中学教师专业标准（试行）》的通知，http://www.moe.gov.cn/srcsite/A10/s6991/201209/t20120913_145603.html，2012-09-13。

在教师日常教育教学行为中起决定作用，具有鲜明的个体性、实践性和情境性特点，仅靠理论学习或单一的技能训练无法获得。因此，不少国家在教师教育课程设置中尤为重视实践以及对实践经验的反思。我国教育部在《教育部关于大力推进教师教育课程改革的意见》中发布《教师教育课程标准（试行）》并明确规定：教师教育课程应强化教育实践环节，要帮助教师建构实践性知识等[①]。教师教育课程将教育实践单列出来，要求教师教育者充分认识教育实践对学习者的价值，将教育实践贯穿于教师培养培训的全过程，凸显实践取向课程的重要意义与价值。

三是采用多元评估方式。教师实践性知识、教学能力和实践智慧需要在实践中逐步生成和发展，要经历由量变到质变的渐进与积累过程，因此，教师教育课程评估宜采用多元评估方式。例如，成长档案袋有助于记录学习者的真实表现和促进学习者持续反思和自我评价，其发展性评估方式亦可运用于教师教育课程与教学中。教师教育机构可采用电子成长档案袋对学习者的学习历程与相关数据进行系统采集，依据教师专业标准评估教师成长历程并及时提供反馈，为教师学习提供自我反思的实证依据，对教师学习进行严格考核和评估，以确保师资培育质量。

二、教师培训课程设计取向

教师教育课程经历的变革历程，反映了人们对教师角色定位和专业特性的认识不断深化，对教师教育课程设置，尤其是在深化精准教师培训改革的背景下设计教师培训课程提供了参考。为进一步优化教师培训课程，需要基于学科中心、教师中心和问题中心等不同价值取向和视角，遴选对培养高质量教师有重要价值的课程内容，将学科前沿知识、教育改革和教育研究最新成果充实到课程教学内容中，助力教师解决教育教学问题，促进终身学习与发展。

（一）学科中心取向的培训课程设计

学科中心的课程设计（discipline-centered design）强调课程内容的组织要从科学门类及分科知识体系出发，以知识为中心来设计课程，组织相应的课程内容，安排逻辑清晰的课程结构。二十世纪五六十年代，西方世界展开了一场学科结构运动，指向教学内容的现代化课程改革。这次运动源于苏联在 1957 年成功发射了第一颗人造地球卫星，美国为增强国际竞争力，由此掀起了全国范围内的课程改革。以系统的学科内容知识为中心的课程纷纷

---

① 教育部：教育部关于大力推进教师教育课程改革的意见，http://www.moe.gov.cn/srcsite/A10/s6991/201110/t20111008_145604.html，2011-10-08。

出台，统一被称为"学科中心"的课程。

学科中心的课程设计，其理论基础源于永恒主义和要素主义，强调基本知识和基本技能的学习，同时强调知识要系统化和结构化。20世纪60年代之后，布鲁纳提出课程的结构主义范式，强调课程设计要重视学科的结构和系统逻辑。学科结构是指那些为掌握一门学科所必须学习的概念和过程，是学科学习的本质所在。布鲁纳强调，知识是课程的必要基础，可以按照学科门类和知识结构的形式进行组织。学科中心的课程设计有助于学习者掌握系统的学科知识，理解不同知识之间的内在逻辑关系，从而帮助学习者在实践中进行迁移和运用。

学科中心的课程设计主要存在三种基本形式：科目设计（subject design）、学科设计（discipline design）以及跨领域设计（broad fields design）。科目设计，是指把课程的知识和内容划分为众多科目，并赋予每个科目一定的价值等级，区分出不同科目对各类学习者的适合程度。学科设计，是指将学校开设的课程知识和内容与自然科学、社会科学、人文学科及数学等的科目分类相对应，并沿用这些学科的概念和逻辑体系作为课程内容的框架。跨领域设计，是指把两门以上的相关科目合并成一个单一的跨领域教程，以帮助学习者更全面地、多角度地学习相互关联的广泛知识领域。

学科中心的课程设计主要具有三个方面的特征[1]。第一，学术性，即强调课程内容的学术逻辑与教学的心理逻辑具有内在的一致性，学术性是学科中心课程设计的出发点和基本要求。第二，专门性，即强调课程的专门化，以更好地体现各学术领域知识的内在逻辑。第三，结构性，学科中心的课程即结构化的课程：一方面指由一门学科特定的一般概念、一般原理所构成的体系，另一方面指学科特定的探究方法和探究态度，这两方面要求统一和一致。

学科中心的课程设计是当前学校教育中最受欢迎、应用范围最为广泛的一种设计模式。在教师培训课程设计中，诸多培训项目均遵循学科中心的课程设计开设。如为规范"国培计划"项目管理、提高培训质量，教育部委托全国教师教育课程资源专家委员会组织专家研制了《"国培计划"课程标准（试行）》（以下简称《标准》）。该《标准》根据不同类别、层次、岗位教师教育教学能力提升和专业发展需求，按学科（领域）分学段、分项目设置，共计67个，用于指导"国培计划"的课程设置和课程资源的开发建设[2]。学科中心的教师培训课程设计，有助于教师更系统地有效掌握专业知识，也有利于培训课程实施的管理与评价。

---

① 钟启泉，汪霞，王文静：《课程与教学论》，上海，华东师范大学出版社，2008。
② 中华人民共和国教育部：《"国培计划"课程标准（试行）》，北京，高等教育出版社，2012。

（二）学习者中心取向的培训课程设计

教师培训是教师主动学习的过程，培训过程不等同于理论灌输或技能训练，而是更强调教师的参与、体验和反思，培训课程应以教师为中心进行设计，即采用一种以学习者为中心（learner-centered design）的课程设计方式。教师培训课程需根据教师的心理逻辑，围绕教师的兴趣和需求来组织课程内容。该取向的培训课程设计将课程视为学习者的经验，关注教师的个性化学习需求、兴趣和目标，使培训课程适应教师需求，而非教师适应课程。

从理论基础来看，美国著名教育家、心理学家、社会学家杜威提出的四个教育哲学命题对学习者中心的课程建构具有重要影响。杜威提出"教育即经验的不断改造""教育是一个社会的过程""教育即生活""教育即生长"，认为课程设计应围绕学习经验展开，主张"在经验中、由于经验和为着经验"，其教学论又被称为"基于经验的教学论"[1]。

学习者中心取向的课程设计具有多种不同的表现形式，如活动—经验设计、人本主义设计等，强调学习者在课程学习过程中的自主、自由、尊重和活动。基于活动—经验的课程设计，强调课程结构要根据学习者的需要和兴趣进行设计，课程开发者和设计者需要关注学习者的学习兴趣，合作制订课程计划，课程组织要重视问题解决，而非单向的知识灌输。人本主义的课程设计以全人发展为目的，不仅注重知识技能提升，还包括情绪、态度、理想和价值等思想意识层面的能力发展。人本主义的课程设计关注学习者的本性和需求，课程内容与学习者的生活和现实社会问题紧密联系，注重整合学习者的心理逻辑和学科逻辑。该课程设计要求创造能够使每位学习者都能发挥自身主观能动性的学习环境，以获得全人发展。人本主义的课程设计包括学术性课程、集体参与和人际关系课程、自我觉醒与自我发展课程等。

学习者中心取向的课程设计核心是以学习者的学习兴趣和需求为基础，通过激发学习者的学习动机来促进自主学习。此种课程设计的主要特征[2]有四个。第一，课程目标方面。摒弃预先由课程设计者确定课程目标的观念，转而由师生共同设计，确保课程目标符合学习者的兴趣、需要和能力。第二，课程内容的选择和组织以学习者的兴趣和需要为依据，以满足不同的学习需求。第三，学习活动方面。学习者的学习时间、空间和方式具有较强的灵活性和自主性，使学习者的兴趣和意愿得到充分尊重。第四，课程评价方面。师生共同进行课程评价以及学习者的自我评价都是评价的重要方式。

---

① 张华：《课程与教学论》，上海，上海教育出版社，2000。
② 钟启泉，汪霞，王文静：《课程与教学论》，上海，华东师范大学出版社，2008。

（三）问题中心取向的培训课程设计

问题中心的课程设计（problem-centered design）主要围绕个体和社会生存的主要问题展开，旨在适应或改进社会生活。问题中心取向的课程设计是学科中心取向的课程设计和学习者中心取向的课程设计的融合与进一步发展，既强调课程内容的结构性和学术性，同时亦重视学习者个人问题解决能力的发展，强调围绕更广泛的、在现实生活中人们所面临的挑战和问题来组织课程内容。

问题中心取向的课程形式主要分为两类：生活领域设计和核心设计[1]。生活领域的课程设计主要以社会生活中的人类共同活动为基础，将人类的共同活动分为不同的生活领域。基于核心的课程设计则强调课程内容和结构的整体性，将社会生活中的关键性问题作为学习和研究的核心，其他内容的学习均围绕这一核心来进行课程内容的设计，并服务于问题解决的共同目的。

问题是课程实施与学习活动开展的核心，一切学习活动都由问题驱动。设计指向问题解决能力的学习活动，需要以明确的问题指向或任务目标驱动整个学习过程，将教学内容中简化的抽象知识置于丰富的情境里，通过探究、实践等学习活动参与方式解决问题，重在静态知识的动态应用，学习任务呈现出一定的开放性和非结构性。此类课程的内容主要由所学习问题领域的范围和分类来确定，具体课程内容的选择主要取决于与所学问题的相关性。在课程内容的组织方面，与学习者的学习兴趣、需要和能力密切相关。

问题中心取向的课程设计具有以下三方面的特色。第一，课程目标方面。问题中心的课程目标可以预先设计，但也有一定的开放性和灵活性，允许师生共同合作建构课程目标。第二，课程内容方面。问题中心的课程内容主要来自社会生活活动，以及人类所普遍面临的核心关键问题和挑战。第三，课程评价方面。问题中心的课程评价由师生共同参与，评价的目的强调所研究问题的解决方案的合理性及整个研究过程的逻辑性和适当性[2]。

在教师专业发展领域，由于传统的教师培训脱离教师工作情境，因此，基于教师工作场域的情境学习日益受到重视。政策制定者、实践者和研究者从提升教师专业发展有效性的角度，强调在协作的工作与实践情境中为教师创设积极、持续的学习体验以实现成长。而情境学习的理论基础主要源于心理学。如杜威将实际的经验情境作为学习的起始，认为经验产生于人与情境的互动，学生的学习和思考是通过实际情境激发的，进而提出"情境—

---

① 钟启泉，汪霞，王文静：《课程与教学论》，上海，华东师范大学出版社，2008。
② 吴刚平，郭文娟，李凯：《课程与教学论》，上海，华东师范大学出版社，2023。

问题—假设—推理—验证"五步教学法[①]。基于情境学习理论，指向问题解决的学习活动，突出强调情境化学习任务的创设。情境学习的关键在于情境的创设，主要表现为相关"问题"或"任务"。在教师培训课程设计与实施中，亦强调基于教师作为成人学习的认知特点，强调在培训过程中帮助教师解决真实教育情境中面临的问题，在问题解决的体验中进一步理解、内化相关知识与技能，在反思和实践中提升教师的专业素养。

第三节　教师培训课程体系

教师培训课程作为推动教师持续学习与进步的重要手段，是提升培训质量的核心与关键。本部分在综合分析国内外关于教师培训、专业学习与发展相关研究的基础上，基于我国教师培训政策、培训课程标准以及专业标准和生涯发展等视角，综合各地教师培训课程实践经验，明确教师培训课程体系建构的维度与结构，构建包含若干核心要素的教师培训课程架构。

一、教师队伍建设与教师培训目标

本部分首先阐述了我国教师队伍建设与教师教育目标，随后明确了教师培训及教师培训课程目标。教师教育者需要将国家教师队伍建设的总体目标和要求转化为培训课程目标，进而指导教师培训工作，推进教师队伍建设。确定教师培训课程目标，不仅有助于明确培训课程与教师队伍建设的关系，进一步明确培训课程建构的方向与设计取向，而且有助于培训课程内容选择与组织，并可作为培训课程实施的依据和课程评价的准则。

（一）教师队伍建设目标

教师培训是教师队伍建设、教师教育中的重要组成部分，开展教师培训、优化教师培训课程是提高教师队伍素质的重要方式。中共中央、国务院于 2018 年颁布的《中共中央国务院关于全面深化新时代教师队伍建设改革的意见》提出的"高素质、专业化、创新型"是对教师队伍适应未来社会和国家教育发展的新要求。

在新时代，需要以习近平新时代中国特色社会主义思想为指导，紧紧围绕统筹推进"五位一体"总体布局和协调推进"四个全面"战略布局，坚持和加强党的全面领导，坚持以人民为中心的发展思想，坚持全面深化改革，牢固树立新发展理念，全面贯彻党的教育方针，坚持社会主义办学方向，落实立德树人根本任务，遵循教育规律和教师成长发展规律，

[①] [美] 约翰·杜威：《民主主义与教育》（王承绪译），北京，人民教育出版社，2015。

加强师德师风建设，培养高素质教师队伍，倡导全社会尊师重教，形成优秀人才争相从教、教师人人尽展其才、好教师不断涌现的良好局面。

"高素质"是指教师在专业领域具有的基本素质比一般非专业人员要高。研究者认为①，作为教师，要遵守和维护中华人民共和国宪法和法律，切实履行《中华人民共和国教育法》以及其他相关法律和政策。同时，要具备深厚的传统文化基础、科学文化素质，以及中国艺术领域的欣赏、体验、创作中国艺术文化的素质，同时具有广阔的国际视野，较强的国际理解、跨文化能力。教师还要具备较高的学术阅读写作和表达能力，具有多种方式的人际交往沟通能力，具有共同体组织、协调、领导能力，具有数字技术和信息技术能力，以及需要不断提高终身学习能力。高素质的教师是教师道德、知识、能力、情意的综合统一②。

"专业化"是指教师需要具备专业知识与技能、专业伦理、专业判断等"专业"特性。研究者提出并建构了教师的"全专业属性"这一概念①，认为专业化的教师要具备专业精神，即教师要有丰富的教育情怀和坚定的教育信仰，热爱教育事业，热爱学生，科学育人；要具备学习专业，具有理解学生发展和学习规律的专业知识并能运用到教育教学中的能力；要具备学科专业，即教师应当在了解学习科学的基础之上，掌握系统的学科知识，具有较强的学科能力，理解学科本质，运用跨学科思维和知识，开发课程内容；要具备教授专业，即能基于学生的学习规律和学科内容，形成指导、引导、辅导、启发、帮助学生学习的教导路径。具备全专业属性的专业化教师是新时代教师队伍建设的必然要求，特别是在信息化、智能化、数字化的教育现代化过程中，教师的学习专业和教授专业被凸显。基于复杂教育教学情境中的专业判断与决策能力要求教师具备实践智慧，即教师要懂得"如何做"，这一过程也是教师对自身所置于的教育教学情境进行分析、判断，从而转化为自身心智图式的过程。

"创新型"教师是在教师基本素质和专业素质的基础上形成的一种能够利用灵活多样的方式去发现教育新规律、解决新问题的一种高级素质，包括创新意识、创新思维、创新行动和创新自觉四个维度。创新意识是指教师具有丰富的想象力和强烈的好奇心，对新鲜事物有强烈的探究意识；创新思维是指教师具有敏锐的洞察力、独立与多元的思维习惯、对事物有独到的见解；创新行动是指教师具备实践能力，能够在教育教学的实践过程中打破常规、创造性地解决新问题；创新自觉是指教师具备对实践的"元反思"能力和扎实的

---

① 朱旭东：《"高素质、专业化和创新型"教师内涵建构》，载《中国教师》，2017（11）。
② 李琼，裴丽：《建设高素质专业化创新型教师队伍——基于〈中国教育现代化 2035〉的政策解读》，载《中国电化教育》，2020（1）。

科学研究素养，能够自主自觉地对自身的专业实践进行重构，凝练教育思想[①]。

（二）教师培训目标

《中华人民共和国教师法》（1993 年）规定，教师有"参加进修或者其他方式的培训"的权利，有"不断提高思想政治觉悟和教育教学业务水平"的义务；各级人民政府教育行政部门、学校主管部门和学校应当制定教师培训规划，对教师进行多种形式的思想政治、业务培训。《中华人民共和国教育法》（2021 年修正）规定："国家实行教师资格、职务、聘任制度，通过考核、奖励、培养和培训，提高教师素质，加强教师队伍建设。"教师培训作为提高教师素质的重要路径受到国家的高度重视。

《中共中央 国务院关于全面深化新时代教师队伍建设改革的意见》提出我国教师队伍建设的新愿景，即"到 2035 年，教师综合素质、专业化水平和创新能力大幅提升，培养造就数以百万计的骨干教师、数以十万计的卓越教师、数以万计的教育家型教师"。

根据上述政策，我国教师培训的目标是提升教师的"综合素质、专业化水平和创新能力"。根据教师发展的不同阶段，新任教师、骨干教师、卓越教师、教育家型教师等不同层级的培训目标不尽相同。如教育部于 2018 年启动并开始实施首届"国培计划""中小学名师领航工程"，着力培养一批具有鲜明教育思想和教学模式、能够引领我国基础教育改革发展的卓越教师。卓越教师树立培养全人和服务国家的教育信念，形成独特的具有本土特色的课程与教学模式，建构相关理论并具有和发挥自身的教育领导力。

（三）教师培训课程功能指向与目标

2011 年，教育部下发《教育部关于大力推进教师教育课程改革的意见》，提出要"实施《教师教育课程标准（试行）》"，并提出如下在职教师教育课程设置框架建议：在职教师教育课程分为学历教育课程与非学历教育课程。学历教育课程方案的制定要以本标准为依据，考虑教师教育机构自身的培养目标、学习者的性质和特点，并参照在职教师教育课程设置框架；非学历教育课程方案的制定要针对教师在不同发展阶段的特殊需求，参照在职教师教育课程设置框架，提供灵活多样、新颖实用、针对性强的课程，确保教师持续而有效的专业学习。在职教师教育课程要满足教师专业发展的多样化需求，充分利用教师自身的经验与优势，进一步深化和发展职前教师教育的课程目标，引导教师加深专业理解、解决实际问题、提升自身经验，促进教师专业发展（表 2-1）[②]。

[①] 李琼，裴丽：《建设高素质专业化创新型教师队伍——基于〈中国教育现代化 2035〉的政策解读》，载《中国电化教育》，2020（1）。
[②] 教育部：《教育部关于大力推进教师教育课程改革的意见》，http://www.moe.gov.cn/srcsite/A10/s6991/201110/t20111008_145604.html，2011-10-08。

表 2-1　教师教育课程标准：在职教师教育（教师）培训课程功能指向

课程功能指向	主题（模块）举例
加深专业理解	当代教育思潮、教师专业伦理、学科教育新进展、儿童研究新进展、学习科学新进展等；也可以选择哲学、人文、科技等研究领域的一些相关专题
解决实际问题	学科教学专题研究、特殊儿童教育、青少年发展问题研究、学校课程领导、校（园）本课程开发、综合实践活动设计与指导、档案袋评价、学生综合素质评定、教学诊断、课堂评价、课堂观察、学业成就评价、信息技术与课程的整合、校（园）本教学研究制度建设等
提升自身经验	教师专业发展专题研究、教育经验研究、反思性教学、教育行动研究、教育案例研究、教育叙事等

根据《教师教育课程标准（试行）》对在职教师教育课程功能指向描述，教师培训课程的目标是帮助教师"加深专业理解、解决实际问题、提升自身经验"。根据教师所处的不同生涯发展及不同教师群体，教师培训课程的目标不尽相同。

二、教师专业标准与教师培训课程

关于教师专业标准的内涵，研究者认为，"专业标准"这一术语主要包含四层含义：第一，专业标准指的是对专业人员应该掌握何种知识及如何开展实践的常识定义；第二，专业标准涉及质量保证和问责制；第三，专业标准的制订发生在专业发展和质量改进的背景下；第四，专业标准常与专业认证和专业许可交替使用，且与专业注册相结合。政府开发和实施的标准被视为监管工具和进行问责的手段，由专业本身制订和监测的标准为专业自主和进一步的专业学习提供了更大空间。因此，专业标准被视为一种控制专业和标准化程序的手段[1]。概言之，专业标准是一种判断专业人员是否合格的工具，由政府或专业机构开发，并与专业许可、专业认证和专业问责相结合。

① Judyth Sachs. Teacher professional standards: Controlling or developing teaching? Teachers and Teaching: theory and practice, 2003, 9（2）.

基于上述关于"专业"以及"专业标准"的界定,本研究将教师专业标准界定为:由政府或专业机构依据一定的教育目的和教师培养目标制定出的有关教师职前培养与在职专业发展的指导性文件,对教师专业起规范作用。

(一)教师专业标准

1. 我国教师专业标准

2012年,我国教育部印发《幼儿园教师专业标准(试行)》《小学教师专业标准(试行)》和《中学教师专业标准(试行)》(以下简称《专业标准》)。《专业标准》是国家对幼儿园、小学和中学合格教师专业素质的基本要求,是教师实施教育教学行为的基本规范,是引领教师专业发展的基本准则,是教师培养、准入、培训、考核等工作的重要依据。

我国上述三个针对不同群体的教师专业标准均具有三个维度:专业理念与师德、专业知识以及专业能力。三个标准的内容框架一致,领域和基本要求大致相同(详见表2-2)[①]。

表2-2 我国教师专业标准内容框架:以小学和中学为例

维度	领域 小学教师专业标准(试行)	领域 中学教师专业标准(试行)
专业理念与师德	1. 职业理解与认识	1. 职业理解与认识
	2. 对小学生的态度与行为	2. 对学生的态度与行为
	3. 教育教学的态度与行为	3. 教育教学的态度与行为
	4. 个人修养与行为	4. 个人修养与行为
专业知识	5. 小学生发展知识	5. 教育知识
	6. 学科知识	6. 学科知识
	7. 教育教学知识	7. 学科教学知识
	8. 通识性知识	8. 通识性知识
专业能力	9. 教育教学设计	9. 教学设计
	10. 组织与实施	10. 教学实施
	11. 激励与评价	11. 班级管理与教育活动
	12. 沟通与合作	12. 教育教学评价
	13. 反思与发展	13. 沟通与合作
	—	14. 反思与发展

---

① 教育部:教育部关于印发《幼儿园教师专业标准(试行)》《小学教师专业标准(试行)》和《中学教师专业标准(试行)》的通知,http://www.moe.gov.cn/srcsite/A10/s6991/201209/t20120913_145603.html,2012-09-13。

教育部在通知中指出，"要依据《专业标准》调整教师培养方案，编写教育教学类课程教材，作为教师教育类课程的重要内容；将《专业标准》作为'国培计划'和'省培计划'等各级培训的重要内容，依据《专业标准》制定教师培训课程指南"[1]。我国教师专业标准为教师培训课程的设置提供了方向和政策依据。

2. 全球视野中的教师专业标准

教学是具有专业性的工作，教师进行教育教学，其自身必须具备一定的专业知识、能力和态度，这样才能提升教育教学质量。教师的职前培养、在职培训与专业发展和教师的工作表现必须有一定的标准可循，才有助于教师胜任其工作，亦即涉及教师专业标准（professional standards for teachers）。当前，美国、英国、澳大利亚等国纷纷制订教师专业标准，标准本位的教师教育是教师政策的重要议题。

美国将以标准为导向的策略（standards-based strategies）视为教师专业发展的策略之一，其标准的确立有两个层面：一是制订学生的学习、课程和评估标准，以此作为教师专业发展、改进教学实践的手段和途径；二是教师应当知道的和能够做到的确立标准[2]。美国有两大机构研制的教师专业标准影响较广。一是美国国家专业教学标准委员会（National Board for Professional Teaching Standards，NBPTS）研制的专业教学标准，对优秀教师（accomplished teachers）所应当知道的和能够做到的事确立了严格的高标准。目前，已在25个认证领域明确了优秀教师应当知道的和应做到的标准，涉及16个学科领域和4个发展阶段，教师通过自愿的高级认证达到其提高教与学质量的使命。[3]二是美国教师评估与发展州际联盟研制的核心教学标准（InTASC），主要包含五个要点：不同学习者的个性化学习、更注重知识和技能的应用、改善的评估、协作的专业文化、教师与管理者新的领导角色。[4]

英国教育部于2011年发布新的"教师标准"（Teachers' Standards），用于评估师范生取得合格教师资格的依据，亦用于评估合格教师的工作表现。英国教师标准主要分为两部分：第一部分"教学"是个人与教学相关的专业标准，有八项专业标准；第二部分是"个人与专业行为"相关的规范，主张教师在其教学生涯中，无论是在学校内还是在学校外，均需表现出一致的、高水平的个人与专业操守。[5]

---

[1] 教育部：教育部关于印发《幼儿园教师专业标准（试行）》《小学教师专业标准（试行）》和《中学教师专业标准（试行）》的通知，http://www.moe.gov.cn/srcsite/A10/s6991/201209/t20120913_145603.html，2012-09-13。

[2] Lieberman A. & McLaughlin M., Professional development in the United States: Policies and practices. Prospects, 2000, 30（2）.

[3] National Board for Professional Teaching Standards. National Board Standards.

[4] CCSSO. InTASC Model Core Teaching Standards and Learning Progressions for Teachers 1.0.

[5] Department for Education, UK. Teachers' standards.

澳大利亚教师专业标准（Australian Professional Standards for Teachers）分为 3 个维度（专业知识、专业实践和专业投入），共计 7 项标准（认识学生及学生如何学习；熟悉学科知识，并熟悉如何教学；计划和执行有效的教学和学习；建立和维护支持性与安全的学习环境；评价、提供反馈和通知学生学习结果；参与专业学习；专业参与中与同事、家长或监护人和专业团体关系），每项标准下设若干重点领域。[①]

综上所述，尽管各国对于教师专业标准的表述不尽相同，但主要功能基本一致。第一，教师专业标准为教师职前培养提供课程设计与教学实施的基础。第二，为促进教师专业成长提供可参考的依据。已有部分国家将教师专业标准的指标根据教师生涯发展阶段有所区分，例如：职前教师、新任教师、熟练教师、辅导教师等均设立不同的标准，这对于处于不同专业发展阶段的教师成长颇具参考作用。第三，作为评估教师工作表现的依据。已有部分国家运用教师专业标准设计绩效评价工具，如通过教师表现性评价考察教师的工作表现。第四，规范教师教学工作行为。教师专业标准开发以后，需要在标准和教师的教学行为之间建立联系，进一步探讨教师是否达到标准的、恰当的评价方式，才能真正影响教师教育教学实践。

（二）教师教育课程标准

近年来，随着我国教育事业发展，中小学教师队伍建设已逐步从数量满足向质量提高阶段转变。当前，我国基础教育领域一系列重要的改革，特别是新一轮基础教育课程改革的深入发展和新课程标准的逐步实施，对中小学教师的专业素质提出了新的挑战。面对教师教育所要承担的重要使命与紧迫任务，有必要对我国教师教育课程进行优化。

研究者认为，我国教师教育课程改革的具体目标主要有以下几个方面。改变教师教育职前培养与职后培训脱节的状况，使课程既体现未来教师与在职教师发展的不同要求，又帮助教师在终身学习中实现可持续发展；改变课程体系封闭、课程结构单一的状况，构建开放的、多样化的、重选择的课程结构体系；改变教师教育课程知识陈旧落后、技能取向、脱离教师经验的状况，强调教师教育课程的实践性质，融合理论知识与实践知识，使课程紧密联系教师的经验；改变课程实施局限在课堂、以单一讲授为主的状况，倡导情境创设、案例分析、问题解决、经验分享、合作研讨等多种实施形式；改变以纸笔测验为主要形式、以考察是否掌握教科书的内容为主要目的的评价方式，强调课程评价的发展性[②]。

2011 年，教育部发布《教育部关于大力推进教师教育课程改革的意见》，提出要优化

---

① Australian Institute for Teaching and School Leadership. Australian Professional Standards for Teachers.
② 钟启泉，胡惠闵：《我国教师教育课程标准的建构》，载《全球教育展望》，2005（1）。

教师教育课程结构，遵循教师成长规律，科学设置师范教育类专业公共基础课程、学科专业课程和教师教育课程；按照《教师教育课程标准（试行）》的学习领域、建议模块和学分要求，制订有针对性的幼儿园、小学和中学教师教育课程方案。《教师教育课程标准（试行）》强调：教师是终身学习者，在持续学习和不断完善自身素质的过程中实现专业发展。教师教育课程应实现职前教育与在职教育的一体化，增强适应性和开放性，体现学习型社会对个体的新要求。教师教育课程应引导未来教师树立正确的专业理想，掌握必备的知识与技能，养成独立思考和自主学习的习惯；引导教师加深专业理解，更新知识结构，形成终身学习和应对挑战的能力[1]。《教师教育课程标准（试行）》将在职教师教育课程分为学历教育课程与非学历教育课程，并列举了若干主题和课程模块。

（三）教师培训课程标准

2017年11月，教育部印发了《中小学幼儿园教师培训课程指导标准（义务教育语文学科教学）》《中小学幼儿园教师培训课程指导标准（义务教育数学学科教学）》《中小学幼儿园教师培训课程指导标准（义务教育化学学科教学）》（以下简称《指导标准》），以规范和指导五年一周期教师全员培训工作，分层、分类、分科组织实施教师培训，提高教师培训的针对性和实效性，培养高素质教师队伍[2]。

《指导标准》由前言、培训目标与内容、实施建议三个部分组成。培训目标与内容包含培训目标、能力诊断、培训课程三方面重点内容。其中，培训目标是教师专业发展的具体要求，是教师工作能力的理想状态，给教师发展"建模子"；能力诊断用于确定当前教师工作能力的实际状态，通过能力表现级差表判断实际状态与理想状态的差距，科学诊断教师培训需求，给教师个体"照镜子"；培训课程着眼于缩短实际状态与理想状态的差距，帮助教师解决实际问题，提升能力素质，给教师提升"开方子"；实施建议重在为缩短差距提供有效的方式、方法，推动各地创新培训模式，增强培训实效性，为教师培训"找路子"。《指导标准》坚持目标导向，强化实践取向，以实施新课程为本，应对培训目标，针对能力诊断，系统精准设置"知行合一"的培训课程，帮助教师形成和丰富教育教学知识、改善教学行为，促进学生有效学习，为不同层次的教师铺就"如何到那里"的道路。

2020年，为贯彻落实《中共中央 国务院关于全面深化新时代教师队伍建设改革的意见》，

---

[1] 教育部：《教育部关于大力推进教师教育课程改革的意见》，http://www.moe.gov.cn/srcsite/A10/s6991/201110/t20111008_145604.html，2011-10-08。

[2] 教育部：教育部办公厅关于印发《中小学幼儿园教师培训课程指导标准（义务教育语文学科教学）》等3个文件的通知，http://www.moe.gov.cn/srcsite/A10/s7034/201712/t20171228_323255.html，2017-11-16。

培养高素质专业化创新型教师队伍，规范和指导五年一周期教师全员培训工作，分层、分类、分科组织实施教师培训，提高教师培训的针对性和实效性，教育部印发了《中小学教师培训课程指导标准（师德修养）》《中小学教师培训课程指导标准（班级管理）》《中小学教师培训课程指导标准（专业发展）》[①]。指导标准以"理想信念、道德情操、扎实学识、仁爱之心"的"四有"好老师为目标导向，基于师德理论分析、政策梳理、国际比较和社会调查等前期研究成果，具体细化了12个二级指标和31个研修主题。

我国教育部制定的各类相关教师专业标准、培训课程标准与指导标准（见表2-3），是国家、省、地（市）、县（区）组织开展教师培训工作的重要参考，是各级教师培训机构、教研机构以及中小学设置关于教师专业发展的培训课程、开发和选择教师培训课程资源的基本依据，也是中小学教师规划个人专业发展和自主选择培训课程的根本指南，对中小学教师培训工作具有重要的指导意义。

表2-3　我国教师培训课程相关标准一览表

时间	发文单位	标准名称	维度／模块
2011年	教育部（教师〔2011〕6号）	《教师教育课程标准（试行）》	在职教师教育课程：分为学历教育课程与非学历教育课程；根据"加深专业理解、解决实际问题、提升自身经验"的课程功能指向列出若干主题／模块
2012年	教育部（教师〔2012〕1号）	《幼儿园教师专业标准（试行）》《小学教师专业标准（试行）》和《中学教师专业标准（试行）》	维度：专业理念与师德、专业知识、专业能力；《专业标准》是培训的主要依据，是各级培训的重要内容
2012年	教育部办公厅（教师厅函〔2012〕5号）	《"国培计划"课程标准（试行）》	《标准》按学科（领域）分学段、分项目设置，共计67个。《标准》包括课程目标、建议课程内容、课程设置与实施建议三部分，另附主题式培训设计样例
2014年	教育部办公厅（教师厅函〔2014〕7号）	《中小学教师信息技术应用能力培训课程标准（试行）》	明确"应用信息技术优化课堂教学""应用信息技术转变学习方式"和"应用信息技术支持教师专业发展"3个系列的课程，共27个主题

① 教育部：教育部办公厅关于印发《中小学教师培训课程指导标准（师德修养）》等3个文件的通知，http://www.moe.gov.cn/srcsite/A10/s7002/202008/t20200814_478091.html，2020-07-22。

续表

时间	发文单位	标准名称	维度 / 模块
2017 年	教育部办公厅（教师厅〔2017〕10 号）	《中小学幼儿园教师培训课程指导标准（义务教育语文学科教学）》《中小学幼儿园教师培训课程指导标准（义务教育数学学科教学）》《中小学幼儿园教师培训课程指导标准（义务教育化学学科教学）》	培训目标、能力诊断、培训课程、实施建议
2020 年	教育部办公厅（教师厅〔2020〕3 号）	《中小学教师培训课程指导标准（师德修养、班级管理、专业发展）》《中小学教师培训课程指导标准（班级管理）》《中小学教师培训课程指导标准（专业发展）》	中小学教师专业发展划分为"专业发展规划""专业知识学习"和"专业实践研修"三个一级指标，作为培训课程总体框架；分为 9 个二级指标和 9 个研修主题

三、教师生涯发展与教师培训课程

（一）终身学习与教师生涯发展

教师是终身学习者。随着时代发展，知识在日新月异变化，科学技术在迭代更新，大数据、信息技术、人工智能极大加快了人类社会进步的步伐。教师作为为社会培养人才的职业，应走在社会发展的前列，教师的学习要与时俱进。在职教师需要基于终身学习的理念不断学习，以获得可持续发展。美国、英国、澳大利亚等国均基于教师专业标准，构建了教师生涯发展体系。

1. 美国教师专业生涯

美国除了确立各学科的专业标准，国家专业教学标准委员会还为教师专业发展构建了持续的生涯发展系统（teacher career continuum）。该系统除了职前培养阶段，还将在职教师的专业成长划分为 4 个阶段：新任教师（Novice Teacher）、专业教师（Professional Teacher）、获得委员会认证的教师（Board-Certified Teacher）、教育领导（Educational Leader）（详见图 2-2）[1]。国家委员会期望教师能够通过基于标准的证据证明其专业能力，并能从持续的专业学习和成长中受益，进而对学生学习产生积极影响。

---

[1] National Board for Professional Teaching Standards (NBPTS). Teacher Continuum – Building a Coherent Path to Accomplished Practice.

图 2-2 美国教师专业生涯连续体[1]

根据教师生涯发展阶段，美国为教师颁发分层级的专业证书，期望教师通过基于标准的证据证明其专业能力，并能从持续的专业学习中受益，进而对学生学习产生积极影响。

美国教师证书一般分为初始教师资格证书、专业教师证书、专家（熟练）教师证书等不同层级，但各州证书种类不尽相同。新任教师所获得的证书一般称为初始教师资格证书或实习教师资格证书，期限一般为 1～3 年。在满足一定的专业发展要求并通过一定考试、评估和考核的要求，教师可获得专业教师证书。在部分州，教师通过相应的评估，可以获得更高层级的证书。

2. 英国教师生涯发展路径

2019 年 1 月 28 日，英国教育部发布《招聘及留任策略》（*Recruitment and Retention Strategy*），除为所有新任教师提供为期两年的培训与支持之外，还建立了一套与教师生涯发展路径一致的专业资格（professional qualifications）（详见图 2-3），同时启动特定领域的国家专业资格认证（specialist NPQs），旨在为教师生涯发展提供更加多元化的选择路径，并通过建立系统的体系，鼓励优秀教师留任及支持学校改进。[2]

图 2-3 英国教师生涯发展路径

---

[1] National Board for Professional Teaching Standards(NBPTS). What Teachers Should Know and Be Able to Do.

[2] Department for Education, UK. Teacher Recruitment and Retention Strategy.

3. 澳大利亚：进阶的教师认证体系

澳大利亚基于教师专业标准，在 7 项标准的每个领域之下，细分为 4 个不同的级别：师范毕业生（graduate）、熟练教师（proficient）、资深教师（highly accomplished）和教师领导（lead）[①]，在不同的级别各列出不同的表现标准，建立了进阶的认证体系。澳大利亚教师专业标准的内容相当严谨，架构亦清晰，考虑了不同专业发展阶段的教师表现，并且为教师提供了大量自评工具与资源，实用性较强。

概言之，从国际比较而言，基于专业的视角，教师生涯发展包含教师的职前培养、新任教师的入职教育及专业发展等终身教育与学习等阶段，形成完备而系统的教师专业发展制度与支持体系。

（二）基于教师生涯发展的教师培训课程

教师在其教职生涯中，其专业发展具有阶段性特征，在发展的不同阶段面临着不同的问题和任务，不同发展阶段的教师在专业发展上有不同的需求和不同的目标。我国目前已经建立了较为成熟的阶梯式教师培训制度，分别为新任教师、青年教师、骨干教师提供分层的培训课程。

1. 教师专业发展标准

北京教育学院于 2012 年发布了分阶段的《中小学教师专业发展标准及指导》。教师专业发展标准按照 9 个学科或学科领域编写，具体包括语文、数学、英语、理科、社会、体育、艺术、信息技术和综合实践。每个学科都将教师分成"新手到熟练""熟练到成熟""成熟到卓越"三个阶段，每个阶段的要求有所不同。以语文学科为例，在实施有效的教学活动时，处于"新手到熟练"阶段的教师需要做到"教学语言简洁清晰，具有较好的朗读水平，能够为学生范读课文"；处于"熟练到成熟"阶段的教师需要做到"教学语言精练生动，富有亲和力，具有课堂变化能力"；处于"成熟到卓越"阶段的教师则需要做到"语言表达水平高超，极富感染力，有幽默才能，朗读接近专业水平"[②]。

近年来，北京教育学院大力推进教师培训创新发展和升级转型，遵循成人学习规律和人才成长规律，针对不同关键发展阶段的教师发展需求制定相应的培养培训方案，在构建系统化、专业化、规范化教师培训体系方面进行了持续探索，分别设置了新教师培训、青年教师、骨干教师、名师和卓越教师等项目，为处于不同发展阶段的教师提供适切的课程。如新任教师培训《北京市中小学新教师规范化培训指导意见》，注重市区校三级联动，通过培训加强新任教师专业发展支持体系建设[③]。

[①] Australian Institute for Teaching and School Leadership. Australian Professional Standards for Teachers.

[②] 中小学教师专业发展标准及指导课题组：《中小学教师专业发展标准及指导（语文）》，北京，北京师范大学出版社，2012。

[③] 钟亚妮：《完善新任教师专业发展支持体系》，载《光明日报》2023 年 4 月 4 日第 13 版。

2. 分阶段的教师培训课程

以"国培计划"为例，教育部在《"国培计划"有关项目实施指南》中，为处于不同专业发展阶段的教师设计不同类型的培训项目与课程（见表2-4）[①]，旨在既满足不同阶段教师发展的需要，也能引领教师朝向更高阶段发展。

表2-4 "国培计划"分阶段培训项目：目标任务与课程设置

	目标任务	课程设置
新教师入职培训	以从教经历不足三年的农村特岗教师、公费师范生为主要对象，遵循基于学校、师德为先、分类施训、知行合一原则，经过二至三年递进式培训，引导新教师树立立德树人理念，自觉遵守职业规范，掌握教育教学理论，研习学科教学方法，形成教学基本能力，扣好职业生涯"第一粒扣子"，适应教师岗位要求。 1. 引领新教师坚定职业信念，增进职业领悟，规范职业行为，修炼职业形象，为立德树人奠基。 2. 指导新教师掌握基本教学规律，学会教材分析、学情分析、教学设计、课堂管理和教学评价，为教书育人赋能。 3. 帮助新教师形成教学研究意识，熟悉观课议课、教学反思、案例研究等教研方法和途径，掌握信息技术基础应用能力，为专业发展助力。 4. 探索标准化、体系化、制度化的新教师入职培训，打造新教师入职培训示范模式，汇聚优质资源，为项目实施增值	课程设置遵循新教师成长规律，依据教师培训课程指导标准，聚焦新教师专业发展核心素养和教育教学基本能力，突出实操性、实用性和实效性。针对新教师师范类和非师范类专业背景，课程设置分"职业领悟与师德践行、教学常规与教学实践、班级管理与育德体验、教学反思与教研基础"等四个维度。非师范类增加"教育理论与专业知识补偿"维度，完善知识结构
青年教师助力培训	对任教三年以上、有发展潜力的乡村中小学青年教师开展不少于10天的师德养成与学科育人能力培训，助力乡村青年教师实现从合格到胜任的转变。 （一）帮助青年教师把"立德树人"落实到学科教学体系中，以德施教、以德育德，解决工作中的师德困惑，增强乡村教育情感，提高师德践行能力。 （二）以学科育人能力为主线，重点提升青年教师对教学内容及课程标准的理解、对学生认知规律的分析、对课堂学习活动的设计以及对课堂作业的命制等专项能力。 （三）指导青年教师将信息技术与学科融合，形成运用信息技术优化课堂教学和学生学习的能力。 （四）树立教科研工作意识，提升青年教师发现教学问题，运用多种方式解决教学问题的反思研究能力。 （五）引导青年教师制定职业发展规划，特别是从合格教师到胜任教师的成长计划，助力青年教师专业持续发展	聚焦乡村青年教师专业发展核心价值、必备品格和关键能力，依据教师培训课程指导标准，围绕师德修养、专业理念与学科知识、学科育人与教学反思、信息技术与学科融合四个维度设置培训课程

[①] 教育部：教育部教师工作司关于印发《教师培训者团队研修指南》等11个文件的通知，http://www.moe.gov.cn/s78/A10/tongzhi/202003/t20200330_436306.html，2020-03-27。

续表

	目标任务	课程设置
骨干教师提升培训	以市县学科带头人、骨干教师为培养对象，开展为期不少于20天（120学时）的学科教学创新能力研修，落实立德树人根本任务，适应学科核心素养新需求，提升学科教学创新能力，打造市县学科教学骨干团队，并发挥其示范引领作用。 1.明确发展目标。2.升华教育情怀。3.探索教学创新。4.优化技术应用。5.提升研究能力。6.生成研修成果	聚焦市县骨干教师专业发展不同阶段的核心素养和关键能力，重点围绕职业信念与教育情怀、教学创新与学生发展、信息素养与技术应用、教学反思与教学研究等四个维度设置培训课程

（注：根据教育部《"国培计划"有关项目实施指南》整理[1]）

根据教育部"国培计划"实施指南，对于新教师、青年教师、骨干教师等处于不同生涯发展阶段的教师，其培训课程设置的重点不尽相同。新教师培训重在坚定职业信念，掌握基本教学规律，形成教学研究意识。青年教师培训旨在落实"立德树人"理念，提升对教学内容、课程标准及学生的理解，以及教学专项能力。骨干教师培训则重在升华教育情怀、探索教学创新、优化技术应用、提升研究能力。

四、教师培训课程体系的基本架构

教师培训课程旨在提升教师专业素养，培训课程体系可主要从两个基本维度来建构：一是培训后意味着"量"的增加，即根据专业标准，教师在专业理念与师德、专业知识、专业能力等方面的提升；二是培训后意味着"质"的提高，即从教师生涯发展来看，培训之后，教师从新任阶段向胜任阶段、熟练阶段、专家阶段发展，这种发展具有连续性，是层层递进的。此外，培训课程还需回应教师在教育教学中的实际问题，如对课程教学改革的学习需求等，从问题解决的视角设置培训课程。

（一）确立基于教师专业标准的培训课程目标

建构教师培训体系，需要基于教师专业标准，以教师专业发展目标为本位，从教师教育活动的基本要素出发，回应教师从事教育教学工作的学习需求。以教师专业标准为基础建构教师培训课程，亦即确定了培训课程目标和内容的基本框架。

---

[1] 教育部：教育部教师工作司关于印发《教师培训者团队研修指南》等11个文件的通知，http://www.moe.gov.cn/s78/A10/tongzhi/202003/t20200330_436306.html，2020-03-27。

根据我国教师专业标准，教师培训课程可分为专业理念与师德、专业知识、专业能力三个维度。每一个维度包括课程目标和分级内容标准两个方面，课程目标表明这一维度与领域通过课程所要完成的任务和达到的要求；分级内容标准则规定了在这一维度和领域培养不同发展水平教师的具体课程内容和要求。

由于专业理念与师德、专业知识、专业能力是一个大的划分领域，因此需要在此基础上对三个维度进行更为细致和深入的分类，并进一步确立相应的课程目标与内容。如专业理念与师德包含职业理解与认识、对学生的态度与行为、教育教学的态度与行为、个人修养与行为等领域。从实践逻辑的角度，课程设计可对相关领域内容构成进一步细化，对每一领域所要达到的课程目标分别作出规定。

（二）确立基于教师生涯发展的分阶段培训课程

每一个领域的课程目标确立之后，就需要制定出与课程目标相配套的分级课程内容。课程内容设置需要明确教师专业发展过程各阶段的任务及目标，引领教师专业素质水平提升的方向，促进教师在其职业生涯中不断阶梯式前进。

教师培训课程内容分几个等级，取决于对教师发展水平等级的划分。从研究的视角来看，各国在教师发展水平的分级上并没有统一的规定。如前文所述，美国将在职教师的专业成长划分为新任教师、专业教师等四个阶段。

根据教师专业发展相关阶段理论及我国教师成长的实际状态，北京教育学院在《中小学教师专业发展标准及指导》中，将教师分成"新手到熟练""熟练到成熟""成熟到卓越"三个阶段。教师所处发展阶段不同，教师培训课程内容亦有所差异。如新任教师重在教育教学基本功的掌握，而卓越教师培训课程则涵盖教师领导力[1]等内容。

教育部颁布的《中小学教师继续教育规定》（1999年）已经明确：教师继续教育的非学历教育包括"新任教师培训""教师岗位培训""骨干教师培训"[2]。2020年3月，教育部印发《"国培计划"有关项目实施指南》，分别对新教师、青年教师、骨干教师等不同群体的教师培训明确了指导意见，进一步完善了分层分类的教师培训体系，并在指南中明确了每个专业发展阶段教师培训课程的内容模块[3]。

---

[1] 朱旭东，廖伟等：《论卓越教师培训课程的构建》，载《课程·教材·教法》，2021（8）。
[2] 教育部：《中小学教师继续教育规定》（中华人民共和国教育部令第7号，1999年9月13日）。
[3] 教育部：教育部教师工作司关于印发《教师培训者团队研修指南》等11个文件的通知（教师司函〔2020〕11号），http://www.moe.gov.cn/s78/A10/tongzhi/202003/t20200330_436306.html，2020-03-27。

《中共中央　国务院关于全面深化新时代教师队伍建设改革的意见》提出我国教师队伍建设的新愿景，即"到 2035 年，教师综合素质、专业化水平和创新能力大幅提升，培养造就数以百万计的骨干教师、数以十万计的卓越教师、数以万计的教育家型教师"[①]。国家教师政策明确了教师成长的路径。基于教师生涯发展阶段与教师成长规律，我国教师培训制度已为新任教师、青年教师、卓越教师分别搭建了成长的阶梯，完善了分级、分类、分岗的教师培训体系。在生涯发展过程中，教师通过不断学习、反思和探究来拓宽其专业内涵，提高其专业水平，从而达至专业成熟的境界。各地为构建系统而持续的在职教师专业发展与教师终身学习体系做出了积极探索。

（三）基于问题解决的实践性培训课程

由于教师发展所处阶段不同，学情和校情亦各异，教师学习和培训课程体系应当灵活、多样化、可供选择，课程呈现的方式可以是专题性、情境性、探究性的。教师培训课程的结构可由几个相对独立的学习领域构成，每个学习领域又可由若干个并列的、主题性的、可供选择的学习模块组成，模块与模块之间可以有多种多样的组合方式，形成一个个或独立或相互联系的课程形式。同时，特别需要关注的是，在整个课程结构中应全方位地渗透实践取向的思想。

当前，教师培训政策和相关课程标准日益强调实践类课程在教师培训中的重要作用。如教育部《"国培计划"课程标准（试行）》（2012 年）提出，短期集中培训项目实践类课程原则上应达到 30% 以上，置换脱产研修项目实践类课程原则上应达到 40% 以上。在教师培训中以实践取向进行课程设计，不仅是指在课程结构中加大实践类课程比重，同时亦在课程内容和实施等方面有较强的实践取向，能够在教师培训课程中真实地反映教师专业的丰富性。基于问题解决的实践取向的教师培训课程，强化教师学习与教师的教育实践紧密结合，倡导以情境创设、典型案例分析、经验分享、合作研讨等多种形式的参与式教学和培训，注重培养教师在具体情境中解决问题的能力。

综上所述，培训者可以参照上述三个维度建构教师培训课程（如图 2-4 所示）：在纵向维度，根据教师所处的专业发展阶段，明确基于教师生涯发展的培训课程；在横向维度，根据教师专业标准，根据教师需要提升的专业素养，明确培训课程目标；同时，根据教育改革政策要求及教师专业学习需求，设计基于问题解决的实践性课程，为教师提供学科课程、

[①] 新华社：《中共中央　国务院关于全面深化新时代教师队伍建设改革的意见》，https://www.gov.cn/zhengce/2018-01/31/content_5262659.htm，2018-01-31。

教学方式、学生发展、学校发展等领域的专业支持，以切实帮助教师通过不断学习实现终身发展。

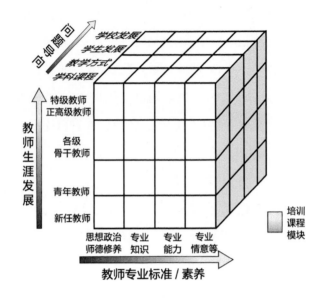

图 2-4　教师培训课程建构的维度与架构

综上所述，教师培训要提升质量、实现高质量发展，从课程建构与实施的角度，需要重点关注以下三个方面的具体实践。

一是要在培训课程中强化实践性知识主动建构。教师培训是教师主动学习的过程，培训过程不等同于理论灌输或技能训练，而是更强调教师的参与、体验和反思。传统以知识为本位的课程理论，注重课程内容知识的客观性、系统性和逻辑性，构建的是以知识传递为特征的教学模式，课程学习成为知识积累、贮存和再认的过程。基于实践取向，培训课程实施要求教师在对课程内容知识理解的基础上，结合自己的经验去反思、构建和创新，最终将知识有效地纳入自身的认知建构中，形成自己的实践性知识。培训者需要注重将课程内容知识转化为教师的实践性知识，研制出科学有效的评价教师实践性知识的标准，加强以学习为中心的课程理论研究，以教师学习为基础建构教师培训课程内容，通过体验式学习促进培训课程的有效实施。研究者需要不断探讨基于教师学习的课程建构与实施路径，关注学习者的课程体验，在实践性课程中解决教育教学实际问题，真正助力教师发展。

二是以有效的学习方式优化教师培训课程实施路径。从教师有效学习的方式来看，教师个体进行反思、行动研究及协作能提升学习质量。依据舍恩的反思型实践理论，教师只有将实践与理论结合，通过对教学实践不断反思和积累，在行动研究中将自己变成反思实践者，才会更有利于实践性知识的生成和传递。因此，在课程实践过程中，培训者需要改变传统教师培训课程静态的、以知识灌输为主的教学方式，努力为教师创设情境化的学习经历，善于结合基础教育改革热点、难点等将培训课程内容"问题化"或"任务化"，积极引导教师去认知、对话、体验和反思，促进教师对理论知识的学习，或通过自传性写作、小组讨论、案例教学、行动研究等方式，帮助教师在具体情境中丰富和发展实践性知识。此外，还应加强理论学习与实践现场的关联，引导教师基于学校情境开展研究，提高教师对专业的认同感与解决实践问题的能力。

三是以数字化课程资源建设完善教师学习课程内容体系，建构促进教师终身学习的生态系统。未来需要教育行政部门、教师培训机构及中小学校携手打造数字化培训课程资源库，为教师提供理念新颖、内容丰富、实用便捷的优质课程资源，创设数字化教师培训课程资源的智能推送、共享机制和培训课程质量分析机制。随着教育领域的数字化转型，加强数字化课程与资源建设，推进教师学习资源智能化开放共享；加强混合式研修、智能研修等多元学习方式，创设基于分层、分类的精准化教师培训体系；构建的灵活便捷的教学组织与学习空间、有效的支持环境与服务、密切的政企校协同等将是未来教师学习持续创新的方向。多元供给主体与多方合作，有助于共同建构教师专业发展支持体系，形成教师学习的新生态和新格局。

概言之，基于我国教师培训政策和教师专业学习的国际研究成果，深化精准培训改革需要重视教师主体性与全人发展，通过协作促进教师队伍整体发展；基于育人目标与课程改革需求，优化教师专业学习课程内容与资源，创新专业学习方式，为教师成长创设有效的实践情境，加强教师发展支持体系建设，构建良好的学习生态系统。基于当前教师专业发展研究领域的最新进展及有效专业发展的理论，从教师专业学习的视角出发，有针对性地设计教师专业学习内容与活动方式，让教师将学到的内容以有意义的方式、实实在在地影响和改进教育教学实践。这有助于提升培训的专业性与科学性，助力构建高质量教师发展体系，进而为我国教育现代化发展提供高素质专业化创新型的师资保障[①]。

---

① 钟亚妮：《教师专业学习视域中的高质量教师发展：基于国际研究的探讨》，载《中国教师》，2022（7）。

第三章 教师培训课程内容

基于教师培训相关理论，本章介绍教师培训课程开发流程的前四个环节：明确教师培训方案、教师培训需求调研、明确培训目标和培训课程目标、编制培训课程内容。在明确教师培训方案、确定培训主题及范围之后，需要开展培训调研，从而进一步明确培训主题、培训现状、培训目标，并分解细化为培训课程目标。根据培训课程目标设定培训课程主题、选择和组织培训内容，进而完成培训课程的建构。确定培训课程内容的四个部分环环相扣，相继而行，是教师培训课程实施和评价的基础。

第一节 明确教师培训方案

好的开始是成功的一半。高质量的教师培训始于满足教师成长需求、具有针对性和切实可行的教师培训方案。凸显科学性和适用性的培训方案需要齐全的要素、聚焦需求，能够很好地回答"为什么培训""培训谁""培训什么""如何培训""培训达到什么效果"等问题，是培训实施过程的依据和参照。

一、教师培训方案形成背景

百年大计，教育为本。教育大计，教师为本。高质量的教师是高质量教育发展的中坚力量，高质量的教师培训为教师的高质量发展保驾护航。教师培训方案是在各级教育政策引领下而构建的、包含教师培训相关信息的培训规划方案，旨在确保教师培训设计与实施的方向性与可行性。

教师培训是以推动教育教学实践为目的，对教师进行教育政策、理论和实践层面的系统性培训，以提高教师的教学能力、专业素养和职业道德水平。通常情况下，教师培训方案的建构和生成有着鲜明的政策背景，是在国家或地方阶段性教育政策文件的指导下而产生的。例如，北京市目前组织开展的各类教师培训项目，主要依据教育部等八部门印发的《新时代基础教育强师计划》以及各类教师培训相关政策，根据《北京市"十四五"时期中小学教师培训工作的实施意见》等地方政策要求而设计实施。根据不同的教师群体，教师培训项目分别根据北京市新任教师、优秀青年教师、市级与区级骨干教师、特级教师等处于不同专业发展阶段的教师发展需求，分别设计有针对性的培训课程，以提升教师教书育人能力与素养，为基础教育高质量发展提供优质师资保障。

在教育政策的引领和要求下，结合教师的发展需求，尤其是生涯发展阶段特点，设计有针对性的教师培训方案，有助于落实相关政策，帮助教师更好地适应教育改革带来的挑战，提升教师能力和专业素养。例如，为落实中共中央办公厅、国务院办公厅《关于进一步减轻义务教育阶段学生作业负担和校外培训负担的意见》政策要求，结合《"十四五"时期北京市中小学干部教师培训工作方案》，根据中共北京市委教育工委、市教委发布的《关于开展深入学习贯彻习近平总书记关于教育的重要论述 全面推进落实"双减"政策要求 促进首都基础教育高质量发展全员培训的通知》（京教人〔2022〕11号），在市教委的领导下，北京教育学院研制了项目实施方案，对于培训内容与方案、培训考核与组织实施等方面进行了全面设计，对于全面推进落实"双减"政策要求、助力广大干部教师秉承教育初心，以课堂教学、作业设计等为切入点提升教育质量、落实因材施教和促进学生个性化成长，提供了及时培训和有益指导。

面对基础教育教师发展，教育政策文件要求和教师实际发展需求都成为教师培训方案的形成背景。教师培训方案是教师培训的依据和参照，也是建构培训课程的重要来源。在实现教育高质量发展、加快教育强国建设的背景下，为进一步推进教师精准培训工作，需要精心设计教师培训方案，深入开展需求调研，精细设置培训目标，逐步细化课程目标，系统构建培训课程，实现教师培训的精准化。

二、教师培训方案的基本要素

教师培训方案是对教师培训的整体思考和系统设计，是教师培训顺利开展和有效实施的前提。通常情况下，根据政策文件要求，培训机构需要开展一项培训来丰富教师某方面的知识或提升某种能力，实施前会初步形成一份教师培训方案。培训方案由多个基本要素组成，一般包括培训背景、培训目标、培训对象、培训主题、培训课程、培训师资、培训评估、培训保障等。

培训背景是对"为什么进行培训"的回答，通常会从政策背景、学术背景和实践状况等层面分析培训的必要性；培训目标是对"培训达到什么效果"的预设，可以分总体目标和具体目标两个层次进行设置；培训对象回答"培训谁"的问题，是对教师培训参与主体的进一步聚焦和明确；培训主题是整个培训方案的灵魂，起着统领全局的作用，是对培训目标的凝练；培训课程是对"培训什么"的回答，是培训方案中核心要素，是实现培训目标的重要内容和活动载体；培训师资回答的是"谁来培训"的问题，是培训效果有效性的重要保障；培训评估是对"培训达到什么效果"的回答，是对前面各要素是否科学适宜的有效回答，也是改善培训管理的重要依据；培训保障是对实现培训有效性所需要的支持性条件，如场地、住宿、交通等，具有"细节决定成败"的价值。培训方案中通常也会设置一些研修作业，作为提升培训效果的一种方式。

以北京教育学院《北京市中小学特级教师工作室项目方案》为例，培训背景从"'双减'政策的本质""课程改革的方向""专业发展的趋势"三个层面分析了政策背景、学术背景和实践状况。由此设置培训总目标为"培养一批在区域基础教育领域起示范引领作用的学科教师"，并具体化为理解并转化为学科课堂教学的行为、促进学生学科核心素养发展的能力、提升学科教师教学交流的意识三个次级目标。由于培训对象是特级教师工作室，培训方案从荣誉称号、政策素养、师德水平、发展愿望、教学能力等方面对培训对象的条件作出要求。培训主题聚焦为"以建构高质量的教学体系提升教师专业素养"，在界定关键词的基础上，对接培训目标，将培训课程设置为公共专业课、学科专业课、教学实践课三个模块，并作出进一步分解。培训师资配备采取"学术导师＋实践导师"的双导师培养模式，并作出具体规划。培训评估既包括对培训学员的评估，也包括对培训项目本身的评估。培训保障则分别从组织保障、机制保障、品质保障、经费保障、服务保障五个方面详细阐述。

教师培训方案通常由培训发起者撰写并完成，是培训实施前所需完成的基础性工作，也是后期开展课程需求调研、明确目标、建构培训课程的基础。一个切实可行的教师培训方案会指向教师发展需要和现实问题，体现方案内部要素间的一致性。通常是根据培训目标确立培训主题，根据培训主题和目标建构培训课程，选择培训师资和方法，明确评价标准及培训保障，从而形成一份完整的培训方案。

三、教师培训方案的评审

教师培训方案是教师培训顺利开展和有效实施的前提。优质的教师培训方案能够体现出"要素完整""内容匹配""逻辑自洽"的特点。"要素完整"是指培训背景、培训目标、培训对象、培训主题、培训课程等要素是否都在方案中有所体现；"内容匹配"是指培训课程及内容是否与其他要素具有一致性；"逻辑自洽"是指各要素间是否环环相扣，具有一致性。为了确保培训效果，教育行政部门或教师培训主管部门会组织专家对教师培训方案的合理性、价值性和可操作性进行评审和专业认定，这也是培训方案是否能够进入细化和实施的关键。

培训方案的评审内容包括培训需求、培训背景、培训目标、培训对象、培训主题、培训课程等各项要素。坚持目标导向、问题导向和结果导向的原则，每一个要素的评审都根据相应的标准进行。评审结果通常分为优、良、中、差四个等级，只有优和良的培训方案可以通过评审，进入下一个环节。评审结果为中和差的培训方案，则需要进一步调整和评审，直至通过为止。

　　教师培训方案的评审是提高培训实效性不可缺少的环节，重点是对培训方案的价值性以及培训课程一致性的评审。方案评审为下一阶段在培训实施方案的建构和方案实施层面的需求调研、目标设定、课程编制打下了良好的基础。培训方案评审通过后还需要针对培训需求做进一步调研，明确面向某一特定教师群体开展培训的课程，从而形成教师培训实施方案。

第二节　教师培训需求调研

　　需求调研和分析是教师培训的重要环节。《关于大力加强中小学教师培训工作的意见》提出"统筹规划、改革创新、按需施训、注重实效"的原则，并在"不断优化培训内容"部分强调"加强教师培训需求调研"。《关于深化中小学教师培训模式改革全面提升培训质量的指导意见》中明确要求"增强培训针对性，确保按需施训""根据……教师发展不同阶段的实际需求，开展针对性培训""实行教师培训需求调研分析制度"。在教师培训方案确定后，进一步进行需求调研是聚焦培训目标、梳理培训现状的过程，是建构培训课程、设置培训方式的前提和基础。

一、培训需求内涵与意义

　　需求是实际状态和理想状态间的差距。马斯洛提出人的需求层次理论，认为人的需求存在五个层级，当低层级需求得到满足后，会产生高层级需求，人也是在不同层级需求得到满足的过程中实现发展的。培训需求是理想的工作需要和现实的工作能力之间的差距，教师培训需求则是中小学教师在教育教学知识、能力、态度等方面的现实状况与理想状况之间的差距。

　　中小学教师培训需求可以分为组织需求、任务需求和个人成长需求。"组织需求具有宏观性、战略性、长期性，主要指社会发展过程中，党的教育方针、国家的教育政策改革带来的教师个体教育教学能力提升的宏观需求；任务需求，主要指学校在不同发展时期，为贯彻教育方针政策或强化内涵建设所需的教师岗位能力要求；个人成长需求，主要指教师个体为追求专业成长而产生的内在需要。"[1]精准把握组织需求和任务需求等外部需求，详细分析教师个人成长的内部需求，是教师培训的有效依据。三类需求呈现的是承载一项

---

① 范光基，黄澄辉：《新时代中小学教师培训需求研析与培训建议》，载《教育评论》，2022(11)。

教师培训背后的政策要求、学术研究前沿以及教师发展需求，因此，对教师培训需求的调研可以从政策、学术、学员三个方面展开。

二、培训需求调研与分析

教师培训需求是实施培训的重要环节，既明确了教师培训的目标，也能找到培训的出发点，对培训的实施和评价有着很强的引领性和指导性。教师培训项目的培训需求不仅来自教师群体，更应关照教育政策要求、行政部门和所在组织的需求，以及学术前沿的理论和实践成果，这些构成了培训需求的来源和内容。因此，在教师培训需求调研过程中需要进行三方面的调研，即政策调研、学术调研、学员调研。

（一）需求调研的内涵

教师培训需求调研的过程中需要进行三类调研，分别是政策调研、学术调研和学员调研。政策调研是为了找寻到教师培训的方向和目标，明确教师培训的要求；学术调研是为了发现教师发展的最新研究，进一步清晰和丰富培训目标；学员调研则是为了定位受训群体的发展现状和需求，明确教师培训的出发点，为进一步规划培训路径和培训课程作准备。三类调研并非分开进行，实际工作中，政策调研和学术调研往往早于学员调研，是开展学员调研的基础。政策调研和学术调研的结果也会成为学员调研的基本内容材料，并基于此进行需求分析。在进行学员调研的过程中，与培训学员相关的培训发起者、教育行政领导、学校管理者、培训开发领导等也会纳入调研对象的范围。

1. 政策调研

教育政策是国家各级政府为实现某一时期的教育发展目标或任务而提出的要求或制定的准则。教师培训是实现教育发展目标而采取的保障措施，因此，对政策的理解有利于更清晰地把握培训的方向和要求。

政策调研属于政策类文献研究，是教师培训合法性和方向性的基础。通常情况下政策调研围绕教师培训主题而展开，做到"横纵结合"。横向上，需要对与培训主题相关的各类教育政策文本进行深入阅读和研究，明确政策关注的核心，尤其是与教师成长、专业发展相关的内容，如目标、内容、方式等要求。如进行班主任培训时，需要深度把握《中华人民共和国国民经济和社会发展第十四个五年规划和 2035 年远景目标纲要》中涉及建设高质量教育体系和高素质专业化创新型教师队伍的相关内容，熟知《中共中央 国务院关于全面深化新时代教师队伍建设改革的意见》《新时代基础教育强师计划》等针对教师队伍的专门文本的内容要求，以及《教育部关于进一步加强中小学班主任工作的意见》《中小学班主任工作规定》等与班主任直接相关的文件的深度研读。纵向上，分类整理不同行政级别的政策文件，如国家级、省市级、区级、校级相关文件，关注与中小学教育教学相关的文件，如不同行政级别的"十四五"规划、"双减"政策及干部教师轮岗政策，不同级别对落实新课程改革和新课程标准的要求，自上而下逐层梳理。同时关注政策的时间维度，关注不同时间点政策间的关系。

2. 学术调研

学术研究是在某一领域所从事的专业的探索与研究，是遵循一定的学术规划、相应的研究方法所开展的研究。学术研究往往代表着某领域的前沿研究成果，教育类学术研究引领着教育的发展方向，是教师培训需要关注的重要内容，也是进一步发展中定位的"巨人肩膀"。

学术调研属于前沿学术研究类文献调研，是为了更清晰地了解和把握与培训主题相关的学术演进及最新研究成果，从而突破教师培训的经验式发展，走向理性发展之路。进行学术调研时，需要检索与培训主题相关的各类研究成果，包括专著、期刊、学术汇报等。如对"课程视域下教师课堂建设能力提升"的培训主题进行学术调研时，需要检索与"课程视域""教师课堂建设能力"等相关的文献材料，厘清关键概念的同时，梳理相关文献研究的进展和现状，把握最新研究成果，从而明确教师培训的学术方向。

3. 学员调研

学员调研是以受训群体为对象、在一定范围内开展的发展现状和需求调研，是教师培训调研中最不可忽略的一个步骤。学员调研的价值在于明确教师培训的出发点，为后期的课程构建和培训实施奠定基础。

学员调研属于现状调研，主要目的是发现受训教师与政策要求和学术前沿发展的距离，在分析教师发展的"最近发展区"的基础上，构建培训课程，探寻适宜的路径，从而实现培训目标。学员调研通常采取成规模的问卷调查或小范围的访谈两种方式，有时候也可以采取观察的方法收集调研材料。学员调研一般调查学员的基本信息、政策知晓程度、教育教学现状、相关技能与能力现状以及在培训中对内容、方式等的偏好。

（二）培训调研准备

教师培训的三类调研中，政策调研和学术调研均属文献型调研，学员调研则是在前两类调研基础上开展的现状和需求调研。政策调研和学术调研需要围绕培训主题开展文献研究，学员调研更为复杂，需要确定调研对象、确定调研方法与内容、形成调研方案。作为学员调研的基础，政策调研和学术调研的结果将融入学员调研的内容之中。

1. 确定学员调研对象

每一次教师培训都需要上承教育政策文件的要求，下接教师作为直接受训者的需求以及中间层面关注到的区域教育发展需要和学校办学理念下的教育教学要求，体现出教育培训要"顶天、立地、联中间"的整体思考，以追求培训的实效性。学员调研过程，需要将培训相关主体纳入调研范围，了解几类人员的培训需求，即培训发起者、教育行政领导、学校管理者、培训对象（教师）、培训开发领导的需求。其中，培训发起者可能是另外四类人中的某一类，不同角色在教师培训中因视角不同，对培训的需求也不同。

在中小学教师培训中，参训教师是最主要的调研对象，可以根据区域范围、学校类型、所处学段、任教学科、所在年级、职业发展阶段等不同因素选取参与调研的教师。例如，要对数学教师进行培训，就需要进一步明确教师所在行政区域、学校类型、所处学段，甚至是年级和职业发展阶段。由此，可以聚焦为"×× 省 / 市 / 县（区）、农村学校、小学、五年级、数学、新任、教师培训"。教育行政领导、学校管理者、培训开发领导更容易确定，一般指向直接与教师培训相关的主管领导，他们的培训需求更能体现各级行政部门的教育政策要求，以及基于区域现状对培训的期待。

2. 确定学员调研方法与内容

教师培训需求调研通常采用观察法、访谈法、问卷法等。不同的方法有不同的适用情况，不同的调研也可以组合使用多个方法。

观察法常用于日常教育教学工作开展过程中，不同角色在教学活动参与或与教师互动中通过观察而获得的结果和结论。观察法既包括有目的的观察，也包括无目的的观察。有目的的观察是一种定向观察，从而确认观察主题的呈现样态；无目的的观察是一种随机观察，会在观察现场发现新的现象或问题。日常工作中的教学效果分析、听评课、教研活动、非教学活动等都是观察的机会。通过观察获得的是外在的、行动层面的表现，无法深入了解背后的思考和目的。因此，观察后可以通过访谈的方式对现象的背后进行深入了解。

访谈法和问卷法是调查研究的常用方法，通常因其面对的样本数量和调研目的不同而有所选择。通常情况下，在教师培训中，访谈法因其样本数量受限和时间的约束性，会以调查存在什么样的问题为目的，围绕预先设定的培训指向，对不同调研对象开展访谈。通常情况下，培训需求访谈会面对五种角色提出不同的访谈问题，以获取不同角色的培训需求。

表 3-1 教师培训需求访谈

角色	访谈问题
培训发起者	1.为什么要面对教师群体进行培训？期待的效果是什么？ 2.对教师培训的内容有什么建议？ 3.对教师培训的方式有什么想法？
教育行政领导	1.当前教育政策文件的要求是什么？ 2.期待教师群体达到什么样的目标？ 3.能对培训提供哪些支持？
学校管理者	1.学校教育教学需要教师有哪方面的培训？组织过哪些相关培训？ 2.学校如何支持教师群体参加培训？ 3.学校对教师培训的期待是什么？
培训对象	1.培训对象对培训的期待是什么？期待获得哪些知识和能力？ 2.培训对象在教育教学中遇到的问题有哪些？ 3.培训对象对培训内容和培训方式有什么想法？
培训机构领导	1.是否支撑这样的培训？ 2.对教师培训的期待是什么？ 3.能对培训提供哪些支持？

在培训需求调研中，访谈的价值是确定存在什么问题，进一步聚焦培训的指向；而问卷的价值则是确定问题在多大范围内存在，进一步明确培训的目标。通过访谈确定培训需要解决的问题后，还需要通过概念界定和相关文献梳理，找到问题的边界和与问题相关的要素关系，形成问卷编制的维度和调研框架。通常情况下，调研问卷的内容结构分为四个部分：问卷说明、调研对象基本信息、主题相关内容（封闭题＋开放题）、致谢。

3. 形成学员调研方案

调研方案是学员调研阶段不可缺少的部分。它将调研对象、调研方法、调研内容整合在时间和空间中，构建要素间关系以便更好地实施。调研方案也是调研参与者达成一致意见，统一开展行动的指导手册。

调研方案中包括调研目的、调研计划、调研实施、数据整理与分析、撰写调研报告。调研目的是依据初步形成的调研指向,梳理需要回答的问题和研究的重点。调研计划是在明确调研对象、调研内容及调研方法的基础上研制的调研基本流程。

调研计划主要回答谁在什么时间、什么地点面对谁,以什么样的方法、调研什么内容,是调研实施的依据。调研计划既包括调研团队内部的分工,也包括对调研实施的安排,如调研时间的安排、调研地点的选择、对象的选取与范围的确定、调研方法和调研内容的组合。

调研方案是培训调研前的准备,培训调研实施和培训需求分析是依据培训方案的任务分配和时间要求来完成的。

（三）培训调研实施

教师培训调研的实施在政策调研和学术调研阶段已经开始,这里聚焦的调研实施指向基于政策调研和学术调研的学员调研的实施,是按照调研计划的设计和逻辑逐步展开的,是调研者在固定的时间和地点,以特定的方法对调研对象进行的有目的的调研活动。

表 3-2　教师培训调研实施表

调研者	调研时间	调研地点	调研对象	调研方法	调研内容
×××	×××	×××	培训发起者	访谈 / 问卷	×××
×××	×××	×××	教育行政领导	访谈 / 问卷	×××
×××	×××	×××	学校管理者	访谈 / 问卷	×××
×××	×××	×××	培训对象	访谈 / 问卷 / 观察……	×××
×××	×××	×××	培训机构领导	访谈 / 问卷	×××

根据预先研究设定的访谈提纲,针对小范围人群进行访谈,以确定教师群体中存在的问题。在问题的排序中找出急需解决且可以解决的问题。进而通过问卷的方式确定问题的存在范围、教师对问题的理解和认识,以及基于问题的培训需求。

随着技术的发展和进步,调研工具不再局限于传统的纸笔方式,一些受众广的网络调研工具,如问卷星、调研家、腾讯问卷等为调研带来极大便利,可以作为调研实施的工具选择。

（四）培训需求分析

教师培训需求分析指的是在培训之前对培训对象及其他相关信息进行分析，从而为制订培训计划提供依据和确定培训对象范围、培训形式的一种活动[①]。从规范的培训实施角度来看，培训需求分析既是培训的起点，又是培训的归宿，是从"基于经验的培训"走向"基于证据的培训"的重要转折，是培训专业化的重要表现[②]。需求分析需要平衡教育政策文件、教育行政部门、中小学校、教师，以及培训组织者不同群体间的需求和能力。

1. 教师培训需求分析模式

教师培训需求分析遵循不同的模式，主要有绩效差距模式、"三因素"模式、胜任特征模式和职业规划模式[③]。

（1）绩效差距模式

绩效差距模式通常是基于教师发展的理想状态和现实状态间差距而展开的需求调研。问题产生于"差距"的存在，于是引发行政、组织或教师对通过培训而实现发展的需求。通常情况下，绩效差距模式的操作流程如下：首先，因新颁布的教育政策文件要求或组织新确定的发展目标，发现教育教学实践中的效果明显滞后于理想状态，由此产生新的培训需求以及教师发展标准；其次，多方评价主体参与，了解教师教育教学实际状态及效果；再次，通过对理想状态与实际状态的对比，明确差距的存在及范围，分析差距存在的原因；最后，当原因的组成要素属于可改变类型时，会根据要素的影响大小及可改变下的投入进行排序，从而确定教师的培训需求。

绩效差距模式更关注教师应达到的理想状态，而对现实状态及影响因素的分析偏弱。同时，这一模式以教育教学绩效为中心，偏于量化，关注教师群体多，关注个体需求不足。因此，这种模式的采用情况多是由教育行政部门或学校组织作为教师培训发起者而开展的教师培训需求分析。

（2）"三因素"模式

20世纪60年代，麦吉（W.McGehee）与塞耶（P.W.Thayer）提出培训需求分析应该从"组织、任务、人员"三方因素入手，于是将这种模式应用于教育领域，并受到关注。组织分析是通过对学校办学理念、发展规划、师生团队、周边资源等进行分析的基础上，找出学校发展中的现实问题，明确发展目标，从而确定教师基于学校发展目标所需要的培训重点。

---

① 姚春燕：《高中教师培训需求分析》，载《知识经济》，2016（4）。
② 李树培，魏非：《教师培训需求分析的误区辨析及实践探索》，载《北京教育学院学报》，2018（3）。
③ 朱艳玲，《培训需求分析的技术路径及其在农村教师培训中的应用》，兰州，西北师范大学，2012。

任务分析是基于教师的岗位要求和教育教学要求，界定教师的工作成效标准及要求，从而确定教师达到标准所需要的知识、技能和能力。人员分析即从教师队伍实际出发，了解教师的师德和态度、知识和技能、能力和效果，从而确定培训对象、培训内容以及培训方式。

"三因素"模式的采用情况通常由学校组织作为教师培训发起者而开展的教师培训需求分析。相对于绩效差距模式着眼于宏观的特征，"三因素"模式因组织因素的介入，在关注宏观分析要求的同时，也从中观层面关注组织需要。两种模式均是从外部着眼考虑教师培训的需求。

（3）胜任特征模式

胜任特征是指个人在某岗位上获得高绩效时所具备的一系列关键特征[1]，是教师从事教育教学的必要条件，也是教师教育机构的追求目标。教师的胜任特征表现为两个层次：第一层次是能够讲清楚所教知识，可以成为一名合格教师；第二层次是能够引发学生的学习兴趣，激发学生学习动力，成为一名优秀教师。两个层次的胜任特征分别呈现为外显和内隐两种类型，教师的专业发展表现为教师由外显型、低层次胜任向内隐型、高层次胜任发展的过程。胜任特征模式的操作过程呈现为：判断组织在发展环境不断变化的基础上所确定的教师岗位胜任特征，在对比教师现有胜任水平的基础上，发现差距，找准培训需求。

胜任特征模式的采用是由学校组织作为教师培训发起者而开展的教师培训需求分析。这种分析模式在关注学校发展需要的同时，着眼于学校和教师长期发展而确定教师培训，是一种积极的需求分析模式。

（4）职业规划模式

职业规划模式是将教师职业发展的因素融入培训需求分析之中，同时有效地结合学校发展目标与个人职业规划[2]。和所有职业一样，教师的职业发展也会经历准备期、适应期、熟练期、创造期、引领期五个阶段，教师专业发展的阶段分别被称为新任教师、合格教师、骨干教师、专家教师、教育家型教师[3]。尽管不同学者对在职教师的生涯发展阶段划分不一致，但均承认教师专业发展分为不同阶段。职业规划模式是基于教师职业发展的不同阶段需求和发展目标而开展的培训需求分析模式。职业规划模式的操作过程中会考虑不同发展阶段教师类型，教师职业发展阶段的判定会参照教师职称及荣誉称号的获得，具体操作也会融合其他分析模式。首先要区分教师群体所处职业发展阶段，研究高一层级发展阶段的

---

① 李淑敏，时勘：《基于胜任特征的培训需求分析》，载《中国人力资源开发》，2009（3）。
② 王晓平：《教师培训：从功能、模式到管理》，载《继续教育研究》，2013（2）。
③ 肖北方：《教师职业理想与道德》，北京，北京师范大学出版社，2012。

胜任特征；其次，分析教师群体所处发展阶段的现状，断定差距；最后，寻找发展路径，确定培训需求。

职业发展模式是以促进教师发展为目标，关注教师当前发展阶段和目标发展阶段的差距。因此，推动教师专业发展、提升教师职业成就感的培训需求分析更能得到教师的支持和欢迎，也更容易为教师群体所接受。职业规划模式通常采用由区域层面的研修机构、学校组织或教师作为教师培训发起者而开展的教师培训需求分析。

2. 相关需求分析

培训需求分析是在申报或设计培训项目之前，培训者通过多种方法技术与来源渠道收集分析培训对象的需求信息，确定培训可以解决的关键问题，为培训活动的设计与实施提供依据的分析过程[①]。由于教师的真实培训需求不易获取，更体现了教师培训及需求分析的专业性所在。教师的需求往往源自近期的困惑或问题，且不同教师的需求差异比较大。仅仅依赖调研中所获取的教师需求不适宜作为培训的基础，还需要通过面向其他调研对象的需求收集，以及对学校发展的实际及需要的发展任务进行分析，从而通过多方需求数据形成对教师培训需求的客观研判和尝试分析。需求分析者需要通过已有研究基础和专业的知识判断，透过调研对象的需求反馈分析并找出隐藏的培训信息和真实需求。

培训需求的调研和分析是建构课程和实施培训的基础，但培训并不是万能的，不能解决所有的问题。培训在教师发展中起到助力作用，是在"虽不能至而心向往之"的追求下无限接近教师的内在需求，试图激活教师原有经验，引领其开展基于实践的反思和探索，使教师在丰富知识的同时提升能力，在提高绩效的同时提升思维品质和教育追求。

面对教师个人的需求，需要分析出调研中教师提出的研修需求，在分析中既要对应政策要求，也要符合教师个体的需求，在符合二者的同时，需要与学校组织需求和教师岗位需求相一致，同时满足多方面的需求，就会被确认为教师培训的内容。例如，有研究者在对北京市新任教师进行调查时，着重考察了教师的专业学习需求。在对 3150 名新任教师的问卷调查中，教师认为最需要的学习内容包括新课标、差异化教学、学生核心素养与跨学科教学能力以及学生评估和评价等，均集中体现了国家教育改革的最新方向。此外，班级管理、学科知识与教学法知识等方面的学习需求，与教师在日常教育教学工作中面临的问题息息相关。因此，要针对教育改革要求和教师发展需求，优化新任教师培训课程[②]。在进行分析需求时，培训项目和课程设计者也要注重考量教师潜在的需求，

---

① 李树培，魏非：《教师培训需求分析的误区辨析及实践探索》，载《北京教育学院学报》，2018（3）。

② 钟亚妮，曹杰，张泽宇：《中小学新任教师专业学习的现状及优化路径——基于北京市 3150 名教师的数据分析》，载《北京教育学院学报》，2023（1）。

既可能包括教师没有意识到的需求，也包括教师不愿意接受的需求。教师培训需求结构体系见下图 3-1。

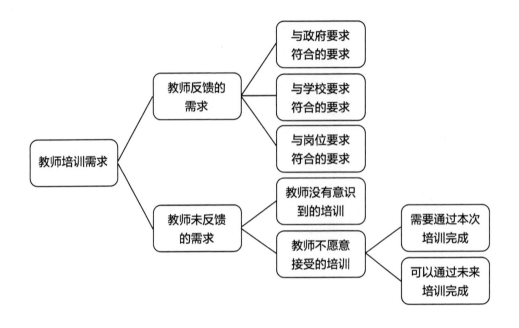

图 3-1　教师培训需求结构体系

教师培训需求的分析需要分清当前教师需要通过培训完成的需求，和未来需要完成的培训需求。教师培训需求分析的最终结果是实现不同利益方的视域融合，在"应为""可为""能为"中达到一个平衡点，并为培训的顺利实施和质量保障确立明确的方向。

第三节　明确培训目标和培训课程目标

基于教师培训需求调研和分析，教师培训目标进一步明确和聚焦，从而达到可实现、可量化、可达成等要求。为了实现培训目标，需要对培训目标进行再分解和细化，围绕教师专业标准中规定的专业理念与师德、专业知识、专业能力三个维度设置具体的课程目标。培训课程服务于培训目标的实现，培训课程目标是对教师培训目标的结构化分解。

一、教师培训目标

教师培训目标指向培训活动的目的，以及教师在参训学习后所期望达到的预期结果。具体说来就是参训教师通过培养与训练，在知识、技能、能力、态度、行为等方面所要达到的预期结果[①]。在调研基础上，通过对培训对象现有水平和预期达到水平分析的基础上形成的培训目标，应既有明确预设的目标，也有过程中的生成目标。

（一）培训目标的确定

教师培训目标既是培训指向的预期结果，也是培训效果的评价指标。明确的教师培训目标是高效教师培训的基本前提，因此，培训目标应该清晰而具体，是可实现、可衡量、可检测的。在制订培训目标的过程中，需要依据前期的需求调研和分析，遵循"以教师为本"的原则，关注教师的成长规律和政策要求。

对教师培训效果的评价来自目标的达成。现代管理中通常依据 SMART 原则确定目标，即具体的（Specific）、可量化的（Measurable）、可达成的（Attainable）、相关的（Relevant）、有时限的（Time-bound）。基于需求调研，由培训提出者、组织者、教师共同制订培训目标并不断完善和具体化，可以提高目标设置的合理性和有效性。

"具体的"是指用明确、具体的语言清晰地说明要达到的行为标准。防止因为目标的模棱两可造成教师培训的低效或无效。如培训想提升教师的教育理论水平，将目标定为"加强教师对先进教育思想和教育理论的学习"就不够具体、明确，需要调整为"加强教师对建构主义学习理论的学习，能够结合实践思考对课堂教学的启示"。

"可量化的"是指有明确的数据和可量化的表现来作为目标达成的依据。防止由于培训目标的无法衡量而模糊不清。如在"教非所学"第二学历提升培训中，培训目标不能只是说提升教师的学历水平，可明确为"80%的教师能够获取第二学历，30%的教师能够胜任第二学历的学科教学"。

"可达成的"是指基于工作需要和参训教师实际情况而确定的可以达成的目标。即培训目标在教师的"最近发展区"内，是在规定时间中可以实现的。如新任教师培训的目标不能定为"成为优秀教师"，而是结合实际情况将目标定为"成为一名合格教师"。

"相关的"是指培训目标与参训者工作岗位的相关性。与工作岗位不相关的目标就没有实际意义。如在学科教师的培训中，若将目标设定为"建立主动参与、互动共享、自主选择的教师培训机制"则不太可能实现，因为这涉及更宏观的体制机制建设，对学科教师培训而言并不适用。

"有时限的"是指目标的达成是有时间限制的。没有时间限制的目标是无法达成的，也无法考核和评估。如教师培训的任务完成中设置完成两本专业书籍的阅读，而没有明确完成时间，可以调整为"自培训启动之日起，3个月内完成两本专业书籍（列出书名）的阅读"。

---

① 王全乐，韩素兰：《依据中小学教师培训目标开发培训课程探究》，载《保定学院学报》，2013（5）。

（二）培训目标的表述

培训目标通常在表述上分为培训总体目标和具体目标。总体目标是培训项目举办者希望通过培训在一定时期内达到的预期成果，它描绘培训的出发点和预期成效，是一种"战略性"目标（有的方案把它表述为"指导思想"）。具体目标是对总体目标的分解落实，聚焦到总体目标的具体内涵，体现总体目标的具体特征，是一种"战术性"目标。[①]中小学教师专业标准是教师培训目标细化的重要参考，任何主题的教师培训都需要从专业理念与师德、专业知识、专业能力三方面来细化。具体目标对培训课程的设计和实施具有很强的指导价值，根据目标的逐级分解，最终目标体现为培训课程目标。

教师培训目标在表述上，需要说明教师要学什么、如何学、学到何种程度。较常见的培训目标表达方式有结果性目标和表现性目标两类[①]。

结果性目标具有外显性的行为特征，关键要素包括行为主体、行为活动、行为条件和行为标准，体现为对教师专业知识和专业能力维度的目标设定。行为主体表达的是谁，在教师培训中的行为主体是教师。行为活动通常是操作性动词，要可测量、可观察，如"设计发展学生核心素养的单元教学"。行为条件是指行为发生所需要的特定情境或方式，如"借助……""根据……（根据所学建构主义学习理论……）""通过……"等。行为标准则体现了对培训结果的描述，是对教师培训后所达到的预期结果的描述，如"完成一个可操作的学习效果评价指标体系"。

表现性目标具有内部的、隐性的活动特征，主要关注对教师思想、观念、态度等的影响，体现在对教师专业理念和师德维度的目标设定。相对于教师知道了什么或会做什么，培训目标更关注参训者思想、精神、情感的变化。这类目标通常包括主体、内容、状态三个要素，如"提升教师的师德水平"。

例如，在中学骨干班主任培训中，根据培训对象特点，培训者设计如下四个方面的培训目标：（1）深刻领会科学的、与时俱进的教育理念和班级管理理念；（2）提升德育教学能力、教育研究能力、班级管理实践能力；（3）在本校和所在地区内发挥引领与示范作用；（4）充分利用和挖掘培训学员内部的教学资源，实现班主任培训的可持续发展。根据 SMART 原则进行检测，发现上述四个方面不是培训目标，而是培训者的目的、意图和希望[②]。关于"提升德育教学能力、教育研究能力、班级管理实践能力"的表述，不妨修改为"学员培训后能够掌握班级文化建设的三种主要模式，结合本人工作实践采集三个

---

① 黄宁生：《教师培训方案的设计与撰写——从"国培计划"某些申报方案的问题说起》，载《中小学教师培训》，2015（9）。
② 余新：《教师培训师专业修炼》，北京，教育科学出版社，2012。

典型案例加以分析；培训结束后，学员能够制订自己班级文化建设的一项年度行动计划，并用于实践工作"。[①] "三种模式""三个案例""一项行动计划"符合 SMART 原则中提到的五大原则，具有可操作性、可实现的特点。

二、教师培训课程目标

教师培训课程目标是对教师培训目标的结构化分解，是参训者完成某一培训课程后期待达到的预期结果。将教师培训目标结构化分解成不同培训课程目标的过程，就像是在培训前建构引领教师发展的设计图纸，课程则成为趋向目标所要经过的"路"和"桥"。

（一）确定课程目标的策略

1. 确定课程目标的原则

SMART 的原则是制订目标的通用原则，无论是教师培训目标还是教师培训课程目标，都可以遵循 SMART 原则来制订。不同之处在于，培训课程目标是培训目标的具体化，在表述上更具体、更有针对性。

遵循 SMART 原则的具体的、可量化的、可达成的、相关的、有时限的五项原则，既可以制订新的课程目标，也可以检测和调整不合理的课程目标。

2. 课程目标的分类

教师培训的课程目标源于教师培训的目标的再细分，根据不同的细分标准可以划分为不同的课程目标。

依据教师职业的特点和教师专业标准的要求，培训课程目标分为三个维度，分别是专业理念与师德、专业知识和专业能力。三个维度的目标既相互独立又相互联系。如在提升教师的班级管理能力这一课程目标之中，也包含着丰富教师班级管理知识和提升教师班级管理理念两个目标。这样的课程目标通常一体化地蕴含着教师经过培训所获得的知识、技能、情感、态度和价值观。由此可见，培训课程在目标设定和实施中越来越关注培训内容的学、用、思、行。

布鲁姆的目标分类方式广为人们所使用。布鲁姆将目标分为认知领域、动作技能领域、情感领域，每个领域的目标又分为不同的水平。认知目标是指对基本概念理解的水平，分为六个层次，即记忆、理解、应用、分析、综合、评价；情感目标指在思想和情感上应该达到的水平，分为接受、反应、价值评价、信奉四个层次；动作技能目标是指对知识和技能的操作应用水平，分为模仿、操作、创造三个层次。基于培训目标，培训课程目标可以设置为不同领域和不同层次的目标。

---

① 何锐钰，陈霞：《教师实践体验课程设计》，上海，上海教育出版社，2021。

3. 课程目标的特点

教师培训因其对象及其劳动特点的特殊性,其培训课程目标在设定上也有着独特之处。

第一,以教师为学习主体的课程目标要体现结果与过程的统一。教师培训以转变思想、丰富知识、提升能力为目标,但作为人的存在的教师,其发展是在每一次活动、交流、研讨、操作、阅读、讲座等学习过程中实现的。教育具有教育性,教师培训也一样。每次的培训课程丰富着教师的经验,深化着教师对教育的理解和认知,推动着教师的成长和发展。

第二,以教师为学习主体的课程目标要体现知识与能力的统一。知识与能力的关系一直是教育争论的主题,教师培训中教师知识的丰富与教师能力的提升是教育形式论和实质论的翻版。随着教育改革的不断深入,知识与能力成为教育和教师发展追求结果的不同侧面。在教师的知识类培训课程中总会渗透如何运用知识的能力培养,在提升教师能力的培训课程中也离不开知识的理解和使用。由此可见,教师培训也应符合知行统一、学用结合的要求。

第三,以教师为学习主体的课程目标要体现树人与立德的统一。教师从事的是立德树人的工作,教育也是一个言传身教的职业。教师通过自己的知识、能力和魅力去影响学生,促进学生成长,其前提是教师能够有足够的知识、能力和视野。同样,教师的工作是以德育德,以己之德育学生之德,这就要求教师有高尚的教育情怀和深厚的人文底蕴。因此,教师培训课程就是在丰富教师知识、提升教师能力的过程中提升教师的修养和品德。

(二)课程目标的表述

课程目标的表述又称为课程目标的撰写或陈述。通过阅读课程目标,可以使学习者清晰地知道该课程中要学什么、怎么学、学到什么程度、学到什么结果。

1. 课程目标的构成

ABCD 目标法是一种描述外显行为的目标表述方式,更关注学习结束后学习者行为上的变化。一个完整的目标包括行为主体(Audience)、行为动词(Behavior)、行为条件(Condition)、行为标准(Degree)四个要素。

表 3-3　构成目标的要素[1]

目标要素	要素界定	详细说明
行为主体	教师(参训者)	……
行为动词	操作性动词,可观察、可测量	……

---

[1] 何锐钰,陈霞:《教师实践体验课程设计》,上海,上海教育出版社,2021。

续表

目标要素	要素界定	详细说明
行为条件	行为发生的特定情境或方式，包括四种表述类型	辅助手段：借助…… 提供信息或提示：根据…… 完成行为的情境：通过合作、讲座，从而…… 时间的限制：在30分钟内，能……
行为标准	对学习结果的描述，是教师在研修与学习后所能达到的水平	好到哪种程度 精确度怎样 完整性如何 在多长时间内完成

ABCD 目标法表述清晰、具体，指导性强，易于把握，适用于知识、技能领域的目标描述。如将课程目标定为"教师通过对建构主义学习观的学习，根据该理论观点，合理设计课堂教学中的学习活动。"但由于其只强调行为的结果，无法关注内在心理过程而忽略情感领域的目标。

对于情感领域的目标如何设定和表述，可以通过认知动词与行为动词相结合的方式进行表述。既要运用认知动词体现教师的认知变化，也要尽量有体现认知变化的可观察、可测量的行为动词。[1]如对"教师掌握建构主义学习观"的目标表述为：教师能够理解建构主义学习观的核心主张和主要观点，能够根据该理论设计完成 2 个课时的小学五年级数学教案。

2. 课程目标表述的关键词

课程目标是组织课程内容的关键，清晰准确地表述课程目标对后期的课程内容组织和课程实施起着关键的作用。

根据 ABCD 目标法的要求，行为主体、行为动词、行为条件、行为标准中分别包含不同的关键词。行为主体即课程目标的主体。在教师培训中，教师是课程目标中的行为主体。不同的课程面对不同的行为主体，当课程目标的实施主体是教师时，其目标的行为主体就是学生。行为动词是对教师预期行为的描述，不同类型的课程目标采取不同的行为动词。认知领域的目标需要对应六个层次来确定，如在记忆理解层面常用的动词有认识、掌握、

---

① 何锐钰，陈霞：《教师实践体验课程设计》，上海，上海教育出版社，2021。

说明、陈述等，分层层面的动词有分析、对照、比照、分类等；动作技能领域的目标则需要用调整、移动、形成、表现等动词。

以教师为对象的培训课程目标具有过程与结果统一的特点，因此，可以结合中小学教师专业标准的三个维度，从知识与技能、过程与方法、情感态度与价值观三个层面来呈现。知识与技能层面的行为动词有认识、学会、把握、理解、使用、分析、判断、表达、设计等；过程与方法层面的常用行为动词有参加、体验、讨论、交流、分享、合作、探讨、组织等；情感态度与价值观层面的行为动词常用体会、欣赏、感受、形成、领悟等。

3. 表述课程目标时注意的问题

第一，突出教师的学习者角色。教师培训课程目标指向的预期结果在教师身上发生，教师应该是目标的行为主体。下面的课程目标"通过培训，使教师掌握建构主义学习理论，能够设计以学为中心的教学方案"，就没有体现出教师这一主体角色，而是对培训者而言的培训目标的描述。因此，这一课程目标可以表述为"通过培训，教师能够理解建构主义学习理论，掌握理论的核心观点，能够设计以学为中心的教学方案"。

第二，体现教师职业的特性。教师的职业要求是教书育人、立德树人。教师是以灵魂触碰灵魂、以人影响人的职业。教师的职业发展不仅仅是个人的发展，更是以个人的人格、魅力、修养去影响学生的思想和追求，通过自身的发展惠及学生的发展。因此，培训课程目标需要关注教师的师德修养，关注教师的情感、态度、价值观。

第三，体现教师发展的个体性。教师培训的课程既要关注群体的需要，更要关注个体教师的发展，使每一次培训课程都能让每一位老师有所收获。因此，课程目标要做到以教师为行为主体，表述上做到具体、可操作、可实现。这样的目标就会通过每一位教师的获得和发展而达成课程目标的实现，成就教师培训的实际效果。如目标不能仅从"丰富知识、提升素质、开阔思路"等层面描述，更应具体为丰富某一方面的知识，提升某种素质和能力等。

第四节　编制培训课程内容

培训课程目标确定后，需要针对课程目标的达成，设计相应的培训课程及学习内容。课程主题是指向课程目标又聚焦课程内容的主题。本节内容中，培训课程主题指向单一课程主题，有一门课的含义，包含前文提到的主题模块化课程和系列项目式课程。基于课程目标、指向课程主题组织起来的相关经验就是培训课程内容。

一、培训课程主题的确定

（一）课程主题的定位

1. 确定课程主题的原则

（1）对接课程目标

培训课程主题是以实现培训课程目标而设置，并基于主题组织课程内容。因此，课程主题要与课程目标直接对应，二者为表里关系。课程主题具有外显性，能够明确告诉参训教师和授课教师该课程是什么；课程目标具有内隐性，表明为什么会有这样的课程主题。课程目标间的关系也显现了不同课程间的逻辑关系。

（2）回应培训需求

所有的培训课程都需要回溯到培训初衷，需要回应培训需求。只有符合培训需求的培训课程才会得到参训教师的积极参与，实现培训目标的达成和培训效果的最大化。回应培训需求的课程主题是回到调研阶段教师提出的问题，找到具有共性特征的、有代表性且值得研究的问题，通过归类整理，将现实中存在的问题转化为培训课程的主题。

（3）体现课改热点

教育具有个体价值和社会价值两种取向，因此教师培训要从培训目标、课程目标至课程主题，在促进个人发展的同时，均需要对接教育改革的热点，这是教师培训的大方向。体现课改热点，需要培训者研究并聚焦与培训课程目标相关的教育改革的最新要求，契合改革要求，确定课程主题、组织课程内容。

（4）突出核心内容

课程主题是培训开始前呈现给参训教师的培训方案中的重要内容，也是参训教师关注的重点。课程主题需要能够体现出课程的核心内容，使参训教师能够通过课程主题清晰地了解课程的主要内容，并对该课程有比较清晰的预期。在以参训者为主体的培训中，课程主题是参训教师是否选择该课程的重要依据。

（5）具有吸引力

在课程主题能够体现课程核心内容的基础上，有吸引力的课程主题能够有效地激发参训教师的学习欲望和参训动力。课程主题中所体现的吸引力可以从不同角度去挖掘，或是从课程内容角度呈现、或是从课程价值角度呈现、或是从学习效果角度呈现。这需要培训组织者和课程设计者深入挖掘课程的核心观念和培训价值，能够以一种"眼前一亮""无法转移"的效果吸引参训教师，让其有继续深入了解和探究的欲望。

2. 确定课程主题的步骤

课程主题的确定需要重新回到培训需求，再次梳理培训目标和培训课程目标。思考培训课程主题的过程是通过不断地回到原点和聚焦目标以保证培训的有效性。系统思考和确定培训课程的主题，需要课程主题间的关系以及课程自身的独立性。

（1）对应目标

对应培训目标和课程目标，以及政策要求、前沿理念、现实问题，将教师的培训需求整合在一起，梳理教师的已有经验，在不断地确认需求和探究原因中找到教师在培训中的发展空间，初步梳理出可提供的课程主题。

（2）筛选聚焦

将初步梳理出的课程主题，在考虑培训时间和相关条件的基础上，从"必需"和"可行"两个维度进一步筛选。对标培训目标，以"是否必需"作为筛选培训课程主题的一维标准，并以"可行性强弱"为维度，将二者交叉，将"必需"且"可行"象限内的课程主题作为优先确定的部分。

（3）明确关系

筛选出的课程主题均是为实现培训目标而确定，课程主题间的关系需要进一步明确。按照一定的逻辑将课程主题进行组织。可以以问题分解的方式，将复杂的问题分解为不同层次的小问题，聚焦同一问题的课程主题可以有序排列。如对应问题现象背后的本质、问题的成因、问题类型、问题解决的策略和路径等。也可以按不同学科背景下对同一问题的不同分析来设定课程主题。

（二）课程主题的确定与表述

沿着培训课程主题的确定原则和步骤，就可以确定一个明确的课程主题。通常情况下，在本书对教师培训的陈述中，课程主题即课程题目，又称课程名称，是对课程目标的具体表述形式。

1. 课程主题表述的原则

好的课程主题是课程内容的凝练呈现，既能够表达出其准确内涵，也会吸引参训者主动参与。通常情况下，课程主题在表述上遵循以下原则。

（1）主题明确

一个课程主题指向一个课程目标，解决一个现实问题。明确的课程主题目标感清晰，能够完整表达课程目标、体现课程内容，有一种一看就知道这门课程是"面对什么教师、要讲什么内容"。主题明确是衡量课程主题的首要标准。如用"核心素养视野下的作业改革"作为课程名称就不够具体，可以换成"核心素养视野下小学数学作业设计的策略与方法"。

（2）用词准确

语言是思维的外壳。准确的语言可以清晰描述一个人的想法或一件事的意义。课程主题是培训前提供给参训教师或相关人员的材料，准确的课程主题描述可以让他人清晰了解课程的定位、目的和预期收获。用词准确是衡量课程主题的重要标准。如"基于学生学习特点的语文教学设计与实施"中，学习特点不够具体、准确，可以改为"基于初中生学习类型的语文教学设计与实施"。

（3）简洁精练

课程主题是对课程内容的明确表述，也是构建课程内容的核心。因此，课程主题在表述上要简洁明了、繁简得当，能够让人一目了然，很快能够获取课程内容的方向和重点。课程主题不宜用比较长的复杂句，表述上多采用简单句，能表述清楚即可。如用"以学生个体经验作为班队会逻辑起点的研究与实践"作为课题主题就比较复杂，可以简化为"学生个体经验：班队会的逻辑起点"。

2. 课程主题的表述方式

课程主题的表述是一个"技术活儿"，需要仔细推敲，精于表达。何锐钰、陈霞提供了基本式和变式两种主题表述方式。

基本式的表述方式可以是"研修对象＋研修内容＋研修方法"构成，也可以是"研修理论＋研修目的＋研修方法"构成。当"研修对象"为"初中语文教师"，"研修内容"为"文言文作业设计"，"研修方法"为"实践研究"时，课程主题就可以表述为"初中语文文言文作业设计的实践研究"。当"研修理论"为"多元智能理论"，"研修目的"为"提升学生个性化英语学习能力"，"研修方法"为"实践研究"时，课程主题就可以表述为"运用多元智能理论，提升学生个性化英语学习能力的实践研究"。[1]

课程主题（课程名称）的变式有三种。变式1：省略研修对象，如果研修对象是学校全体成员，或显而易见的话，在课程名称中不包含研修对象也是可以接受的。变式2：省略研修方法，如"基于标准的高中数学学案编写"，研修对象是高中数学教师，研修内容是基于标准的数学学案编写，没有研修方法。变式3：省略研修理论，如"落实两项规范，促进保教质量提高"，通过"落实劳动纪律管理规范、幼儿园一日生活行为规范两项规范"的方式，达到"提高保教质量"的目的[1]。

---

① 何锐钰，陈霞：《教师实践体验课程设计》，上海，上海教育出版社，2021。

二、培训课程内容的选择

（一）课程内容的选择取向

《中学教师专业标准（试行）》《小学教师专业标准（试行）》《幼儿园教师专业标准（试行）》（以下简称《专业标准》）是引领教师专业发展的基本准则，也是教师培训课程开发的重要依据。《专业标准》从"专业理念与师德""专业知识""专业能力"三个维度规定了中小学、幼儿园教师专业发展的基本内容，指明教师发展的素养、知识、能力三个维度，这也成为教师培训课程内容选择的三种取向。

1. 素养取向

素养取向的课程内容指向教师的"职业理解与认识""对学生的态度与行为""教育教学的态度与行为""个人修养与行为"四个领域，目的是培养具有良好职业道德和专业精神的教师。素养取向的课程内容通常是与教育理念、教育情怀、教师职业尊严和道德相关的内容，如"教师情绪管理和疏导""追寻职业幸福感"等都是素养取向的课程，内容多是通过互动、参与、分析和分享来发现故事或事件背后的意义和价值，从而反思自我，寻找自我的价值和成长的路径。

2. 知识取向

知识取向的课程内容指向有助于教师发展的专业知识，包括教育知识、学科知识、学科教学知识、学生发展知识、通识性知识等，目的是拓宽教师的视野、丰富教师的知识基础。这种取向的课程内容包括各类知识的基本原理、体系、特征及使用方法等，通常是基于实践需要和为了实践发展而引发的相关知识。如"素养导向下的大单元教学""课程视域下的作业管理"等都属于知识取向的课程，其内容通常以原理、概念为基础而展开。

3. 能力取向

能力取向的课程内容指向教师开展教育教学中所需要的各种能力，如教学设计能力、教学实施能力、班级管理能力、教学评价能力、技术应用能力、沟通协调能力、反思规划能力等，目的是提升教师的岗位工作能力，提升教育教学效果，促进学生发展。能力提升是在教师获取知识基础上，指向实践改进的进一步提升，也是教师培训的核心目的。能力取向的课程内容基于技能知识，但不局限于技能知识，是回归真实情境中通过发现问题、解决问题而获得的。所以，有效的课程是指向问题的课程，如"跨学科实践中的探究性活动设计""小学低年级写作技巧教学"等属于技能取向的课程，其内容的展开方式需要参与和操作而实现课程目标。

（二）课程内容的选择标准

培训课程的内容由于参训教师和培训时间的限制，不会包括所有内容，需要结合参训教师的需求和政策要求，确定需要了解的知识、技能、态度等内容。在选择教师培训课程内容时，需要参照以下标准。

1. 体现培训课程目标的要求

教师培训设计和实施是环环相扣、逻辑严密的专业工作，课程内容与课程目标的一致性是教师培训的有效保障。依据课程目标选择课程内容，就要求课程内容应包含与课程目标相关的、教师需要了解和获取的知识、技能，并按照逻辑排列，以便于课程实施中的呈现。如课程目标为"开展观察研究"，就需要在内容选择中呈现什么是观察研究、适用于什么情境、如何开展观察研究、如何呈现和利用研究结果，即要给参训教师提供该课程目标之下的相关经验和学习体验。

2. 反映最新的理论成果

教师培训课程内容应呈现与课程主题相关的最新的理论研究成果和实践进展，使教师了解教育教学的方向和目标。教师培训不是灌输，而是为了引发教师的思考，并激发教师不断探究的兴趣。课程内容在呈现最新理论成果的同时，还应分析理论成果获取的过程，尤其是过程中的探索和思考，引导教师结合个人教育教学实践中的困惑，学会如何分析问题、探究过程、解决问题。这会使参训教师在学习新理论成果的过程中形成良好的思维品质。

3. 以提升教师综合素养为目的

教师培训课程在目标上有着明确的指向，或是指向教师的专业理念与师德，或是更突显对教师专业知识的把握，或是关注教师专业能力的提升，但聚焦在教师这一角色时，参训者在面对教育教学实践时，更突显解决问题时的整合性。因此，教师培训课程在内容组织上要关注教师综合素养的提升，将教师知识的获取和应用、技能与能力的提升，以及专业理念与师德的涵养贯通起来，帮助教师更好地面对教育教学实践、改善教育教学实践。

4. 关注课程实施的可能性

以实践课程目标而组织的课程内容需要关注课程实施中的可能性，如课程资源的丰富性、课程时间的容纳性、课程内容的方式匹配等。课程内容的实施需要一定的课程资源作为支撑，如教师在学习"班级管理的理念与技巧"主题时，如果有丰富的实践案例或视频案例，培训效果会更好。课程时间是组织课程内容需要考虑的重要条件，当时间有限时，需要适当缩减课程内容；当时间充分时，可适当丰富课程内容。课程内容也需要实施方式的匹配，如当一项课程内容需要在实验室操作时，就需要在课程资源和课程时间上同步作出调整。

（三）课程内容的选择步骤

课程内容的选择依据课程目标会经历一个从多到少，从宽泛到细化的过程。

1. 明确教师应该学习的内容

参训教师应该学习的内容是对应政策要求和实践需求，聚焦于课程目标中所列出的所有教师需要学习的知识、掌握的技能、提升的能力和素养等。应该学习的内容是将所有教师个体的集合抽象为教师群体而作出的要求，没有关注到具体教师和群体的实际现状和发展条件。

2. 关注教师必须学习的内容

由于受到时空条件和资源状况的限制，教师应该学习的内容很难完全在一个培训项目实现，需要精选培训内容，聚焦教师共同关注的需求和问题而展开培训。将培训课程内容有逻辑地展开，对于那些可以了解，也可不了解的内容，以及受时空限制无法完整展开的非重要内容，可以暂时搁置，或是作为未完成需求安排在连续培训的下一期，或是作为将来的培训需求等待下一次的培训来实现。

3. 聚焦教师可以学会的内容

课程内容的选择过程越往后越关注教师个体的特点和需求，关注个体差异。教师培训需要关注教师学习的不同层次，在课程目标之下将教师必须学习的内容进行排序，关注教师的"最近发展区"，关注参训教师在培训中的实际获得。将课程内容从易到难、从重到轻进行排序，关注内容从已知到未知的逻辑顺序，聚焦教师可学会、可理解、可应用的部分，在不断扩展中丰富课程内容，助力教师发展。

三、培训课程内容的组织

课程内容的组织是指围绕课程目标，按照一定的逻辑顺序，将零散的知识素材有效聚合成点、线、面，使其高度结构化、模块化，形成基本线索和基本结构，可以使学习者建构自己的知识或能力结构[1]。选择的课程内容需要通过结构化的组织才能发挥应有的作用。

（一）组织课程内容的规则

1. 以问题为中心

有效的教师培训是以解决问题为目的，聚焦于教师教育教学中的问题开展培训并组织课程内容，体现了以问题为中心的课程安排。这样的课程内容安排不是以知识的逻辑展开，而是按提出问题、分析问题、解决问题的逻辑组织内容，问题展开和解决的过程也是参训教师学习知识、提升能力的过程。

---

[1] 何锐钰，陈霞：《教师实践体验课程设计》，上海，上海教育出版社，2021。

2. 在实践中展开

教师是以完成各项教育教学工作为目标，在工作中展开培训课程内容则是按照教师完成教育教学工作的逻辑而展开。以任务为出发点，在完成工作的过程中开展各项活动，在过程中遇到问题、分析问题、解决问题。这样的课程内容是以实践的逻辑而展开，在行动中不断思考、改进、再实践而提升。

3. 关注知识逻辑结构

以上两种规则更关注实践的逻辑，偏于实践型课程内容的组织。对于理论型课程的内容组织，需要按照是什么、为什么、怎么做、做得怎么样的逻辑展开。如在某一理论视角下展开讲述，需要明确理论视角下的核心概念和观点，由此逐层剥开并呈现内容。这样的课程不仅呈现了内容的特殊观点和视角，也使参训教师了解了研究问题的思维方式。

（二）组织课程内容的步骤

按照一定的规则组织课程内容就是使所有内容有逻辑和结构化的过程。课程内容的结构化设计通常分为三个步骤。

1. 构建课程单元

课程内容的组织构建是一个由大至小逐步细化的过程，课程内容单元化是进行内容组织的初步搭建。每一个课程单元之间有着清晰的逻辑关系和时间顺序，共同构建出参训教师需要参与和体验的学习活动。设计课程单元间的逻辑关系，即为课程的学习画好了地图，明确了出发点、过程和目的地。如在"学科教学能力提升"课程中，可以构建"学科课标解读、学科核心素养、不同内容的教学特点、教学设计技能提升、课堂教学技能提升、教学评价技能提升"等课程单元，从而构建清晰的课程地图。

2. 明确单元任务

每一个课程单元需要通过不同的任务而丰富，使培训内容任务化。将课程单元分解为不同任务的过程，就是将课程内容以任务的形式呈现的过程。在完成任务的过程中，引导教师提出问题和解决问题，从而丰富参训教师的知识技能、反思能力、合作能力。每一个课程单元可以分解为 1～3 个学习任务。如在"学科教学能力提升"课程的"教学设计技能提升"单元，可以设置"准确把握课标要求和教材内容""实证性分析学生情况""科学确定教学内容"三个学习任务。

3. 进行细节开发

细节决定成败。课程内容的选择和组织是从设计层面去思考，还需要从实施的层面关注更多细节的设计和开发。课程内容的细节开发既与课程任务的进一步细化有关，也涉及不同任务中的具体操作和分工，以及不同课程单元之间的衔接和过渡。这些都属于操作层面的内容，可以从细节上保证课程能否达到预期的效果。

四、培训课程内容的呈现

课程内容在呈现上通常是三段式结构，即开场部分、主体部分、结尾部分。开场部分通常为课程的引入，包括自我介绍、相互认识、课程简介、任务要求等。课程的主体部分是由课程单元和学习任务等构成，目的是阐述观点、改善认知、提升素养。结尾部分则会回顾课程内容、重申任务要求、提出建议期待。对主体部分的结构化呈现则体现了培训的专业性。

（一）课程内容呈现的金字塔原理

1. 关于金字塔原理

金字塔原理于1973年由商业作家巴巴拉·明托（Barbara Minto）提出，是一项突出层次性、结构化的思考和沟通技术，通常用于结构化的表达和写作中。作为一种思维工作，这一原理旨在阐述写作过程中的组织原理，指明主要思想是从次要思想中概括得来，再由一个中心论点统领多组思想，由此构成金字塔结构。如图 3-2 所示，在课程主题之下，分为若干课程单元，每一个课程单元均由 1 ~ 3 个课程任务构成，这样就形成了金字塔结构的课程内容框架。同样，课程内容也可以由"中心论点"代替，每一个课程单元就表示"分论点"，每一个"分论点"由多个"子论点"构成，形成以"中心论点"为核心的金字塔结构图。

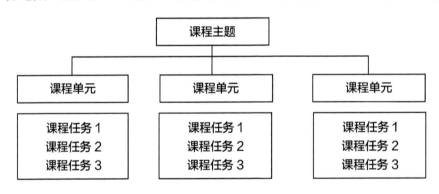

图 3-2　金字塔结构课程内容框架

2. 金字塔原理的基本原则

第一，观点先行。即课程实施者要旗帜鲜明地提出自己的课程观点，以演绎的方式展开相关内容。上一层级的观点都源于下一层级的提炼和概括，下一层级是对上一层级的解释和说明。课程内容的呈现过程是一个逐步展开的过程。

第二，层级分明。金字塔结构有着清晰的层级划分。上下层级是包容关系，自上而下是逐级具体，自下而上是逐级抽象。同一层级是并列关系，相互之间不重复、不交叉。

第三，逻辑清晰。金字塔结构的层和级之间逻辑清晰。同一层中的不同单元或论点间有着明确的逻辑关系，或是先后关系，或是并列关系，或是递进关系。同一级内的不同任务或论点，同属于上一层级的逻辑范畴，不会在不同层级间交叉。

【案例】"小学中年级阅读教学中概括的指导"课程框架金字塔结构①

陈老师正在尝试开发一门以"小学中年级阅读教学中概括的指导"为主题的教师培训课程，该课程旨在指导培养小学中年级学生概括能力的阅读教学。

依据金字塔原理，陈老师首先确定了章节，其次确定了每个章节的重点内容。

第一步，章节分明。根据概括能力培养教育教学实践中教师出现的问题及课程主题，陈老师将课程分为三章。第一章是概括能力的界定及其重要性，让学员意识到概括能力对学生的重要意义，并了解什么是概括能力。第二章是小学中年级阅读教学中与概括能力培养相关的内容与要求，即小学中年级语文阅读教学中的哪些内容能用概括来学习，这些内容对概括能力的要求程度如何。弄清楚这些内容和要求之后，就来到第三章，如何指导学员在阅读教学中培养学生概括能力，即在小学中年级阅读教学中指导概括的方法。接下来分别为第一章、第二章、第三章匹配子论点，再逐个丰富子论点的论据。这样的设计主题突出，层次分明，有血有肉。

第二步，突出重点。在第一步完成后，需要根据具体的课程时间和目标，明确教学重点内容和次重点内容，分清主次，提高课程的有效性和学员学习的效率。陈老师将"小学中年级阅读教学中概括的指导"三章的内容进行结构化编排后，按照既定的课程目标确定课程重点章节，分配课程时间（如下图3-3）。

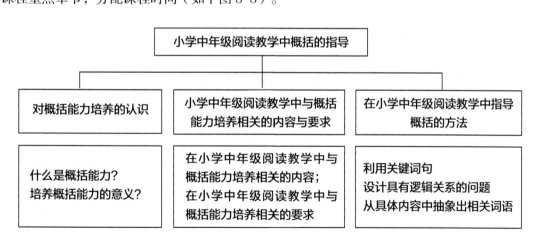

图3-3 "小学中年级阅读教学中概括的指导"课程框架金字塔结构

---

① 陈霞：《教师培训课程设计》，上海，上海教育出版社，2019。

（二）课程内容呈现的"六线模型"

"六线模型"是培训课程内容呈现的一种纲要结构，是从实施的角度进行的课程设计。这一模型指的是培训者在设计、开发培训课程时，要围绕培训课程的内容结构，结合时间进度及分配，考虑采用何种培训方法与手段、何种呈现或演示方式，使用哪些辅助工具，营造合适的氛围，调动学员的情绪，最终确保培训课程的有效实施。[1]

1."六线模型"

"六线模型"包括时间进程线、内容层级线、方法手段线、呈现演示线、辅助工具线、氛围情绪线。时间进程线对应课程内容的总时长。内容层级线对应金字塔结构中各个层级的内容。方法手段线对应课程任务所采用的培训方式、方法。呈现演示线对应内容的呈现方式，如语言讲解、图片展示、视频播放等。辅助工具线对应课程内容展示中所用到的工具或材料。氛围情绪线则对应课程内容呈现时学员可能的情绪状态。

【案例】"基于问题解决的班主任班务组织与管理培训"课程纲要（节选）[2]

表3-4 "基于问题解决的班主任班务组织与管理培训"课程纲要（节选）

序号	内容层级线			核心内容	方法手段线	时间进程线（分钟）	呈现演示线	辅助工具线	氛围情绪线
	一级目录	二级目录	三级目录						
1	如何开展家访	现象思考	观看视频	观看3个有关家访的情境视频	观看视频	略	略	略	略
			问题提示	针对情境视频询问学员是否遇到过类似情况，如果遇到类似情况该怎么办	提问	略	略	略	略
			互动研讨	完成在线调查任务，交流家访时家长都提出过哪些要求	调查	略	略	略	略
		理论学习	自主学习	推荐阅读与家访有关的制度文本，进行引导	阅读	略	略	略	略
			在线作业	完成在线判断题	测试	略	略	略	略
		案例分析	组织互动研讨	组织学员就家访准备工作、家访时机等进行互动研讨	研讨	略	略	略	略
			进行总结提炼	开展互动研讨，进行总结提炼	讲解	略	略	略	略
			概括基本步骤	概括家访的五个基本步骤	讲解	略	略	略	略
			明确注意事项	梳理家访中的各种细节问题，明确注意事项	讲解	略	略	略	略

---

[1] 廖信琳：《TTT培训师精进三部曲》，北京，企业管理出版社，2017。
[2] 陈霞：《教师培训课程设计》，上海，上海教育出版社，2019。

序号	内容层级线			核心内容	方法手段线	时间进程线（分钟）	呈现演示线	辅助工具线	氛围情绪线
	一级目录	二级目录	三级目录						
		实践练习	实践操作	选择一个情境，简单设计家访流程	练习	略	略	略	略
			反馈评价	给出反馈评价	评价	略	略	略	略
2	如何制订班规	现象思考	观看视频	观看影片《热血教师》及两个情境视频	观看视频	略	略	略	略
			问题提示	针对情境视频询问学员对视频中类似情况的认识	提问	略	略	略	略
			互动研讨	完成在线调查任务，交流制订班规时遇到过哪些问题	调查	略	略	略	略
		理论学习	自主学习	推荐阅读与班规有关的制度文本，进行引导	阅读	略	略	略	略
			在线作业	完成在线判断题	测试	略	略	略	略
		案例分析	组织互动研讨	组织学员就制订班规准备工作、班规内容的选择等进行互动研讨	研讨	略	略	略	略
			进行总结提炼	开展互动研讨，进行总结提炼	讲解	略	略	略	略
			概括基本步骤	概括班规制订的四个基本步骤	讲解	略	略	略	略
			明确注意事项	梳理班规制订中的各种细节问题，明确注意事项	讲解	略	略	略	略
		实践练习	实践操作	就所提供的班级情况材料，设计1～2条班规	练习	略	略	略	略
			反馈评价	给出反馈评价	评价	略	略	略	略

2. 时间进程线的设计

在时间进程的设计上，培训大师鲍勃·派克提出了90/20/8原则，即时间分配上的90分钟、20分钟、8分钟。

90分钟表示参训教师能够理解的课程内容的时间长度为90分钟，学习超过90分钟参训教师就会心不在焉。因此课程内容进行到90分钟时需要休息一次，即一个课程单元最好控制在90分钟以内。

20分钟指参训教师能记住课程内容的时间长度为20分钟，课程培训教师可以把课程内容以20分钟为单位进行划分，即20分钟完成一个课程任务，包括内容讲解、参与互动、总结回顾的时间长度不超过20分钟。

8分钟指成人在持续听讲述时，能够集中注意力的时间长度为8分钟，超过8分钟注意力容易转移。因此，最好的办法是通过不断变换培训方式来调动参训教师的积极性。如讲述约8分钟时，可以通过让教师研讨、分享、提问，以保障培训效果。

3. 氛围情绪线的设计

在培训中，参训教师经常呈现出不同的情绪或状态，或是期待和兴奋，或是无聊和压抑，也会时而深思，时而开心。不断激发和调整学员的情绪和状态，把控培训氛围，会有助于课程内容的讲授效果。要引发参训教师如好奇、兴奋、惊讶、开心等情绪，形成良好的培训氛围，避免参训教师出现无聊、对抗、反感的情绪，以及睡觉、坐立不安、翻看手机等状态。通过对内容的设计去影响和引导参训教师参与到课程内容中。

随着时代的发展和教育现代化的推进，社会各界对教育的要求越来越高，由此，教师培训也越来越受到关注。面对教育高质量发展的要求，教师培训课程的高质量是对教师发展高质量的保障。遵循明确教师培训方案、教师培训需求调研、明确培训目标和培训课程目标、编制培训课程内容的课程开发流程，能够建构符合政策要求、对接学术前沿、立足教师需求的培训课程，为教师培训课程实施和评价作准备。

第四章　教师培训课程实施

本章核心议题为教师培训课程的实施。第一节明晰课程实施的含义和指导教师培训课程实施的理论基础，着重介绍对于教师学习具有重要意义的社会建构主义教学理论和情感心理学教学理论，以及对教师培训课程实施中要达成"学员主体、学用结合、迭代反馈"这一目标具有指导性与引领性的成人学习理论和教师学习相关研究。第二节阐释教师培训课程实施中以学员为中心的创新方式，旨在聚焦实践问题和团队发展的行动学习法、基于真实情境和教师经验的认知学徒制以及撬动学员思维转变的反思性实践法。上述教师培训课程实施创新方式突出"做中学"，旨在提升教师在工作情境中的学习迁移能力，并对新技术赋能下的混合式实施方式进行分析。第三节讨论教师培训课程实施的关键要素，着重介绍以学员为中心的培训教学流程设计的具体环节及设计要点、教师培训空间创设和支持性氛围的营造。

第一节　教师培训课程实施的理论基础

课程实施是课程计划付诸实践的过程，是整个课程编制落实到教育过程中的实质性阶段，是达成课程目标的基本途径[①]。关于课程实施的研究聚焦于课程在实际推进中的真实状况以及影响因素。对于课程实施过程本质的不同认识则体现在对课程、教师角色及教学推进方式等方面。本章关于课程实施的讨论主要基于成人发展的培训系统，教学理论和成人学习理论是培训课程实施的两大理论基础。

一、教师培训课程实施的含义

教育学者们对于课程实施问题的研究是在理解和评定课程变革的过程中兴起的，这一概念的讨论源于人们对重大课程改革计划实施效果的关注。"课程实施"作为一个研究焦点始于 20 世纪 70 年代初对北美"学科结构运动"这一波及全球的课程变革的反思中，研究者们发现，课程改革运动的失败之处往往是囿于课程计划和假设体系的制订，但对课程变革的具体实施过程关注不够[②]。课程实施过程中，对于如何搭建课程计划预期目标

---

① 施良方：《课程理论：课程的基础原理与问题》，北京，教育科学出版社，1996。
② 张华：《课程与教学论》，上海，上海教育出版社，2000。

和实现结果的技术和手段，以及对教师和学生的经验、体验的研究都非常有限。为深入理解课程变革过程的实质，提高其成效，需要把课程实施从课程变革过程中分离出来进行单独研究。

上述课程实施问题的研究起点表明了课程实施是一个动态的推进过程。从本质上说，课程实施既不同于课程采用，也不是新课程计划的照搬，课程实施是一个过程，而不是一项事务，是一个动态的过程，而不是一种镜式反映[①]。这是因为实施过程中必然涉及实施者的课程理念和个性化的工作，根据具体情境对课程方案进行必要的调整、修改和补充。课程实施由教育行政人员、学校管理人员、教师、学生共同完成，其中教师为主要的实施者。但在培训课程实施中，基于成人学习的特点，学生也逐渐成为主要的实施者，突显了"以学生为中心"的课程实施特点。

当我们讨论教师培训课程实施含义时，成人学习理论中的教学思想则能提供具有针对性的指导。"成人教育是具有成人特性的人们为引起知识、技能、态度和价值观上的变化而进行系统、持续的学习活动的过程。"[②]诺尔斯（Knowles）在《成人学习者——成人学习和人力资源发展之权威》一书中，从成人的学习原理、学习方式、学习需求、学习障碍四个方面，认为成人教育在对象和内容上具有灵活性，与社会的需求联系紧密，因此对于成人的培训课程在具体实施方法上不同于普通教育。

任何培训课程的目的都在于产生效果，参加完培训课程人们能了解更多的知识，掌握新的技能，或者工作态度有新的转变，而且工作比培训前更有效率。培训课程实施流程的设计和适切教学方法的运用都是为支持人们学习目标达成的重要过程。在加涅的《教学设计原理》中，作者将教学系统定义为"对用于促进学习的资源和程序的安排"[③]。课程实施有多种形式，存在于任何以促进人的能力发展为目的的机构中。

教师培训课程实施，主要是基于成人发展和教师学习特征的培训课程实施，实施者应根据课程方案的要求、实际的教学条件和学员的需求，确定实施方案，制订多元化的实施策略。教师培训课程实施是有计划、有组织的互动过程，重视学员的课程体验，最终达成预期的培训目标，体现"以学员为中心"的课程实施特点。

---

① 钟启泉，汪霞，王文静：《课程与教学论》，上海，华东师范大学出版社，2009。

② [美]沙兰·B·梅里亚姆，[美]拉尔夫·G·布罗克特：《成人教育的理论与实践：导论》（陈红平、王加林译），北京，北京师范大学出版社，2016。

③ [美]R.M.加涅，[美]W.W.韦杰，[美]K.C.戈勒斯，[美]J.M.凯勒：《教学设计原理（第五版修订本）》（王小明、庞维国、陈保华、汪亚利译），上海，华东师范大学出版社，2018。

二、教师培训课程实施的教学论基础

在教育理论层面，课程论、学习论和教学论的区别与联系是课程实施议题的研究基础。"课程"指的是学校根据一定的教学目的和教学计划为学生设置的学习方案，包括学习的内容范围、组织结构、实施方式、管理机制和效果评价等，课程理论则是研究课程的编制、开发和课程改革的理论；"学习"指的是学生的学习，包括学习的动机、内容、方式、过程和效果等，学习理论则是描述或说明学习者学习的性质、过程和影响学习的因素的各种学说；"教学"指的是教师的教和学生的学，教学理论是研究教师引导、维持或促进学生学习的行为，构建一种具有普遍性的解释框架，提供一般性的规定和处方，以指导课堂实践的理论[①]。课程实施及其与教学设计的关系是课程与教学研究中一个重要的发展领域。

（一）教学理论的定义

教学本身是一个由学习者、教师、教学材料以及学习环境等成分构成的系统，教学过程本身也可视为一个旨在引发和促进学生学习的系统。教育系统最重要的功能是促进有目的的学习，"有目的"则意味着将教学区别于个体学习的自然过程，帮助人们达成在没有系统教学设计情况下可能需要更长时间才能完成的学习目标。

美国心理学家阿特金森认为，教学理论是指一种探讨如何使学习过程达到最佳状态的理论体系，它需要四个要素：第一是要有一个学习过程的模式，也就是说，教学理论要阐述学习过程；第二，教学理论要具体说明各种可采纳的教学行动。因为教学理论主要是为了提出最佳教学策略，而有效的教学策略必须是适应性的，即要适应学生的情况，随时准备作出调整；第三，教学理论要具体规定教学目标。理想的教学目标可以有许多，但有时很难兼顾。在他看来，最重要的教学目标，是最大限度地提高全班学生的平均成绩。第四，教学理论要具体说明每一种教学行动的成本和教学目标的收益[②]。他认为应该通过分析决策，权衡教学的成本与收益，把主要精力放在那些收益较大的教学策略上。

有学者将学习理论与教学理论比较如下：学习理论注重考查学习者相对持久的行为变化，教学理论则是要通过特定的方法控制学生行为的变化；学习理论研究学习的基本条件有哪些，教学理论则研究如何促进学习的效率和速度；学习理论研究学习过程所涉及的各种要素的作用（如动机、练习、反应速率等），而教学理论则是研究教学过程中各种要素的功能（如目标、学生、教材和评价等）。

一直以来，教学理论的形成和发展都存在不同的视角，但普遍的定义认为，教学理论

---

① 崔允漷：《有效教学》，上海，华东师范大学出版社，2009。
② 崔允漷：《课程·良方》，上海，华东师范大学出版社，2007。

是指一种探讨如何使学习过程达到最佳状态的理论体系，即教学理论的主要目的是为学生获得知识和发展理性智能提供最有效的方法[①]。

（二）情感心理学教学理论

20世纪60年代以来，人本主义心理学家认为，真正的学习涉及整个人，而不仅仅是为学习者提供事实，真正的学习经验能够使学习者发现自己独特的品质，发现自己作为一个人的特征。从这个意义上说，学习即成为（becoming），教学即促进，促进学生成为一个完善的人。美国人本主义心理学家罗杰斯（C.R.Rogers）的非指导性教学就是这一流派的代表。

人本主义心理学的要点主要包含五个方面：[②]

（1）全身心参与。学习者整个人，包括其情感和认知方面都必须参与到学习活动中去。

（2）自我驱动。在教学中，即使存在外在的动力或刺激，学习者也需要发自内心地去发现、把握、领会和理解学习的内容。

（3）普遍性。学习会受到学习者行为和态度，或是学习者个性的影响。

（4）学习者的评价。学习者应该知道学习是否出于个人需要，学习是否引领自己获得所需要的知识，对这个过程的评价一定得由学习者自己来完成。

（5）实质意义。当这样的学习过程发生时，学习者的分散活动构建成了一个完整的学习体验。

罗杰斯使用"促进者"一词来区别传统意义上的"教师"。促进者在教学过程中的作用表现为四个方面：第一，帮助学生澄清自己想要学习什么；第二，帮助学生安排适宜的学习活动与材料；第三，帮助学生发现他们所学东西的个人意义；第四，维持某种滋育学习过程的心理气氛。罗杰斯关于学习过程以及促进者角色的阐释十分契合成人学习的状态，为"学习者中心"提供了重要的心理学基础。教师培训实践中，情感心理学教学理论的运用在参与式培训方式中体现得淋漓尽致。

（三）社会建构主义的教学理念

20世纪70年代，学习者的知识由别人建构并且可以直接传递给学习者的观点开始受到挑战。皮亚杰在《发生认识论》中提出，发生学结构主义是建构主义的直接来源。同样，维果茨基的文化认知发展理论及认知主义中的情境认知与学习理论促进了社会建构主义的发展。

---

① 崔允漷：《课程·良方》，上海，华东师范大学出版社，2007。

② [美] 马尔科姆·S·诺尔斯等：《成人学习者——成人学习和人力资源发展之权威（第7版）》（龚自立、马克力、杨勤勇、崔箭译），北京，北京师范大学出版社，2016。

社会建构主义认为，在学习新知识的过程中，学习者根据对经验的不同理解可以创造不同的意义。大多数建构主义者对学习有四点共识：[①]（1）学习者可以建构自己的理解；（2）学习者新的学习依靠现有的理解；（3）社会性的互动可以促进学习者的学习；（4）有意义的学习发生在真实的学习任务之中。

社会建构主义对认知主义教学设计的挑战是革命性的。基于社会建构主义的教学设计更强调学习者的自我控制、自我反思和目标导向，并以更灵活和智能化的方式满足学习者不断变化的学习需求。社会建构主义教学设计，形式上更强调学习者与学习情境以及媒体的结合，内容上更强调学习者整体知识的获得与运用。

社会建构主义强调，外部信息本身没有意义，意义是学习者通过新旧知识经验间反复的、双向的相互作用过程而建构成的。教学的目的，并不是试图为学习者勾画一个外部现实的结构，而是帮助学生建构出他们自己对外部世界有意义的、概念的、功能的描述。斯皮罗（R.J.Spiro）认为，建构包含两方面的含义：其一，对新信息的理解是通过运用已有经验，超越所提供的信息而建构成的；其二，从记忆系统中所提取的信息本身，也要按具体情况进行建构，而不单是提取。因此，社会建构主义学习理论强调情境、协作、会话和意义建构四个要素在教学设计中的应用，目标是帮助学习者积极地探究复杂的主题或情境，建构自己的理解，通过协商、会话以确定各种见解的合理性。

社会建构主义的教学设计原则主要包含六个方面：[②]

第一，以问题为核心驱动学习者进行自主学习。通过问题激励学习者主动参与学习中，自觉探索问题并寻找可能的解决方案。

第二，学习问题必须在真实的情境中展开，并且强调学习任务的复杂性、学习内容的多元性。设置的学习情境越真实越贴近学习者的生活现实，学习者越能建构真实有效的意义。

第三，以学习者为中心，支持学习者采用多种自主学习策略。各种教学因素都为支持学习者的自主学习而存在，目标是保证学习者自我理解和操作信息以求得个体发展。

第四，强调协作学习的重要性，要求提供支持协作学习的学习情境和学习资源。学习绝非学习者单方面的知识建构的过程，而是与其他学习者合作进行知识建构的过程。

第五，强调弹性的整体性评价，反对精细化的标准评价。重点在于对学习者所获得的知识和技能的评价，评价的问题情境必须区别于最初的教学问题情境。评价的重心放在形成性评价上，它能为改善教学设计提供即时的反馈。

① 崔允漷：《有效教学》，上海，华东师范大学出版社，2009。
② 宋耀武，崔佳：《心理学发展与教学设计的演变》，载《教育研究》，2018（7）。

第六，教学设计过程是反复的、非线性的。教学目标在教学设计过程中会进行多次反复的调整。教学设计的非线性体现在面对应用情境的变化时，学习者会从新发现的问题出发，确立新的任务及目标，采取新的学习策略。社会建构主义教学设计认为，学习情境越真实、问题情境越复杂、学习内容越多元化、学习者特征差异化越大，教学设计就越不能简单化。

总体而言，基于社会建构主义的教学设计最适合具有很强的认知水平和自我控制能力的学习者。在一些复杂的学习情境和问题情境中，学习者可利用大量的学习资料和工具，为进行更加复杂的学习任务而协作学习。学习者可认识到自身的优势和不足，从而改变学习方式，增强学习兴趣和动力，以更好地满足发展性的目标。因此，基于社会建构主义的教学设计更适合智慧技能和态度的养成，很适合教师课程实施的设计需求。

三、教师培训课程实施的成人学习理论基础

成人学习理论是教师培训课程实施的重要理论基础，对于分析教师作为成人学习者的特点以及设计学习过程具有指导意义。

（一）成人学习的特点和组织原则

1926年，林德曼（Lindeman）在《成人教育的意义》一文中指出了成人学习者的特点并提出了组织学习的假设：（1）当学习活动可满足其经验需求与兴趣时，成人便具备学习的动力，这是组织成人学习活动的出发点；（2）成人的学习方向是以生活为中心的，最适合组织成人学习的场所就是生活场景，而并非具体课程；（3）经验是成人学习最宝贵的资源，成人教育的核心方法论就是经验的分析；（4）成人非常需要自我导向学习，教师的任务就是和学生相互探究学习，而不是将教师的知识传输给学生；（5）人们的个体差异随着年龄增长而日益显著。因此，成人教育必须依照学习者在学习风格、时间、地点以及学习进度方面的差异来制订最适宜的学习计划。这五个假设开启了以学习者为中心的成人教育学探究。

在林德曼的讨论基础之上，1970年，以马尔科姆·S·诺尔斯为代表的成人教育研究者，通过成人与儿童在学习方面的差异研究，明晰了成人教育学的学习核心原则。如图4-1所示，这些原则包括学习者的认知需要、学习者的自我思想、学习者的过往经验、学习意愿、学习引导、学习动机。这一核心原则造成了成人学习过程的复杂性和多面性。

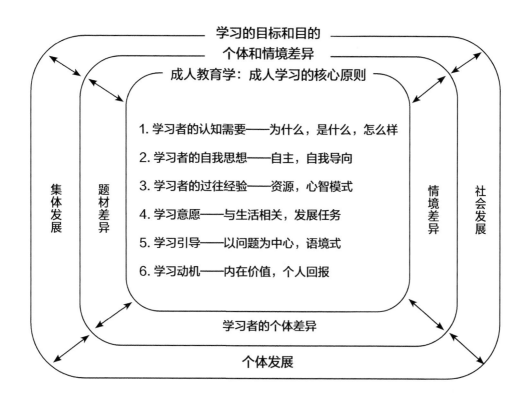

图 4-1 成人教育学的实践①

（二）成人的自我导向学习

诺尔斯提出的自我导向学习是成人教育研究领域中的一个重要概念。自我导向学习扎根于人本主义学习理论，因为其重点在于个体的自我发展，学习者对自己的学习承担主要责任，以学习者需求为中心的学习过程甚至比学习内容更重要。自我导向学习过程包括七个阶段：（1）气氛营造，气氛营造既包括外在环境气氛，也包括心理气氛；（2）使学习者参与设计；（3）让学习者自主参与，确认其学习需求；（4）使学习者能形成学习目标；（5）让学习者设计学习计划；（6）帮助学习者实施学习计划；（7）使学习者能评价其学习结果。

针对成人学习者自我导向学习的特点，诺尔斯结合塔夫关于成人学习中教师的作用，对成人学习中教师角色与学习者的需求进行了整理，对引领成人培训课程实施设计，采取适切的做法有很大的启发。

---

① [美] 马尔科姆·S·诺尔斯等：《成人学习者——成人学习和人力资源发展之权威（第7版）》（龚自力、马克力、杨勤勇、崔箭译），北京，北京师范大学出版社，2016。

表 4-1　成人学习中教师角色的多重性[①]

学习条件	教学原则
学习者觉得需要学习	教师让学生直接面对自主完成新任务的可能性； 教师帮助每一个学生清楚地认识自己提高能力的愿望； 教师帮助每一个学生诊断愿望与目前水平之间的差距； 教师帮助学生正确认识遇到的生活问题，因为师生之间的个人阅历有很大不同
学习环境中有舒适的物质条件，充满着互信、互敬、互助、自由和包容异议的气氛	教师提供的物质条件既要舒适（如舒服的座位、适当的室温、良好的通风、适宜的照明和温馨的装饰），又要有助于互动； 教师把每个学生都当作很有价值的人，尊重每个人的感情和思想； 教师通过鼓励合作活动，抑制会诱导竞争和武断的倾向，谋求在学生中间建立相互信任和帮助的关系； 教师表露自己的感情，把自己当作其中的一位学习者，用一种相互查问的态度把自己的资源奉献出来
学习者感到学习中的目标就是他们要达到的目标	教师要让学生进行与教师的双向交流，系统地表述学习任务：把学生的要求、制度的要求、教师的要求、主题的要求和社会的要求都考虑进去
学习者分担制订和实施学习计划的责任，在心中产生使命感；学习者积极参与学习过程	教师在学习过程的设计、材料和方法的选用方面，把自己对可用选项的分析思考与学生分享，并使学生加入进来，一起决定这些选择；教师帮助学生自己组织起来（项目小组、学—教小组、独立研究组等），在学习过程中分担相互询问的责任
学习过程与运用学习者的经验有关，并且也能把学习者的经验运用起来	教师利用讨论、角色扮演、案例法等方法，帮助学生把自身的经历用作学习资源； 教师将自己要展示的资源调节到适合自己学生的经验水平上； 教师帮助学生把新学的东西运用到实践中，以便使学习变得更有意义、更完整
学习者有一种朝目标迈进的进步感	教师让学生加入进来，制订师生都能够认可的标准和方法，测定迈向目标的进步空间，教师帮助学生按照这些标准制订自我评价的步骤，并按步骤进行自我评价

---

① [美]马尔科姆·S·诺尔斯等：《成人学习者——成人学习和人力资源发展之权威（第7版）》（龚自力、马克力、杨勤勇、崔箭译），北京，北京师范大学出版社，2016。

诺尔斯认为，"学习契约"可以有效帮助成人构建其学习。诺尔斯的学习契约包括：（1）每个学习者诊断并转化其学习需求为学习目标；（2）学习者与促进者共同确认更有效的学习资源和策略以完成每个目标；（3）学习者执行学习计划以达成目标；（4）学习者判断和评价学习过程及结果。

（三）成人学习视域下的教师学习研究

研究者基于成人学习理论对教师学习方式和培训课程实施进行讨论。Cochran-Smith 和 Lytle 曾对教师学习及其方式进行了分析，概括了有关教师学习的三种观点[1]。

第一种观点：教师学习是一个掌握和应用已知的教学法和学科内容理论知识的过程。教师主要从理论文献、教育学教科书或培训中给出的优秀的实践案例中学习。教师的学习主要是一个受外部指导的知识获取的过程。

第二种观点：教师学习是一种通过经验的反思进行的实践性知识的建构过程。因此，当教师有机会检验和反思那些内隐于实践中的知识时，教师进行着学习；学习发生在教师对课堂行为的有意识的反思过程中。在这里，教师学习是一种自我调节的、主动的过程。

第三种观点：教师学习是教师教学所需要的知识的生成过程，当教师有意识地把课堂和学校作为探究的场所时，学习便发生了，教师学习的过程是一个知识创造的过程。

当学习科学与成人学习理论相结合应用于教师培训课程的实施中，培训研究者提出了教师培训课程实施要遵循的以下几个原则[2]：

第一，要了解参训教师的已有经验，根据参训教师的已有经验、资源设计教学方法，进而提高他们在培训活动中的参与度；

第二，要合理利用参训教师的已有经验，充分运用参与、互动、实践等教学技巧，使参训教师在培训过程中获得解决问题的知识与技能，进行相应的训练；

第三，要以问题解决为中心，围绕问题和问题解决的策略设计教学、培训和训练的方法，通过多元化的学习体验帮助参训教师解决遇到的问题，提高教师培训课程的实用性；

第四，要注重参训教师的有效组合，根据他们在成长经历、学科背景、兴趣爱好、能力水平、学习风格上的差异，灵活使用集体教学、分组教学、个性化教学等方法与技巧。

---

[1] Cochran-Smith, M., & Lytle, S. L. Relationships of knowledge and practice: Teacher learning in communities, Review of Research in Education, 1999（24）.
[2] 陈霞：《教师培训课程设计》，上海，上海教育出版社，2019。

第二节　教师培训课程实施方式

2012年中华人民共和国教育部《"国培计划"课程标准（试行）》实施建议要求：课程实施要将理论学习与观摩实践相结合，专题学习与交流研讨相结合，经验总结与反思体验相结合。理论学习要强调案例分析，实践训练要注重能力提升，交流研讨要注重学习共同体打造，反思体验要针对教育教学行为改进。培训过程中要注重发挥学员的主体作用，创设学员参与的教学情境，在专家引领下，通过实践体验，提升学员的教育教学实际能力。要注重培训方式创新，采取案例式、探究式、参与式、情境式、讨论式、任务驱动式等多种方式开展培训，增强培训的吸引力和感染力。要充分利用远程教育手段，加强对学员的训后跟踪指导。[①]

本节在介绍教师培训中常用的课程实施方式的基础上，着重讨论近年来在教师培训课程实施中"以学为中心"的几类具有创新意识的方式，如聚焦实践问题和团队成长的行动学习、基于真实情境和教师经验的认知学徒制、撬动学员思维转变的反思性实践，并对新技术赋能下的混合式实施方式进行了讨论。

一、教师培训课程常用的实施方式

随着教师培训理论的不断发展和培训实践的不断创新，各种课程实施方式日渐多样化。培训研究者对其中的培训方法进行了不同维度的分类，如下表所示。

表 4-2　不同分类维度下的教师培训方法类型[②]

分类维度	培训方法的类型	具体培训方法
按培训内容分类	以传授知识为主的方法	课堂讲授、视听法
	以开发技能为主的方法	游戏训练、实践法、案例法
	以改变态度和行为为主的方法	角色扮演、拓展训练
按学员学习方式分类	脱产学习	集中讲授、自主学习、学历进修
	半脱产学习	行动学习、参观考察
	在职学习	师带徒、工作现场学习

① 中华人民共和国教育部：《"国培计划"课程标准（试行）》，2012。
② 整理自：余新：《教师培训师专业修练》，教育科学出版社，2012；陈霞：《教师培训课程设计》，上海，上海教育出版社，2019。

续表

分类维度	培训方法的类型	具体培训方法
按培训技术和手段分类	传统培训方法	讲授法、研讨法、传递法、自主学习和团队建设法
	现代培训方法	远程学习、拓展训练、混合式培训
按教学互动模式分类	讲授型	演讲法、讲授法、公开课法
	训练型	案例分析法、角色扮演法、情境教学法、体验教学法
	引导型	行动学习法、世界咖啡法、焦点讨论法、六顶思考帽法

教师培训课程实施中常用的方式主要有以下四种类型：讲授法、案例法、情境法、体验法。

（一）讲授法

讲授教学是教师培训课程中最传统的实施方法，它是指授课教师通过运用语言技能与专业知识，系统地向参训教师传授教学内容。它的优势是可以提高教师培训课程内容输出效率的最大化，对授课教师的专业水平、讲授技巧和人格魅力都有非常高的要求。讲授法更适合知识性内容的培训，在我国教师培训的补偿性阶段起着重要的功能，目前仍然是应用最为广泛的课程实施方式。

（二）案例法

案例研讨来源于 20 世纪初哈佛大学创造的案例教学法，即围绕一定的培训目的把真实的情境加以典型化处理，形成供学员思考、分析和决断的案例（通常为书面、视频或现场形式），通过独立研究和相互讨论的方式来提高学员分析问题和解决问题的能力的一种方法。案例研讨有一个基本的假设前提，即学员能够通过对这些过程的研究与发现来进行学习，在必要的时候回忆出并应用这些知识与技能。在案例分析教学中，案例的选择和编撰非常重要。案例可以来自教学一线，也可以根据培训课程目标有意识地编纂经典案例。目前案例分析法已成为培训课程中核心的实施方式。

（三）情境法[①]

情境教学是指授课教师根据培训主题所描绘的情境，创设出形象鲜明的情节，辅之以生动的语言、有感染力的音乐等，设置一种模拟化的场景，在此场景中进行情境交融的教学活动。目前常见的情境教学方法包括情境再现教学、情境训练教学、情境高尔夫教学。

---

① 陈霞：《教师培训课程设计》，上海，上海教育出版社，2019。

以在教师培训中使用最广泛的情境训练教学为例,这一方法现场情境模拟为主要特征,多采用游戏活动法、角色扮演法、分组竞争法等多元方法。在情境训练教学设计过程中,授课教师创设情境的途径可以是多样化的,如生活展现情境、实物演示情境、图画再现情境、音乐渲染情境、表演体验情境、语言描述情境等。

(四)体验法

体验教学是近年来备受培训者们关注的一种课程实施方式。它是指借助一些活动、游戏,让参训教师通过观察、行动和表达等形式参与其中,进而获得直接的感受和认知。它是一种有效提高参训教师认知度和学习兴趣的互动方法。具体培训流程中,通常用于培训的热身活动中。

上述四种方式在教师培训课程实施流程中并非完全独立存在,培训者会根据培训目标及学员的需求进行整合。随着教师培训理念的更新、教师培训实践的创新,以上传统的课程实施方式的内涵正在被丰富化,在具体实践中不断地更新迭代。

二、以学员为中心的教师培训课程实施方式

随着学习科学、知识论以及成人教育理论在教师培训领域中的运用,以及信息科学、人工智能发展带来的冲击,教师培训课程的实施越来越趋向于激发教师内在学习动机,关照教师的真实问题情境,注重理论和实践的有机融合。教师培训课程实施方式也逐渐实现从"以教为中心"向"以学为中心"的转向,一些新的学习方式和组织形式被运用在教师培训课程实施中。这些多样化的课程实施样态的共性是聚焦实践中的真实问题,促进师生、生生之间的协作对话,在培训过程中不断地反思与实践,最终解决或者指向问题解决并促进教师生成实践性知识。

(一)聚焦实践问题和团队成长的行动学习

近年来风靡培训领域的行动学习,是聚焦实践问题解决的培训课程实施方式的典型代表。

行动学习这一方式起源于欧洲,雷格·瑞文斯(Reg Revans)是其重要创始人。在行动学习过程中,每个参与者都提出一个真实的职业困境或问题,与他人组成学习团队,通过群策群力、互相支持、分享知识与经验,解决这些棘手的难题。瑞文斯认为,从本质上说,行动学习是"做中学",要提出新的实际问题并设法予以解决,而不是借用其他人的现成经验。后来,国际行动学习协会创始人马奎特(Marquardt)发展了行动学习的概念,他认为,行动学习既是一个过程,也是一个专业发展的项目,行动学习小组致力于解决实际问题,

在解决问题的过程中，小组成员相互支持，同时从解决问题的过程中获得学习[①]。

行动学习的力量来源于小组成员对已有知识和经验的相互质疑和在行动基础上的深刻反思。因此，马奎特认为行动学习可以表述为以下公式：

$$AL=P+Q+R+I$$

AL（Action Learning）代表行动学习，P（Programmed knowledge）代表程序性知识，Q（Questioning insight）代表提出有洞察力的问题，R（Reflection）代表反思，I（Implement）代表执行。在行动学习过程中，提出有洞察力的问题后，进行深刻的反思是最重要的环节，只有当人们质疑并检验自己的假设时，真正的自我知识才能产生。

行动学习流程一般可以概括为10个步骤，依次是[①]：（1）确定需求并设定目标；（2）建立项目管理团队；（3）设计行动学习方案，启动行动学习；（4）确定要解决的问题；（5）组建行动学习小组，6至8人组成一个小组最佳；（6）激发和保持团队热情；（7）争取外部的参与和支持；（8）形成并执行解决方案；（9）评估行动学习项目；（10）把行动学习作为组织文化的组成部分。

也就是说行动学习本身就是一个流程，在这个流程中，小组采取行动，处理问题，同时发生了真实的学习。同时，行动学习也可以被视为有力的管理工具，可以为个人、团队、领导者和组织创造机会，以便成功地进行学习和创新。但行动学习这一方式对培训者的要求非常高，培训者要有更强的批判反思能力、敏锐的洞察力，更多的时候需要一个培训团队的合作，才能收到更好的课程实施效果。

目前，行动学习作为校本培训课程体系中最有效的实施方式，在北京教育学院市级协同创新项目的入校教师培训课程中被广泛运用，培训者针对学校教育教学中的实际问题，组建行动团队，设计行动学习流程，在关键节点介入学校探究共同体，引领伴飞学校团队的解决问题过程。教师培训课程实施中的行动学习方式对于引领学校进行实践问题的深入探究，以及促进研究性教师团队建设都起到有益的作用。

（二）基于真实情境和教师经验的认知学徒制

基于情境教学的课程实施方式作为常用的教师培训课程实施方式之一，新技术革命的冲击以及风靡培训领域的行动学习都无法撼动其重要地位。随着学习理论和教学理论的不断发展，情境教学在教师培训领域中的运用边界的扩展和课程实施方式的创新从未停滞。从职前职后培训的衔接点，师范生的入校实践，到职后新教师的培训，再到名师工作坊，基于情境的教学在教师专业发展道路上都起着至关重要的作用。

[①] 王海波，满昆仑：《培训设计艺术》，北京，清华大学出版社，2018。

情境教学的理论基础源于情境认知理论框架，这一理论在案例法、情境法和体验法这些课程实施方式中均有所体现。情境认知理论框架和行动学习方式的不同之处在于，这里的情境和案例是为了培训课程目标的达成而进行构建和选择的。在这个目标下，培训者帮助学习者在解决问题的过程中建构起自我的知识体系和能力体系。

学徒制是成人职业发展中的一个传统训练方式，也是以校本培训为主的教师专业发展的重要途径之一，如我们常说的"师带徒"，其特点是在真实的工作情境中进行专业学习。当学徒制与情境认知理论框架相结合并运用于成人培训领域时，就形成了一种新的课程实施方式——认知学徒制，它关注专家知识在真实的工作情境中如何得以传授和转化。

认知学徒制是教育者把真实体验的概念应用于培训实践的重要途径，培训课程实施的各阶段重点如下表所示。

表 4-3　认知学徒制培训课程设计和实施的阶段[①]

	示范者的作用	学习者的角色	关键概念
阶段 1：示范	向学习者示范他们希望成果掌握的现实任务的操作：阐述关键环节和完成的秘诀	观察整个活动的过程，而不是个别步骤；发展真实事件中的心智模式	清晰表达启发式教学
阶段 2：模拟	向学习者提供指导，需要时提供支持	模仿真实事件的操作，清晰表达关键环节；反思示范者的行为，实施自我监督和纠正	支架（scaffloding）指导（coaching）
阶段 3：淡出	减少训练和支架	继续模仿真实事件的操作，在复杂和模糊的情境中单独练习	淡出（fading）
阶段 4：自我导向学习	仅在要求时才提供帮助	独立练习真实事件的操作；在专门限定的范围内单独练习	自我导向学习
阶段 5：普及	讨论所学内容的可普及性	讨论所学内容的可普及性	可普及性（generalizability）

[①] [美] 雪伦·B·梅里安，罗斯玛丽·S·凯弗瑞拉：《成人学习的综合研究与实践指导（第 2 版）》（黄健、张永、魏光丽译），北京，中国人民大学出版社，2011。

当然，在情境认知理论框架下运用学员经验的时候，强调的重点在于"在真实的而不是去情境化的情境中使各种体验能够发生"。因此应该设计哪种复杂的社会环境、安排哪些参与性活动以及以什么样的顺序来展开这些活动情境是培训课程实施的关键。为了突显"真实性"，培训课程实施过程中所设计的各种情境一定要具有能够解决现实问题的重要属性，并且提供结构模糊而复杂的目标，触动学习者的信仰和价值观，为学习者创造参与合作性人际互动的机会，最终使学习者主动地、有生成性地投入到发现问题、界定问题和解决问题的过程中。

学徒制是教师专业发展中的传统方式，但把以情境认知理论为框架的认知学徒制作为培训课程实施方式时，其关键在于要选择符合学习者需求的现实情境和任务，发现合适的人作为示范者，并促进学习的过程。认知学徒制的结果是双重的，教师一方面能内化所学内容，独立完成工作和解决问题，另一方面又能以此作为进一步学习的起点。

教育部在《新时代中小学名师名校长培养计划（2022—2025）培养方案》中指出，"基地为每位培养对象制定个性化的培养方案，配备理论和实践双导师""以工作室为载体，探索名师名校长培养和引领带动机制，营造名师名校长与区域内骨干教师校长团队合作、共同发展的良好环境，带动区域内教师校长队伍素质整体提升和基础教育改革发展"。[1]在"双名计划"的课程培训实施中运用认知学徒制的理念，采用工作室的组织形式，为每位学员制定个性化培养方案，促进他们分析思考复杂的问题情境，构建起自我的知识体系和能力体系。此外，各级教师培训中的影子学习环节，也突显了认知学徒制的重要特点。

（三）撬动学员思维转变的反思性实践

20 世纪 90 年代开始，为了改进传统教师教育方式的不足，研究者将行动理论（action theory）、教师研究（teacher research）和反思性实践（reflective practice）融入教师教育职后培训的模式之中。这类培训模式突破了传统教师教育中着重于技术原理模式的培养方式，认为教师培训不仅需要由外部向教师传授专业知识和教学策略，而且也需要教师通过对自己实际的教学经验的反思来增进其对教学的理解，提高教学水平。更有教师教育实践者从批判理论的传统出发来探讨教师的反思，提出"批判反思型教师"的概念，布鲁克菲尔德认为，"有经验"的教师可能会囿于自己的解释框架，对其他有益的观念视而不见[2]，而反思过程的核心则是让教师从多种视角看待问题，更进一步探讨了深层反思对于教师发展的有效促进。近年来，我国在教师培训课程实施中，也开始了探索反思性实践培训的本土化路径。

---

① 教育部：《新时代中小学名师名校长培养计划（2022—2025）培养方案》，2022。
② [美]布鲁克菲尔德：《批判反思型教师 ABC》（张伟译），北京，中国轻工业出版社，2002。

目前教师培训课程实施中对反思性实践应用的模型有两个。第一个是戴维·库伯（David Kolb）的体验学习圈理论，他把成人的学习过程看作一个从具体体验出发，经过实践反思、抽象概括和行动实验，再回到具体体验的循环过程，这一学习圈理论可以指导教师的反思性实践类培训实施过程的设计。

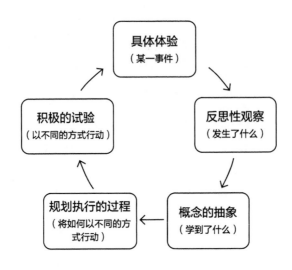

图 4-2　戴维·库伯（David Kolb）的体验学习圈[1]

第二个是鲍勃·派克（Bob Pike）的体验认知模型（EAT）。E（Experience）是体验，A（Awareness）是认知，T（Theory）是理论。这个模型把参训教师的亲身实践作为起点，让他们在实践中获得某种认知，进而接受相关的理论[2]。

聚焦到教师的反思，教育学者舒尔曼将教师的反思定义为"回顾、重建、再现及批判性地分析自己和课堂表现，并给出基于证据的简单解释的过程"。因此"教师的反思"总是被嵌入他们的"课堂情境"，当教师把他们的课堂和学校当作进行有意识的研究的场所时，他们才能最好地叙述和理解反思。

教师的反思所依赖的理论依据还源于舍恩所言的"行动理论"和"实践性知识"，舍恩区分了教师信奉的理论和使用的理论，教师信奉的理论就是"教师知道什么"的知识，教师使用的理论就是"教师知道如何"的实践性知识。舍恩认为："当我们问某人在某种情境下会如何行动时，答案往往是此人在那种情境下的信奉理论。这种理论是他（她）信

---

① ［美］雪伦·B·梅里安，罗斯玛丽·S·凯弗瑞拉：《成人学习的综合研究与实践指导（第2版）》（黄健、张永、魏光丽译），北京，中国人民大学出版社，2011。

② ［美］鲍勃·派克：《重构学习体验——以学员为中心的创新性培训技术》（孙波、庞涛、胡智丰译），南京，江苏人民出版社，2015。

仰并且对外宣称的理论。但是，事实上指导他（她）行动的是使用理论。使用理论不一定与信奉理论一致，更重要的是，人们往往意识不到这两种理论之间的不一致。"因此，舍恩所谈的教师的反思包括"在行动中反思"和"对行动的反思"。

关于如何把反思行动付诸实践的论述是非常丰富的。人们最常用的方法就是把批判性观察和质疑作为对行动进行反思的组成部分。例如，史密斯在帮助教师发现实践中的各种社会制约因素的过程中，要求教师们回答四个基本问题：

（1）描述（我是干什么的）；

（2）报告（这意味着什么）；

（3）质疑（我为什么会变成这样）；

（4）重构（我怎样才能以不同的方式行事）。

通过这一系列过程，"教师开始有意识地把每日教学情况与这些教学活动背后更宏观的政治和社会现实联系了起来，（而且）他们有能力挑战学校的构想、组织形式和制度方式"[1]。这一框架对教师的培训实践有很多的验证，对教师的反思行为具有很强的解释性，教师的"在行动中反思"和"对行动的反思"是培训中教师反思工具开发的重要理论依据和操作性概念。

目前反思性实践视角下的教师培训课程实施，主要通过反思性工具的开发，帮助教师在培训中搭建批判反思支架，推动他们对自己的经验和行动进行深层反思，推动新的行为模式和行动策略的运用，以解决教育教学中的"顽疾"。比如，有培训者针对当前科技馆工作人员的培养遵循理论取向的线性模式，基于反思性实践认识论提供的专业能力和职业发展指导框架，提出了"重构人工智能科技教师培养的能力体系""营造数字技术支撑的交互式展教实践环境"和"构建人工智能支持的科技教师反思支架"等策略，构建了提升人工智能科技教师反思性实践能力培训的新模式[2]。

三、新技术赋能下的混合式实施方式

随着教育技术、计算机技术的快速发展与创新应用，尤其是以移动互联网为代表的新兴应用技术，极大地影响了教师培训领域。每次新技术的出现都会给培训行业带来很大改变，在工具进步和技术创新的时代，传统和新兴构成了二元结构。教师培训课程实施方式也面

① [美]雪伦·B·梅里安，罗斯玛丽·S·凯弗瑞拉：《成人学习的综合研究与实践指导（第2版）》（黄健、张永、魏光丽译），北京，中国人民大学出版社，2011。
② 孙华，张志红：《反思性实践认识论引领下的人工智能科技教师培训模式创新》，载《未来与发展》，2022（4）。

临着更新和融合的挑战。信息技术支持下的教师学习，推动了教师培训的变革，让创新学习模式成为可能。通过混合式研修与线上虚拟研修空间等方式，线上线下一体化的培训新机制已经形成。

（一）混合式实施方式在学员学习过程监测、及时反馈及管理层面的优势

第一，有效跟踪学员学习进度。可以在后台看到项目学员每门课程的学习进度、测试结果。可以更准确地监管跟踪整个项目中的任一阶段。

第二，提高学员课程学习的完成率。学员参与和安排时间的自由度增加了，增强了教师培训的灵活性。

第三，培训实施中及时地评估和反馈，使课程实施中的形成性评价更为科学。

（二）"智能＋教育"模式创设出知识创造和技术融合的学习场景

打破了传统教师培训课程实施过程中现场学习的时空局限，在教师培训中融合技术概念，为教师提供沉浸性更强的研修情境，实现从物理空间向网络空间的延伸。同时培养教师信息技术整合应用能力。

（三）跨区域培训云平台有助于拓展教师专业学习空间

如北京市通过"双师课堂"等方式，尝试推进名校名师与普通教师开展线上交流、组建专业成长共同体，利用在线互动课堂、名师网络工作室等，推进信息技术与教师研修的融合，为课程教学实践与反思、教与学知识生产、合作交流等提供了新的方式与空间，进一步提升教师培训课程实施的针对性与有效性。

目前，对培训课程实施的混合式学习的认识和应用还处于发展阶段，仍然存在一些需要克服的问题。但混合式学习作为培训实施方式发展的趋势，系统性、开放性、灵活性、科学性是它的最大优势。随着混合式学习的应用不断深入，其理论体系和应用模式将更加丰富，各种培训资源、学习方法能实现更好的组合和应用。E-learning、移动学习与线下培训、自主学习与小组协作学习、正式学习与非正式学习相互结合和互为补充的学习模式将会成为主流的学习模式。

第三节　教师培训课程实施的关键要素

如前所述，诺尔斯描述的成人教育学的自我导向模式，是著名的以学习者为中心的教育模式。尽管这种模式与其他模式的流程相似，均以诊断学习需求、明确学习目标、设计组织学习经验的方式、评价学习结果等为关键环节。但存在的重要差异是，在自我导向学习模式中，学习者被视为学习伙伴，在日常情境的学习中是学习活动的主要设计者。虽然

在目前正式的教师培训实施中，这类学习模式仍然没有得到普遍的运用，但把教师中心和学习者中心两种设计模式相融合的呼声越来越高。

一、以学员为中心的课程实施流程设计

在"以学员为中心"这一理念的指引下，教师培训课程的实施应秉持"必须是真正使服务对象能够方便掌握的，而不只是在思考和逻辑上站得住脚"[①]，助力学习者实现从"被动的培训"向"主动的学习"转变。培训课程的实施作为流程，在学员上课前就已经开始，一直延展到学员培训后在工作中或者生活中应用所学习的内容才结束。这意味着，我们起初就要营造有利于学习的氛围，设计培训环境，识别学员的学习需求，寻求学员对培训课程的认可与支持。其次，要在课堂上营造"以学员为中心"的学习过程和氛围。最后，要设计培训后的迁移机制，确保学员在实际工作中有机会应用所学习的内容。

（一）课程实施的流程设计准备

好的课程实施需要有好的计划和安排。课程是整个教学过程的主导。备好每一节课的目的是保证课程能够顺利实施，且教学效果显著。因此，备课是课程实施的重要部分。所有的教师和培训者都要备好每一节课。即使是有多年教学经验的培训者也会需要教授新的内容，尝试新的技术或方法。备课不仅是组织教学的好方法，而且是对自己的教学进行总结和反思的好机会。

鲍勃·派克的著名的"备课八步法"[②]，给培训课程实施的开课前准备做了详尽的介绍。

第一步，列出总体的详细的需求——培训需求分析。

第二步，评估你的学员，从多个角度衡量你的学员，如下表。

表 4-4　多角度评估学员水平

评估学员维度	评估层级
知识水平	知道——熟悉——胜任——精通
兴趣水平	囚禁——度假——社交——学习
语言水平	简单的——清楚的——专门术语

[①] [美]格兰特·威金斯，[美]杰伊·麦克泰格：《追求理解的教学设计（第二版）》（闫寒冰、宋雪莲、赖平译），上海，华东师范大学出版社，2017。

[②] [美]鲍勃·派克：《重构学习体验——以学员为中心的创新性培训技术》（孙波、庞涛、胡智丰译），南京，江苏人民出版社，2015。

评估学员维度	评估层级
影响力水平	我没有影响力去做任何事情——我有影响力去做任何事情
其他因素：环境因素、地点因素和时间因素等	

第三步，基于课程目标确定你的教学目标。

第四步，进行培训开场的设计。派克认为有效的开场活动要素有以下六个：（1）是否能打断走神；（2）是否促进了学员间的交往；（3）是否和课程内容相关，学员能否把开场活动和学习内容做一个联结；（4）是否激发学员自信心；（5）是否对教师和学生都比较有趣；（6）是否调动了学员的好奇心。

第五步，计划你的课程进展。（1）考虑培训的风格：变化和多样性；（2）考虑学员的参与与回应；（3）回顾学习过的内容；（4）设计对知识点的讲解。

第六步，计划课程的应用——行动清单。

第七步，计划一个课后的活动。为培训课程设计一个帮助学员把所学应用到实际中的活动，包括课后他们将如何汇报自己的应用进展，反映自己应用中的问题。

第八步，整理教学材料，准备教室的环境。

认真做好以上备课环节的八步骤，培训课程在实施流程上几乎就成功一半了。

（二）课程实施流程推进的教学原则

培训课程实施的课堂教学环节，非常仰赖于培训者的现场教学能力和引领能力。在关于参与式课程的实施讨论中，彼德·泰勒认为，一个有经验的培训者应该做到以下九个方面：[1]

（1）让学员积极参与学习过程；

（2）能判断学员是否理解所学内容并能据此调整教学行为；

（3）组织学员参与活动，帮助他们在培训课中建构出自己的知识体系；

（4）澄清课程内容的意义，并帮助学员把所学内容放在情境中去理解；

（5）让学员明白如何有效应用新知识；

（6）鼓励学员说出自己的观点，提出问题并与培训者和其他学员讨论问题；

---

① [英]彼德·泰勒：《如何设计教师培训课程——参与式课程开发指南》（陈则航译），北京，北京师范大学出版社，2006。

（7）给学员提供相关信息，给他们发学习材料，让他们学得更好；

（8）与学员一起随时关注小组活动中组员是否活跃，沟通是否及时，是否取得预期的教学效果；

（9）留意学员在学习过程中是否有障碍，并与他们一起找到好的解决办法。

当然，在具体的课程实施流程中，课堂教学的现场更复杂。一般情况，不同的课程内容，不同的培训对象，不同的课程实施方式，也会有不同的课堂教学设计的流程，以及相契合的主要原则。

（三）一种整合的培训课程实施流程：交互式教师培训

为了促进学习者从"被动的培训"向"主动的学习"的转变，培训领域正在把大量学习科学的研究运用于培训课程实施的实践之中。索耶将学习科学称为"设计科学"，其实践研究关注于如何运用技术和设计来创造有效的学习环境，进而促进学习者的有效学习[①]。学习科学还认为，学习科学应该和工程科学一样，要有明确的研究目标，在真实环境中研究，其效果要可以评估，结果能大规模应用。在学习过程设计中要遵循"问题—设计—实施—评估—再设计"的循环，然后反复迭代，直到达成目标。据此，为学习而设计（design for learning）成了学习科学方法论的基本原则。这些观点是"以学员为中心"的培训课程实施流程设计的逻辑起点。

陈霞等教师培训研究者提出了交互式培训实施模式，这种模式是以教师问题解决为中心，发挥学习者的主体作用，在培训者和学习者动态、深入的交互作用下，共同探究问题解决方案，提高问题解决能力与专业素养的一种培养模式[②]。交互式教师培训课程实施模式一般由教学活动、实时动态反馈、学习交流社区、资源支持四个部分构成，是"以学员为中心"理念下的一个典型的教师课程培训实施模式，如图4-3。

在教师培训课程实施的理论基础中，我们谈到成人学习方式中最重要的自我导向学习的特点，以及支撑这一学习效果达成的建构主义教学设计方式。我们认为，有效的教师培训课程实施中学员学习过程的设计，正是建构主义原则指导下的自我导向学习。它在形式上更强调学习者与学习情境、媒体的结合，内容上更强调学习者整体知识的获得与运用，过程设计上则更关注深度学习的发生，这一交互式教师培训实施模式体现了上述特点。

---

① [美]R.基思·索耶：《剑桥学习科学手册（第2版）》（徐晓东、杨刚、阮高峰、刘海华等译），北京，教育科学出版社，2021。
② 陈霞，万立荣：《交互式教师培训设计》，上海，上海教育出版社，2022。

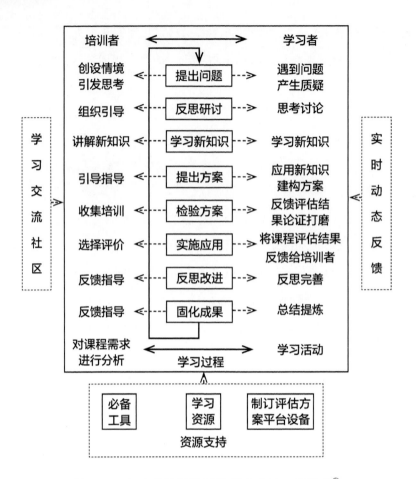

图 4-3　交互式教师培训课程实施的一般模式[①]

二、教师培训课程实施的学习空间创设

一个好的学习环境,有利于激发学员的学习愿望和参与动机,使他们能够主动思考问题,积极投入到自主探索、合作交流的氛围中,使学习过程变得更有意义。在一个合理的培训场所设计中,教师可以通过适当的活动来配合课堂讲授,从而调动学员积极性来增强教学效果。培训有线上和线下以及混合之分,与其对应的培训环境设计也分为面授学习场所布置和线上有效学习空间营造两种。

(一)课程实施的有效学习空间设计

教师现场培训场所布置的基本原则就是给学员创设安全舒适的环境,并且使他们能够最大程度地参与到培训教学中来。

---

① 陈霞,万立荣:《交互式教师培训设计》,上海,上海教育出版社,2022。

表 4-5　培训场所布置类型表①

类型	特征	优点	缺点	适合规模
报告式传统教室型	顺序、整齐、重点突出	突出教师，适合大型传统型培训	培训环境封闭，不利于学员间的沟通交流	50 人及以上
圆桌讨论型	可视性好、易于交流	有利于学员间沟通，适合游戏互动等开放性培训内容	焦点不突出，不利于培训师的主导性交流	10～30 人
正方、长方会议型	会议室式布置	适合研讨等半开放式培训，利于学员与培训师之间的沟通	没有明显缺点	10～30 人
U 形排列	单排 U 形或双排 U 形	适合研讨、游戏等开放式培训，利于培训师和学员的沟通	没有明显缺点	10～30 人
小组群落型	小组为单位	适合以小组为单位的培训	不利于培训师和学员的沟通	30～60 人
单一通道型	与传统教室类似	利于培训内容的传授	培训环境封闭，不利于讨论交流	20～50 人

如上表所示，培训研究者对场所布置的类型、特征、优缺点和人员规模都做了细致的分类。

（二）课程实施的在线学习平台设计

随着线上以及混合式培训教学的日渐普及，线上有效培训空间的开发和研究也逐渐被培训者所重视。北京教育学院贯彻落实国家教育数字化战略行动计划，针对教师学习者的学习特点，创办了北京市基础教育干部教师在线学习平台——北京教师学习网。

北京教师学习网主要承担"十四五"时期全市中小学干部教师培训公共必修课，以及市级培训、国培计划、援助性培训和委托合作培训等的培训课程学习，具备同步异步培训和以大数据为支撑的过程管理功能，既为干部教师提供理念新颖、内容丰富、实用便捷的优质课程资源，又创设教育同行相互交流、研讨的环境，积极促进决策者、研究者与实践

① 李方：《教师培训管理工具箱》，北京，高等教育出版社，2010。

者的多元互动，同时提供个性化学习支持，满足教师专业发展的需要，致力于全面构建首都基础教育干部教师学习新生态。具体学习流程及平台功能如下表所示。[①]

表 4-6　教师学习网的平台功能设计

学习流程	平台功能	设计理念
登录平台	电脑浏览器输入网址：https://www.bjteachers.cn，进入北京教师学习网，点击相应培训栏目，进入登录页面，输入账号"教育 ID"。学员也可通过手机移动端关注"北京教师培训公众号" —— 培训动态 —— 北京教师学习网，或下载"学习公社" APP 登录学习	学员课程学习平台入口的多元和便捷化
课程学习	学员登录后，可在"学习中心"页面下选择相应的项目名称，进入学习	为学员提供丰富多样的课程资源以及个性化的课程学习支持
	"课程安排"栏目下可查看课程，分为线下课、互动课堂、大讲堂直播和录播课	
	在"课后作业"栏目，教师可以发布和评阅作业，学员可以对已发布的作业进行应答和提交。	
	在"课程签到"栏目，教师可查看课程列表中每门面授课程的签到状态，学员可点击"进行中"的课程【签到】按钮，通过手机扫码签到	
互动课堂	互动课堂的适用场景为组织小班研讨会、互动课，进行视频会议研讨交流，可以随时分组讨论、视频互动	课程实施中创设学员之间相互交流、研讨的环境，积极促进师生、生生之间的多元互动
	角色：主持人可授课、分组讨论，参与者都可进行音视频互动、虚拟背景设置等	
	教学方式和互动方式：支持通过桌面共享和画笔白板等工具进行授课，可分组讨论进行交流，可以通过广播、聊天和邀请进行互动	
视频直播	学员进入课程详情页后，如果课程为大讲堂的视频直播，则可按时进入大讲堂的视频直播页面，观看讲师授课画面及课件	为学员提供直播学习

[①] 相关内容引用自北京教师学习网：https://www.bjteachers.cn/h/home/。

北京教师学习网不断地迭代升级，以适用于更多类型的移动端，简化学习入口，提升课堂的互动性，不断增强平台资源的容纳性和管理的便利性，是当下教师培训在线学习平台的代表性模板。

三、教师培训课程实施的支持性氛围营造

教师培训，特别是目前教师培训实践中被广泛应用的参与式培训，尤其需要开放、宽松、安全的支持性学习氛围，以便学习者放下防御，深入探索已有资源，主动与他人交流合作。因此，有效的学习空间设计还需要支持性学习氛围的营造。以学员为中心的培训设计需要营造安全的学习氛围，其实质在于培训者在课程实施中的角色转变，从传统的"教师""专家"转变为学习者的"引领者"和"协助者"。

（一）课程实施中的支持性环境与防御性环境

培训者在培训过程中的主要作用是"引导"和"支持"参与者学习。陈向明认为，在培训活动中，培训者的作用主要表现在如下三个不同的阶段：第一，发动阶段，培训者设法让参与者产生安全感和受尊重感；第二，维持阶段，培训者需要引发参与者之间的互动和对话，并及时为参与者提供反馈；第三，深化阶段，培训者需要在达到培训目标的前提下，让参与者自由、开放地表达自己的看法，培训者不应过早对参与者的观点作价值判断，更不要轻易否定他们的观点，而应该引发参与者对不同的观点进行讨论，在大家充分发表意见的基础上进行概括和必要的理论提升。[1]支持性环境与防御性环境分别有六个特点，见表4-7。

表 4-7 培训的支持性环境和防御性环境[2]

培训环境	支持性环境	防御性环境
培训者的反馈话语	描述	评价
培训者对学员学习的态度	解决问题	控制学习
培训计划的灵活性	即兴，灵活	操纵，隐藏
培训者的参与与共情	共情，卷入	中立，漠然
培训中的平等参与	平等相待	居高临下
培训观念的开放性	随机应变	确定不变

---

[1] 陈向明：《如何营造一个支持性培训环境》，载《教育科学》，2003，19（1）。
[2] 此表根据陈向明《如何营造一个支持性培训环境》一文中相关内容进行整理呈现。

目前支持性学习氛围营造在参与式的培训方式中运用比较广泛,如专题工作坊的设计,优秀的培训者关注学员学习过程中的深度参与,尤其在对话环节的设计上,体现出平等参与、情感共鸣及培训观念的开放性。

（二）课程实施中的师生关系联结

我们对教师培训课程实施中的师生情感投入未有太多提及,但当我们走进那些生动的、有效的培训课堂时,常常感受到温暖、相互信任、共同前行的师生情感的流动,在一些长期的培训项目中更为显著。

成人教育研究者指出关系和联结在成人学习中的重要性。布兰基（Belenky）提出了联结性教学（Connected Teaching）这一概念,指学习者和指导者之间互相合作的过程。菲德勒（Fiddler）和马林诺（Marienau）提出了一种以学习者为中心的教学模型,强调学习是"个人的经验和观点同他人的经验和观点相互作用而促动"的过程。[1]凯弗瑞拉倡导成人教育者应当将关系中心理论中四个重要观点整合到他们的教学实践中。这四个观点分别是:（1）采用相互合作作为规划和组织学习经验的基本之一;（2）无论是在正规学习场所或是在非正式学习情境,教育者应该营造良好的学习氛围,使学习者和教师能够在学习过程中相互支持;（3）采用一种合作性的交流风格;（4）承认情感是学习体验过程中培养关系的关键。

上述讨论均强调良好的师生关系在培训课程实施过程中的重要作用,是教师培训实施中支持性氛围营造的关键。需要指出的是,在实际的教师培训课程实施中,培训者往往基于课程目标和学员需求,可能采用多种实施方式,但无论采取哪些方式,教师的角色应是资源协调者、方法和工具的提供者、深度学习的辅助者,课程实施应以学员的学习进程和学习效果为改进和调试的基础。如此,以学员为中心的培训课程目标才能真正得以达成。

---

① [美]雪伦·B·梅里安,罗斯玛丽·S·凯弗瑞拉:《成人学习的综合研究与实践指导（第 2 版）》（黄健、张永、魏光丽译）,北京,中国人民大学出版社,2011。

第五章　教师培训课程评估

开展教师培训课程质量评估，对增强培训效果、提升教师队伍培养质量、促进教师专业发展具有重要意义。本章围绕"教师培训课程评估"，从基本流程、数据收集、数据分析和手段革新四方面分析了教师培训课程评估"如何做"的问题。其中，阐明了教师培训课程评估的主体与客体、模式与原则等；以目标评价模式、CIPP 评价模式、柯氏评估模型等评估模型研究为基础，分析了教师培训课程评估可以从三个层面、六个维度展开，采用培训评估表、调查问卷、访谈等工具收集评估数据，采取定量和定性数据分析方法，获得教师在课程内容与实施方式、课程组织与管理、课程资源与学习环境、培训者教学表现等方面的主观满意度；提出了基于大数据背景下的教师培训课程评估手段革新。

第一节　教师培训课程评估的基本流程

评估具有"评价估计"的含义，其本质上是一种对事物的性质、数量、价值等进行判断及审定的过程，评估的目的在于考量价值并提供有效的反馈，反映出对先前目标的实现程度。评估具有评定、预判、选择及导向四种基本功能[1]。

教师培训是为在职教师提供的一系列培训活动，旨在提升教师的业务素质与思想政治水平，以满足教育改革发展中不断提出的现实需求[2]，具有较强的目的性、计划性和组织性，是促进教师专业发展的重要途径。新时期我国教师培训进入提质增效阶段，要求教师培训设计与实施更加精准、高效，加快建设高素质、专业化、创新型教师队伍。教育部等八部门印发的《新时代基础教育强师计划》强调"坚持质量为重。服务教育高质量发展要求，加强高质量教师队伍建设""到 2025 年……教师培训实现专业化、标准化"。《教育部关于大力加强中小学教师培训工作的意见》中指出，"强化教师培训质量监管。建立教师培训质量评估机制，完善教师培训质量评估体系，加强项目过程评价和绩效评估"。

教师培训课程是指教师所需要的师德教育、知识教学内容及教学实践的总和[3]，也是教

① 苏争艳：《中学历史教师培训课程标准与评估体系研究》，西安，陕西师范大学，2018。
② 朱益明：《改革中小学教师培训的原则与策略》，载《教师教育研究》，2017（2）。
③ 顾明远，檀传宝：《2004：中国教育发展报告 变革中的教师与教师教育》，北京，北京师范大学出版社，2004。

师培训机构为了实现预期的教师培训目标，而为参训教师制订的培训学习计划以及组织的学习材料等的总称[1]，包括目标与主题确定、课程结构安排、课程内容与方式选择等。教师培训课程评估是指基于课程目标，运用科学的理论、方法和程序，通过对培训课程实施过程及实际效果进行科学的、系统的综合检测和价值评判，了解培训者的培训水平及参训教师对待培训的态度及培训成效，从而引导教师培训机构和培训者检视培训目标达成情况，对培训过程各阶段、各环节进行合理调控，及时改进和完善培训工作，保证培训朝着专业化、科学化的方向推进。

本节在综合教师培训、课程评估的认识和理解下，明确了教师培训课程评估的流程，即从明确评估的主体与客体、选准评估的模型、组织评估的实施、把握评估的原则几方面展开，如图 5-1 所示。

图 5-1　培训课程评估的主要内容

一、评估的主体与客体

评估主体是指由谁来评估，被评估对象则是评估的客体。一般来说，培训评估是由评估主体、评估对象和其他参与者共同组成的[2]。评估主体分为内部评估者和外部评估者。内部评估者既可以是培训者，也可以是培训机构、教育行政部的组织者和管理者，还包括作为学员的教师个人。教师因为清楚了解自己的学习基础和培训经过，参与培训评估，更能够反映培训中的优势与不足，也能够激励教师自身发展。外部评估者是来自培训项目以外的评估人员，如大学、研究机构或专门教育评估机构的专业人员。为了保证教师培训课程评估的公正性和客观性，培训评估的参与人员应体现权威性、专业性、多元性。评估主体应该考虑包含四种类别的对象：一是教育行政部门的相关人员，体现权威性和严肃性；二是培训者，以保证评估的专业性和正确性；三是培训机构组织者，这一类别的评估者因负责培训具体过程的管理，对培训评估更能从全方位的角度去考虑，体现评估的全面性；四

---

① 郑志辉：《课程实施中的教师培训研究：基于教师改变研究的视野》，载《西南大学》，2010。
② 肖建彬：《基础教育教师培训课程与培训质量评估研究》，北京，北京师范大学出版社，2019。

是参训教师，他们作为直接参与者，更了解培训的过程和质量，更有发言权，能够保证评估的客观性和公正性。

教师培训课程的评估客体包括多个方面，如课程内容与实施方式、课程组织与管理、课程资源与学习环境、培训者教学表现等。只有明确主客体，才能保证评估的针对性和有效性[①]。

二、评估的模型

评估模型能够反映评估内容的基本结构与基本程序。对于培训评估模型，国内外应用较为广泛的有以下几种，可以为教师培训课程评估的组织和实施提供理论基础。

（一）目标评价模式

目标评价模式是由美国评价专家泰勒在二十世纪三四十年代发展起来的一种评价模式。这一模式建立在泰勒的评价原理和课程原理的基础之上，注重课程目标在评价中的作用。评估程序包含确定课程目标、进行目标分类、用行为术语描述目标、设计评价情境、选择评价方法、收集对象信息、分析评价结果、使用评价结果几方面。也有学者将目标评价模式概括为四个步骤，即确定课程目标、设计评价情境、选择评价方法、分析评价结果，如图 5-2 所示。

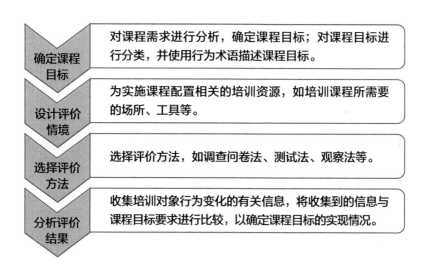

图 5-2　目标评价模式

---

① 李方：《教师培训管理工具箱》，北京，高等教育出版社，2010。

在随后的发展中，泰勒的学生布卢姆对评价目标进行了完善，提出了教育目标分类学。目标分类不仅划分了认知、情感和动作技能三大领域，而且在每一领域内遵循一定的原则划分出不同层次。以认知领域为例，又进一步划分了知识、理解、应用、分析、综合和评价六大类。目标分类实现了目标由简单到复杂、由低层次到高层次的阶梯构建，给泰勒的目标评价模式注入了活力。

（二）CIPP 评价模式

CIPP 评价模式形成于二十世纪六十年代，是由美国教育评价专家斯塔弗尔比姆及其研究团队在批判思考目标评价模式基础上提出的一种综合评价模式。该模式由四项评估活动组成，分别是背景评价（Context Evaluation）—输入评价（Input Evaluation）—过程评价（Process Evaluation）—成果评价（Product Evaluation），根据各项评估活动的英文首字母简称为 CIPP 评估模型。

1. 背景评价（Context Evaluation）

背景评价的主要任务是确定培训需求以及设定培训目标，通过对相关环境，包括政策背景、环境背景以及需求背景进行描述、分析和评价，对特殊的问题进行诊断，发现机会与需求，鉴别培训机会。

2. 输入评价（Input Evaluation）

输入评价的目的是决定用何种资源来实现目标，它所包含的事项有收集培训资源信息，包括工作计划、所需设备、经费预算和人力资源等；评估培训资源，确定如何有效使用现有资源才能达到培训目标；确定项目规划和设计的总体策略是否需要外部资源的协助。

3. 过程评价（Process Evaluation）

过程评价主要为那些实施培训的负责人提供反馈信息，包括可能存在的问题、潜在的失败因素等，分析并判断培训执行与目标之间的距离，从而及时地、不断地对培训计划进行修改和调整。

4. 成果评价（Product Evaluation）

成果评价的主要任务是对培训活动达到的目标进行衡量和解释，获得有关质量和效果的信息。在这个阶段，评估者将培训结果与培训目标进行比较分析，分析其中的差距，并找出原因，为以后的培训提供参考。特别需要指出的是，成果评价并不限于培训结束以后，它既可以在培训以后进行，也可以在培训之中进行。

斯塔弗尔比姆用三个同心圆概括了 CIPP 模式的基本要素，内部圆圈表示核心价值，即动态、持续评价贯穿全过程，围绕核心价值的是四个要素：目标、计划、行动和结果，外圈表示对应的四个评价要素的评价维度：背景评价、输入评价、过程评价和成果评价，每个双向箭头代表评价要素和评价维度之间的相互关系，如图 5-3 所示。CIPP 评价模式强调过程的重要性，不仅对培训的必要性和可行性进行分析，还对培训过程进行监控，及时发现和总结培训中的经验和不足，为不断改进培训提供依据。

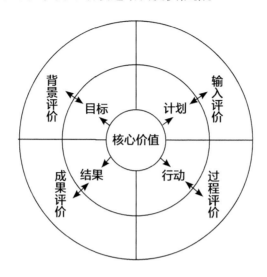

图 5-3　CIPP 评价模式基本要素[1]

（三）柯氏评估模型

柯氏评估模型是由国际学者唐纳德 L.柯克帕特里克于 1959 年提出的，被认为是最经典、应用最为广泛的培训评估工具。该模型的四个层次分别为反应层、学习层、行为层以及结果层，这四个层次存在因果关系，依次从简单到复杂，如图 5-4 所示。

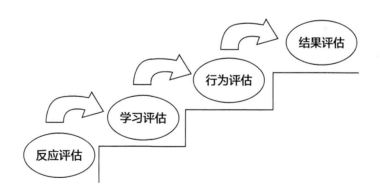

图 5-4　柯氏四级评估模型

---

[1] Stufflebeam,D.L,Guili Zhang.The CIPP evaluation model:how to evaluate for improvement and accountability,London:The Guilford Press,2017.

1. 反应评估（Reaction Evaluation）

"反应"就是学员对培训的反应和感受，包括课程、师资、教材、设施、方式等方面的满意程度。柯克帕特里克指出："反应评估往往是培训效果的最初反馈，而且经常成为决策的基础，所以要尽力获得真实而有意义的反应"。[1]

2. 学习评估（Learning Evaluation）

学习评估主要衡量学员在培训结束后，学到了哪些知识，掌握或提升了哪些技能，在态度上发生了哪些转变，即通过对学员培训开始前和培训结束后的测查，了解学员是否通过培训在知识、技能、态度等方面得到了发展。同时也可以进一步检视培训目标的达成情况和培训者的工作效果。

3. 行为评估（Behavior Evaluation）

行为评估考查的是学员培训后行为改进和变化情况，即是否将培训中所学的知识、技能、态度应用于工作，在工作中是否有意识地使用培训中学到的东西，也可以理解为工作的绩效。只有学员真正做到学以致用，才实现了培训的目的。

4. 结果评估（Results Evaluation）

结果评估是柯氏培训评估模型中的最后一步，也是培训评估的最高层次，主要衡量学员经过培训后给所在的组织带来的收益。对企业来说，包括产品质量提升、生产效率提高、客户投诉率减少等。对于教师来说，结果评估就是衡量教师在参训后的行为改变是否对所在单位产生具体影响、是否让学生受益等。另外，结果评估会受到很多因素的影响，因此是评估中难度最大的。

实践中，上述评估模型已经广泛地应用于教师培训中，也为开展教师培训课程评估提供了可选择的程序与方法。对教师培训课程的评估不能简单地套用某个模型，而应根据实际情况选择多种评估程序和方法，并综合各种评估数据、分析方法，确保教师培训课程评估结果的全面性和准确性。

三、评估的实施

培训评估的开展要遵循科学的程序，否则得出的培训评估结果很可能失去客观性[2]。教师培训课程评估应该建立有序的评估程序，即在明确评估目的的基础上，制订课程评估方案，包括建立评估团队、设计评估指标、选择评估方法等，通过发放调查问卷、访谈等方式收

---

[1] Donald L. Kirkpatrick, James D. Kirkpatrick：《如何做好培训评估：柯氏四级评估法》（奚卫华、林祝君等译），北京，机械工业出版社，2007。
[2] 李燕萍：《培训与发展》，北京，北京大学出版社，2007。

集评估数据，对评估数据开展统计分析，最后进行评估结果反馈等，为改进培训过程、提高培训质量提供参考和依据。如图 5-5 所示。

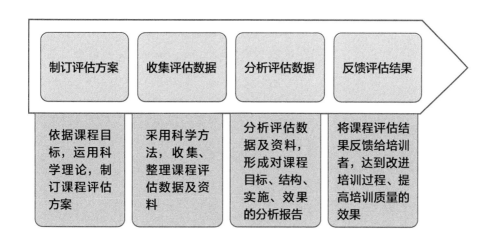

图 5-5　教师培训课程评估流程图

四、评估的原则

教师培训课程评估中应该坚持正确的评估原则。

一是科学性原则。科学性是指在教师培训课程评估过程中，要以科学的态度，运用科学理论和技术支持建立课程评估体系，评估指标内容条目和结构层次要科学，各级指标的内容要求和评价权重设置要合理、准确，评估结果能够客观、真实地反映教师培训工作的实际情况。

二是可操作性原则。可操作性是指教师培训课程评估中采用的形式、手段、方法有可操作性，可作定性、定量分析，可横向、纵向比较，既能反映培训的基本思想和基本要求，又要使培训后评估出的结果真实可靠、公正客观，能对课程价值作出如实判断。

三是针对性原则。针对性是指鉴于不同学科、类别、岗位的教师培训课程，在参训要求、内容和形式等方面具有不同要求，教师参训后的工作实践也有所差异，评估指标及评估方法应该根据不同的培训课程有所调整和优化，确保评估的适用性。

四是发展性原则。发展性是指充分发挥教师培训课程评估的指导作用，通过评估结果促进建设教师培训机构、提升培训者能力和发展教师综合素养、专业技能。因此，无论是评估体系、标准还是评估手段、方法，都应该以"发展"作为着眼点。

第二节　教师培训课程评估的数据收集

本节在研究目标评价模式、CIPP 评价模式、柯氏评估模型等各类评估模型基础上，分析了教师培训课程评估可以从学员课程参与及反应、学员课程学习及应用、学员应用所学及影响三个层面、六个维度展开，通过培训评估表、问卷调查、访谈等方式进行评估数据收集，从而获得培训者的培训水平、参训教师对待培训的态度及培训成效的相关数据及资料，为培训课程数据分析提供依据。

一、评估数据收集的维度

（一）学员课程参与及反应

学员课程参与及反应是指教师在培训中积极投入的状态和教师对培训课程的满意程度，往往能够体现培训课程对教师的吸引程度，及教师对课程内容与实施方式、课程组织与管理、课程资源与学习环境、培训者教学表现等方面的看法，可以通过问卷调查、访谈等方式收集相关数据，如表 5-1 所示。

表 5-1　"学员课程参与及反应"数据收集

层次	维度	具体内容	数据收集方式
学员课程参与及反应	参与培训课程状态	1. 学员出勤率 2. 学员参与讨论、发言、交流的投入度 3. 学员完成培训要求的情况	1. 考勤记录 2. 培训者、组织管理者等相关人员的课堂观察记录 3. 对培训者、组织管理者或学员开展问卷调查、访谈等 4. 查看学员培训笔记 5. 查看学员作业完成情况 6. 查看其他相关记录或文档
	对培训课程的反应	1. 学员对培训课程满意程度。如：是否认为课程内容有针对性和操作性，能够用于指导实际工作；课程实施方式是否恰当有效，与课程内容相匹配 2. 学员对培训者喜欢程度和信服程度。如：是否认可培训者的教学；是否认为课程培训者是合适的培训者 3. 学员对组织管理者的满意程度。如：是否认可培训组织管理工作；是否对培训环境、设施及服务感到满意	1. 在课程或活动结束后发放调查问卷 2. 对培训者、组织管理者或学员开展访谈或座谈等 3. 查看学员学习日志 4. 查看其他相关记录或文档

（二）学员课程学习及应用

学员课程学习及应用是指教师在培训中的实际获得，即新知识、新技能的习得，也包括态度、情感等方面的变化，并将所学应用于实际工作的情况，可以通过纸笔测试、访谈、案例研究、演示操作等方式收集数据，如表5-2所示。

表5-2 "学员课程学习及应用"数据收集

层次	维度	具体内容	数据收集方式
学员课程学习及应用	学员在培训中的实际获得	1.知识层面。如：学员是否能理解或了解某些知识、观点等 2.技能层面。如：学员是否能在模拟或真实条件下实施某些技能等 3.情感态度层面。如：学员情感、态度是否更为积极，投入度更高，更乐意尝试新方法等	1.纸笔测试或知识学习评价表 2.对学员进行问卷调查或访谈 3.案例研究 4.学员模拟、演示、操作等 5.查看学员学习日志 6.查看学员反思
	学员对培训所学的应用	1.学员在实际工作中能够不同程度地应用从培训中习得的新知识与新技能 2.学员在实际工作中应用从培训中习得的新知识与新技能后，工作行为发生了变化，并能较长期地维持新的行为	1.对学员、学校管理者、学生开展问卷调查、访谈或座谈 2.查看学员教学工作日志或记录 3.查看学员档案袋 4.现场观察

（三）学员应用所学及影响

学员应用所学及影响是指教师应用教师培训课程的所学，给组织带来的影响以及对学生学习的促进，可以通过问卷调查、访谈、现场观察、查阅相关文档的方式收集所需数据，如表5-3所示。

表5-3 "学员应用所学及影响"数据收集

层次	维度	具体内容	数据收集方式
学员应用所学及影响	学员在实际工作中通过应用培训所学对同事或组织环境的影响	1.学员是否有意识与同事分享、探讨，并促进同事专业行为的改进 2.学员是否促进了学校文化及相关政策的改进 3.学校是否因学员应用培训所学取得了更好的成绩；学校的升学率、生源是否有所改善；学校在同行、家长、学生心目中的地位是否有所提升；学校获得的荣誉是否有质与量上的提升	1.对学员、相关同事、领导、学生开展访谈 2.查看相关文档

续表

层次	维度	具体内容	数据收集方式
学员应用所学及影响	学员在实际工作中通过应用培训所学对学生学习产生促进作用	1.学生的学习成绩是否因学员应用培训所学而有所提高 2.学生的身体和情感是否因学员应用培训所学而有所发展 3.学生是否成为更自信的学习者	1.对学生进行测试 2.对学员、相关同事、领导、学生开展访谈 3.查看相关文档

二、评估数据收集的方式

（一）培训评估表

评估表是实施培训评估的工具之一，主要通过填写表格的方式收集学员、培训者和其他相关人员的反馈意见和建议，用以了解培训的有效性和针对性，为改进培训各个环节、提高培训质量提供参考和依据。

1.评估表类型

（1）培训自评表

培训自评表指培训者在培训课程实施中或结束后，对照培训目标和学员需求，回顾培训中的自我表现，进行自我评价，如表5-4所示。

表5-4　培训者自我评估表[①]

课程基本信息	课程名称		开课时间	
授课内容评价	导入		素材	
	切题		案例	
	活动		总结	
	课堂气氛		互动	
授课技巧评价	语言表达		肢体语言	
	时间掌握		技巧细节	
授课材料评价	幻灯配合		板书效果	

① 课思课程中心：《培训课程开发实务手册》，北京，人民邮电出版社，2017。

（2）培训他评表

培训他评表指在培训课程实施中或结束后，由学员或其他相关人员对培训中培训者授课效果、课程内容、组织管理等方面进行评价，如表5-5、5-6、5-7所示。

表5-5　学员培训课程评估表

课程名称			课程时间				
培训讲师			培训方式				
一、学员基本情况	姓名		工作岗位				
	联系电话		工作年限				
二、课程满意度调查项目（在相应选项下的表格内画"√"）		调查项目	很满意（5分）	满意（4分）	一般（3分）	不满意（2分）	极不满意（1分）
	课程内容	课程目标的明确性、可量化					
		课程内容与需求的匹配度					
		课程内容编排的合理性					
		理论知识讲解浅显易懂					
		案例互动环节生动有趣					
	关于讲师	对课程内容的驾驭程度					
		沟通技巧的掌握程度					
		仪容仪表整洁得当					
		激发学员兴趣的程度					
		课程时间的掌控程度					
		培训工具运用的熟练程度					
	关于培训组织	培训时间安排的合理性					
		现场服务水平					
		培训材料和通知下发的及时性					
		培训辅助工具和材料的准备情况					
三、本次培训中您感到最受益匪浅的内容是							
四、您对课程有哪些不满意的地方？							
五、其他建议：							

表 5-6　对培训者的评估表[①]

培训教师姓名		学术职务		培训日期	
专业班级		授课地点			
课程名称		测评人		总分	
培训内容					
测评一级指标		测评内容			测评分数
培训内容 （25分）	培训要求	知识、技能要求明确；重点、难点突出			
	课程内容	符合大纲；讲解清楚，联系实际；走在学术前沿			
	培训资料	规范，清晰，完善			
基本素质 （20分）	师德修养	为人师表，言传身教，课堂管理得当			
	培训思路	思路清晰，层次分明，衔接紧密、流畅			
	语言、板书	语言规范，语速、语调适中，表达力强；板书条理清晰、字图规范清楚			
	教态、仪表	教态自然，仪表端庄			
	应变能力	掌握学员动态，应变能力强			
培训方法 （20分）	培训准备	认真备课，准备充分，设备仪器完善			
	培训设计	培训环节完整、有效			
	培训互动	培训老师启发培训，学员积极主动			
	操作、演示	清楚、简洁、直观、易掌握			
	分组实训	分组合理，组织得当			
	指导、解答	巡回指导、耐心热情、严谨细致			
	讲评、总结	讲评准确、总结到位			
培训效果 （35分）	互动效果	气氛活跃，踊跃参与，开发思路			
	参与程度	培训老师积极主动，学员参与广泛			
	实训效果	研讨、操作认真，知识技能掌握良好			
	满意程度	满意程度高			
你的意见 与建议	评估人签名：				

[①] 肖建彬：《基础教育教师培训课程与培训质量评估研究》，北京，北京师范大学出版社，2019。

表 5-7　对培训课程设置的评估表[①]

指标	指标描述	分值	得分
课程设置的目的性	1. 能否支持教师的可持续发展 2. 能否应用于教师的工作实践 3. 能否提高教师的专业素养	25	
课程设置的针对性	1. 是否针对教育教学改革的前沿问题 2. 是否针对教育教学普遍的难点问题 3. 是否针对学员普遍关心的教育问题	25	
课程设置的层次性	1. 是否具有系统性、科学性 2. 是否遵循了学员学习、发展的规律 3. 能否使学员建构起有效的知识体系	25	
课程设置的实践性	1. 课程中是否有大量实践性练习或活动 2. 实践课的比例是否超过 30% 或更高 3. 所学知识、技能能否较好地运用于教学实践	25	
合计		100	
你的意见与建议	评估人签名：		

2. 评估表使用注意事项

使用培训评估表前应明确评估表的使用对象,确定目标和指标,评估内容应全面、详实、简洁,能够反映培训实际情况。评估表应在培训结束后第一时间发放,并解释评估内容和目的,方便学员及其他相关人员及时反馈。评估表填写后,应当及时收集、汇总、分析和处理。评估结果应及时反馈给培训者或培训组织机构,用以改进和提高培训实效性。

(二)调查问卷

调查问卷是评估教师培训课程质量效果的最常用手段。通过对参与培训的学员、培训

[①] 肖建彬:《基础教育教师培训课程与培训质量评估研究》,北京,北京师范大学出版社,2019。

者或其他人员进行问卷调查，可以尽可能全面地把握培训效果。调查问卷相对于评估表而言，能够从更多角度、更多层面获取尽可能详细的信息[①]。根据问卷题目的类型，大致可以把调查问卷分为结构式调查问卷、非结构式调查问卷和混合式调查问卷三种类型。

1. 问卷类型

（1）结构式调查问卷

结构式调查问卷又称封闭式调查问卷，是指问卷中相关问题答案事先加以限制，只允许被调查者在问卷限制范围内选择答案的调查形式。结构式调查问卷的优点在于培训者或培训组织机构便于进行问卷结果的统计和分析，缺点是有限的答案难以完全体现被调查者的真实意见和想法。因此，设计结构式调查问卷时，应尽量确保答案的全面、翔实。结构式培训课程调查问卷以表5-8为例。

表5-8　结构式培训课程调查问卷[②]

尊敬的老师：

您好！为了全面了解中小学教师培训课程设计的情况，本研究设计了该问卷。本问卷是一项不记名的调查问卷，问卷的统计结果只作为研究参考，我们将严格为您保密。感谢您的支持与合作！

第一部分：基本情况

1. 您的性别是（　　　）

A. 男　　　　B. 女

2. 您的年龄为（　　　）

A. 25 岁以下　　B. 25 ~ 35 岁　　C. 36 ~ 45 岁　　D. 46 ~ 55 岁　　E. 55 岁以上

3. 您的教龄为（　　　）

A. 5 年以下　　B. 5 ~ 10 年　　C. 11 ~ 20 年　　D. 20 年以上

4. 您的学历为（　　　）

A. 高中或中专　　B. 大专　　　　C. 本科　　　　D. 研究生及以上

5. 您的学校所在地是（　　　）

A. 市级　　　　B. 县城　　　　C. 乡镇　　　　D. 村

---

① 课思课程中心：《培训课程开发实务手册》，北京，人民邮电出版社，2017。
② 王笑地：《实践取向的中小学教师培训课程设计研究》，贵阳，贵州师范大学，2018。

6. 您的职称为（　　　　）

A. 未定级　　　　B. 小教二级　　　　C. 小教一级　　　　D. 小教高级　　　　E. 中学二级

F. 中学一级　　　　G. 中学高级　　　　H. 其他

7. 您在本校的职位是（　　　　）

A. 校长　　　　B. 班主任　　　　C. 任课教师　　　　D. 其他

第二部分：中小学教师培训课程设计的具体情况

1. 您对自己所参加的教师培训课程目标的了解程度是（　　　　）

A. 非常理解　　　　B. 比较理解　　　　C. 基本了解　　　　D. 不太了解

2. 您认为您参加的教师培训课程的内容符合预设的课程目标吗？（　　　　）

A. 非常符合　　　　B. 比较符合　　　　C. 基本符合　　　　D. 不太符合

3. 您所参加的教师培训内容是否全面？（　　　　）

A. 非常全面　　　　B. 比较全面　　　　C. 一般　　　　D. 不全面

4. 您认为目前参加的教师培训课程中，什么类型的课程的比重比较大？（　　　　）

A. 教育理论类课程　　　　　　　　B. 教学技术类课程

C. 教学实践类课程　　　　　　　　D. 通识课程

5. 您认为您所参加的培训课程内容的设置上存在的不足是（　　　　）

A. 课程内容偏向理论，与教学实践结合不紧密

B. 课程内容更新慢，不能及时反映当前教师培训的新理念和新标准

C. 课程内容不太丰富，较单一，不能满足不同教师的培训需求

D. 其他

6. 您认为培训内容的深度情况是（　　　　）

A. 过于高深，脱离实际　　　　　　B. 深度合适，联系实际

C. 深度一般，作用不明显　　　　　D. 内容浮浅，没有作用

7. 您认为您在参加教师培训时所采取的课程实施方式符合您的学习特点和需求吗？

（　　　　）

A. 非常符合　　　　B. 比较符合　　　　C. 基本符合　　　　D. 不太符合

8. 您参加过的教师培训的主要形式是（　　　　）（可多选）

A. 专家讲座　　　　B. 案例分析　　　　C. 参与式研讨

D. 实践观察　　　E. 实践操作　　　F. 小组合作学习

9. 您是否满意您所参加的教师培训课程实施的整体效果？（　　　）

A. 非常满意　　　B. 比较满意　　　C. 基本满意　　　D. 不太满意

10. 您是否满意您所参加的教师培训课程的考核方式？（　　　）

A. 非常满意　　　B. 比较满意　　　C. 基本满意　　　D. 不太满意

11. 您参加的教师培训课程的考核方式有（　　　）

A. 开卷考试　　　B. 闭卷考试　　　C. 撰写论文或总结报告

D. 在实践中评价　　E. 综合测评　　　F. 没有考核

12. 您参加的教师培训课程的考核内容主要有（　　　）

A. 对参训教师的评价

B. 对培训教师的评价

C. 对培训服务的评价

D. 参训教师自身的评价

E. 对课程本身的评价

13. 您认为您参加了教师培训课程后，您（　　　）

A. 更新了教学理念

B. 提高了对专业知识的理解

C. 提高了教学水平

D. 其他

14. 您认为教师培训课程中存在的问题还有哪些？（　　　）（可多选）

A. 课程涉及面窄、单一，缺乏跨学科思维

B. 课程内容更新缓慢，缺乏特色和创新

C. 理论课与实践课分配不合理

D. 课程结构的设置不合理

E. 培训考核方法不科学

F. 实践环节较少

G. 其他

（2）非结构式调查问卷

非结构式调查问卷又称开放式调查问卷，问卷中的问题不列出可能的答案，由被调查者自由陈述。非结构式调查问卷的优点在于不限制调查问题的答案，由被调查者根据自己的实际理解予以回答，能够如实地反映出被调查者的态度、感受、对有关情况的了解程度以及所持看法的依据等。其不足之处在于非结构式问卷中的问题没有固定答案，容易出现被调查者填写的信息并非调查问卷设计者所需要的。另外，开放式的答案不便于横向比较和整理统计。因此，非结构式调查问卷设计时应尽量使问题描述清晰、具体，便于被调查者理解。非结构式培训课程调查问卷以表 5-9 为例。

表 5-9 非结构式培训课程调查问卷[①]

尊敬的学员：

    您好！请您花费几分钟的时间帮助我们完成此份培训效果评估问卷，您的评价对于我们改进培训工作来说非常重要。衷心感谢您的合作！

一、您的个人基本情况

姓　名：＿＿＿＿＿＿部　门：＿＿＿＿＿＿职　务：＿＿＿＿＿＿

培训时间：＿＿＿＿＿＿培训地点：＿＿＿＿＿＿培训讲师：＿＿＿＿＿＿

培训主题：＿＿＿＿＿＿＿＿＿＿＿＿＿＿＿＿＿＿＿＿＿＿＿＿

二、关于培训组织

1. 本次的培训课程是否符合您的需要？请详细说明。

＿＿＿＿＿＿＿＿＿＿＿＿＿＿＿＿＿＿＿＿＿＿＿＿＿＿＿＿＿＿＿

2. 培训开展前，您收到的有关本次培训的详细资料是什么样的？在使用资料过程中存在哪些问题？

＿＿＿＿＿＿＿＿＿＿＿＿＿＿＿＿＿＿＿＿＿＿＿＿＿＿＿＿＿＿＿

3. 培训现场的环境布置存在哪些问题？您希望作出哪些改善？

＿＿＿＿＿＿＿＿＿＿＿＿＿＿＿＿＿＿＿＿＿＿＿＿＿＿＿＿＿＿＿

三、关于培训内容

1. 请简述此次培训中的主要内容和观点，您是否认同这些内容和观点？为什么？

＿＿＿＿＿＿＿＿＿＿＿＿＿＿＿＿＿＿＿＿＿＿＿＿＿＿＿＿＿＿＿

[①] 课思课程中心：《培训课程开发实务手册》，北京，人民邮电出版社，2017。

续表

---

2. 本课程中哪一部分内容对您用处是最小的？

_____

3. 您认为本课程讲授内容中哪一部分可以被改善／调整／压缩？

_____

四、关于培训讲师

1. 本次培训的讲师给您留下的最深刻的印象是什么？

_____

2. 本次培训的讲师在授课技巧和控场方面存在哪些不足？

_____

五、关于培训成果

1. 您认为此次培训对您的管理思想有改变吗？为什么？

_____

2. 您认为此次培训有实用价值吗？为什么？

_____

3. 您认为本次培训投入的时间和费用对于培训收获来讲值得吗？为什么？

_____

4. 如果您的同事也有同样的培训需求，您会给他什么样的建议？

_____

5. 您在未来的一段时间将如何运用您在本次培训中所学的内容？

_____

六、请填写您对本次培训的整体满意程度

_____

（3）混合式调查问卷

混合式调查问卷是指问卷设计中以封闭性问题为主，同时根据需要设置若干开放性问题，由被调查者自行填写的调查问卷。这种调查问卷设计方式既弥补了结构式调查问卷的不足，同时又能够发挥非结构式调查问卷的优点。混合式培训课程调查问卷以表5-10为例。

表 5-10 混合式培训课程调查问卷[1]

培训内容：＿＿＿＿＿＿＿＿＿＿＿＿＿＿＿＿＿＿＿＿＿＿＿＿＿＿

培训日期：＿＿＿＿＿＿＿＿＿＿＿＿＿＿本人职位：＿＿＿＿＿＿＿＿＿＿＿

本人任教年级/任教学科：＿＿＿＿＿＿＿＿＿＿＿＿＿＿＿＿＿＿＿＿

您的评价对于改进培训工作来说非常重要。请您在您认为相对应的栏中打"√"，并针对后面的问题发表自己的看法。谢谢您的配合。

评价维度	学员反馈	演讲者 A	演讲者 B	演讲者 C	演讲者 D	演讲者 E	演讲者 F	演讲者 G
1.演讲内容包含新知识的程度	绝大多数是新知识							
	多数是新知识							
	半数是新知识							
	一小部分是新知识							
	极少部分是新知识							
2.演讲内容的有用性	非常有用							
	多数有用							
	半数有用							
	一小部分有用							
	几乎没用							
3.演讲内容的透彻性	全部理解							
	多数理解							
	半数理解							
	一小部分理解							
	几乎不理解							
4.演讲者的教学技巧	非常好							
	比较好							
	一般							
	乏味							

5. 哪些知识是有用的知识？

＿＿＿＿＿＿＿＿＿＿＿＿＿＿＿＿＿＿＿＿＿＿＿＿＿＿＿＿＿＿＿＿

6. 哪些知识是您已经了解或不需要的知识？

＿＿＿＿＿＿＿＿＿＿＿＿＿＿＿＿＿＿＿＿＿＿＿＿＿＿＿＿＿＿＿＿

[1] 陈霞：《教师培训课程设计》，上海，上海教育出版社，2019。

---

7. 您认为应当有而实际上却没有的内容是什么?

_____

8. 关于培训形式,您有哪些改进建议?

_____

---

2. 调查问卷使用注意事项

问卷是进行培训效果评估的重要工具。在编制问卷前,应先明确问卷编制的目的与使用范围。问卷设计应充分考虑问卷的结构、问题的数量及排列等。同时应选择适当的学员样本来填写调查问卷。在规模较大的教师专业发展活动中,调查人员如果收集所有学员对某一特定专业发展经历的反应信息存在困难时,可以选择一个较小的学员样本,但要确保样本选择的随机性,能够代表学员群体。问卷填写前,调查者应讲解填写的要求和注意事项,在学员填写调查问卷时调查人员应适时离开,并预留充分的时间,保证学员能够根据本人情况如实填写调查问卷。问卷填写完毕调查人员应及时回收问卷。

(三)访谈

访谈是通过相关访谈人员与学员面对面地交谈,来了解学员参加培训的效果及对培训质量是否满意的方法。访谈具有明确的目的性、较强的科学性和计划性。在访谈过程中,访谈人员与学员相互推进访谈的进程,学员酌情回答访谈人员提出的问题,访谈人员对于受访学员所给出的答案需要给予恰当的回应,推进访谈进行。根据访谈人员对访谈结构的控制程度而言,可以分为结构式访谈、非结构式访谈和半结构式访谈;根据访谈的正式与否,可以分为正式访谈与非正式访谈;根据受访者的人数,可以分为个别访谈和集体访谈;根据访谈的次数,可以分为一次性访谈和多次性访谈。

与其他收集培训资料的方法相比,访谈的优点在于以下几方面。一是具有较强针对性。在进行访谈前,访谈人员已经明确了访谈目的和受访对象,针对不同对象,可以采用不同问题和谈话方式。二是具有较高灵活性。访谈人员可以根据实际情况及时调整访谈内容,对于受访对象不理解的问题,或者访谈人员认为受访对象回答不完整、不明确时,都可以进一步追问,了解更为确切的信息。三是有利于促进对问题的深入研究。访谈中既可以了解客观事实,又可以对受访对象的动机、情感、观念等进行多层次、多方面的探索和发现,获得丰富而广泛的资料。四是具有较高的可靠性。因为访谈是访谈人员与受访对象通过直接交谈进行的,收集到的资料均为一手资料,访谈人员还可以通过观察受访对象的言行举止来加深对被讨论问题的认识,访谈结果具有较高的可靠性和真实性。

但相对于问卷调查，访谈也有一定的局限性。一方面，访谈受人员素质影响，尤其对访谈人员有较高要求，他们既需要掌握相关的访谈技巧，针对不同的访谈对象，应采用不同的提问方式，并应适时变化；又能够科学设置访谈问题，使问题符合受访对象的年龄、身份、学历等特征，具有一定意义和深度。另一方面，访谈一次面对的调查对象范围比较窄，花费的精力也比较多，访谈结果没有具体的标准，所以不易整理分析，适合个别化研究。

1. 访谈提纲

教师培训课程满意度访谈提纲样例见表 5-11、5-12。

表 5-11　"国培计划"学员课程满意度调查访谈提纲[①]

尊敬的老师：

　　您好！非常感谢您能接受本次访谈，您的意见和建议对于改进今后的培训工作至关重要，您的个人信息我们会严格保密，请您真诚地回答。衷心感谢您的支持与配合！

第一部分：基本信息

1. 性别：□男 □女

2. 任教学校：□ 中学 □小学 □高中

3. 职位：□ 校级领导 □教研组长或年级组长 □无

4. 任教年级：_____

5. 您的学历：□本科及以上 □专科 □中师或中专

6. 您的学历来源：□中师或中专 □本科师范院校 □非本科师范院校

7. 您的职称：□小高 □中一 □中高

8. 您的职务：□校级领导 □教研组长或年级组长 □无

第二部分：访谈内容

1. 请谈谈您在整个培训过程中，哪些地方让您感到满意及其原因。

2. 您对当前培训整个课程方案有何评价？

3. 您对当前接受的培训课程内容和课程结构满意吗？

4. 您认为当前培训课程实施方式和哪种教学方法比较有效？

[①] 江婧：《小学教师校本培训满意度提升策略研究 ——以重庆两所小学为例》，重庆，四川外国语大学，2022。

续表

5. 您对课程考核方式有何评价？

6. 您认为此次培训哪些方面影响培训效果？

表 5-12　小学教师校本培训满意度访谈提纲①

访谈对象：＿＿＿＿＿＿＿＿＿＿＿＿＿＿＿

访谈时间：＿＿＿＿＿＿＿＿＿＿＿＿＿＿＿

访谈地点：＿＿＿＿＿＿＿＿＿＿＿＿＿＿＿

性别：＿＿＿＿＿年龄：＿＿＿＿＿＿教龄：＿＿＿＿＿＿

学历：＿＿＿＿＿年级：＿＿＿＿＿＿科目：＿＿＿＿＿＿

1. 您能详细谈谈参加校本培训的具体感受吗？

2. 您觉得参加的培训课程能满足您的培训需求吗？请谈谈您的看法。

3. 您对校本培训的管理有何评价？请谈谈您的看法。

4. 您参加校本培训后改善了您的教学工作吗？具体在哪些方面？

5. 您希望校本培训在哪些方面进行改进？

谢谢您的参与，请您看看是否有需要补充的内容。

2. 访谈时的注意事项

访谈提纲的制订应紧紧围绕研究目的，问题设计应通俗易懂，易于学员理解。同时问题的性质应尽量中立，保证获得学员的真实想法。与学员建立良好关系是保证访谈顺利进行的基础，因此访谈时应注意诚恳有礼、态度自然、尊重学员。访谈开始前应说明访谈目的，强调自愿和保密原则，消除学员受访的顾虑，建立对访谈的积极态度。

（四）其他

收集评估数据的方法除了对学员、培训者和其他相关人员使用评估表、进行问卷调查和访谈外，还可以通过培训现场观察，查看教师个人作业、学习日志、培训反思、心得体会以及教师参训后的工作日志、学生成绩等其他相关记录或文档，了解教师对于所经历培训的总体感受和看法，评估培训取得的实际效果，发现培训设计和实施中的问题，为进一步改进或完善培训各环节提供参考依据。

第三节　教师培训课程评估的数据分析

当前由教师培训者、培训机构或教育行政部门实施的教师培训课程评估，主要旨在了解教师对所经历的教师培训课程的意义、价值以及课程各要素的看法，包括课程内容与实施方式、课程组织与管理、课程资源与学习环境、培训者教学表现等方面的主观满意度，属于"学员课程参与及反应"维度的评估。本节重点介绍基于数据收集结果，采用频次统计、均值比较、IPA 分析等定量或定性数据分析方法，了解教师对于培训课程的满意度，引导教师培训机构和培训者对培训过程各阶段、各环节进行合理调控，及时改进和完善培训工作，保证培训工作朝着专业化、科学化的方向推进。

一、评估定量数据分析

课程满意度是指学习者在课程学习开始之前或者初期，对课程产生一定的价值预期，在接受所学课程服务后将实际效果与自己对课程的价值预期作比较，所产生的满意或者不满意的心理状态[①]。

教师培训课程评估中常常采用李克特（Likert）五点量表了解教师对于培训课程的满意度。评估量度通常分为五个等级：非常满意、比较满意、一般满意、不满意、非常不满意。对已经收集到的评估数据，可以运用 Excel 或 SPSS 统计软件对所调查的数据及相关信息进行统计，计算出集中量数等，把零乱无序的数据规整为清晰而易于理解的形式，用数字或者图表描述出来，使研究者一目了然，便于进一步的研究和处理。

（一）频次统计

频次统计的基本思想是通过统计样本中某一变量出现的次数，来推测该变量的概率分布，从而进行有效的决策。采用频次统计方法，可以将调查问卷中搜集的大量数据，如参训学员基本情况、课程满意程度等进行整理与统计，直接了解培训课程满足学员需求的情况。

以国培计划学员课程满意度情况分析为例，其中对课程总体满意度的分析结果显示，180 名学员中，选择"非常满意"的有 52 人，"比较满意"的有 85 人，"一般满意"的有 23 人，"不满意"和"非常不满意"的有 11 人和 9 人，按各选项人数占学员总人数比例计算，学员对培训课程总体满意度较高，如图 5-6 所示。

[①] 叶雨亭：《中学教师信息技术应用能力培训课程满意度研究——以课程〈多媒体教学系统应用〉为例》，广州，广州大学，2017。

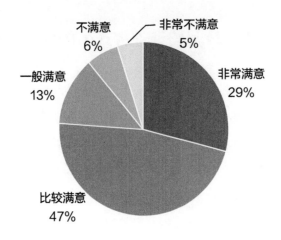

图 5-6   学员对培训课程总体满意度分析[1]

（二）均值比较

将课程满意度中的五个满意度等级，即非常满意、比较满意、一般满意、不满意、非常不满意分别对应五个分值，5 分为最高分，1 分为最低分，即非常满意计 5 分，比较满意计 4 分，并以此类推，如表 5-13 所示。得分越高，表明题目描述与教师自身符合程度越高。得到各项统计结果的平均值，并根据重要性和表现性进行排序，可以了解到学员对培训课程的评估结果。

表 5-13   培训满意量度划分

问题描述	满意度				
	非常满意	比较满意	一般满意	不满意	非常不满意
	5分	4分	3分	2分	1分

例如，在对重庆两所小学教师校本培训满意度进行分析时，通过 SPSS 统计软件测得参与问卷调查的小学教师对校本培训总体满意度均值得分在 4 分以上，总体得分处于较高水平。在校本培训满意度的五个维度上，满意度均值得分从高到低依次是培训效果 4.4125 、培训师资 4.2833 、培训课程 4.25、培训管理 4.19 和培训形式 4.13，如图 5-7 所示。

---

[1] 曹磊：《H 大学"国培计划"学员课程满意度的实证研究》，湘潭，湖南科技大学，2017。

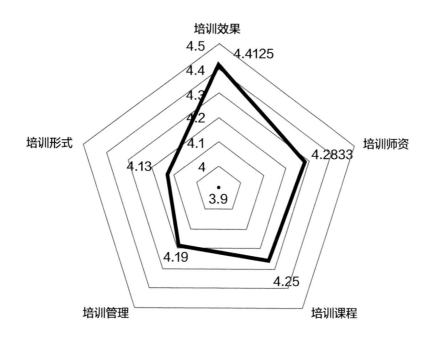

图 5-7 校本培训总体满意度均值分析[①]

在校本培训的"培训课程"维度上，满意度均值得分由高到低依次是培训课程的内容针对性、培训课程的进度安排、培训课程的目标设置和培训课程的总体时长。可以看出，教师对校本培训课程的内容针对性比较满意，对培训课程总体时长的满意度最低，如表 5-14 所示。

表 5-14 校本培训课程满意度均值分析

	N	最小值	最大值	平均数	标准差
培训课程的内容针对性	100	2	5	4.37	.747
培训课程的进度安排	100	1	5	4.34	.855
培训课程的目标设置	100	1	5	4.20	.829
培训课程的总体时长	100	2	5	4.09	.977
有效的 N（listwise）	100				

① 江婧：《小学教师校本培训满意度提升策略研究 ——以重庆两所小学为例》，重庆，四川外国语大学，2022。

（三）IPA 分析

IPA（Importance-Performance Analysis）分析法，即重要性—表现性分析法，通过比较评价指标体系的重要性和实际感知的满意度，来确定服务质量改进的轻重缓急，作为调整经营战略、合理配置资源的重要依据[1]。根据横、纵两轴相交可分为四个象限，分别是优势区、改进区、低优先级区和现状维持区，如图 5-8 所示。在教师培训课程评估中，四个象限表示的内涵可以解读为：

第一象限：学员感知培训课程的重要性高，满意度也高，为"继续保持"区域。

第二象限：学员感知培训课程的重要性高，满意度低，为"重点改进"区域。

第三象限：学员感知培训课程的重要性低，满意度也低，为"无须优先"区域。

第四象限：学员认为培训课程重要性低，但满意度高，为"不刻意追求"区域；

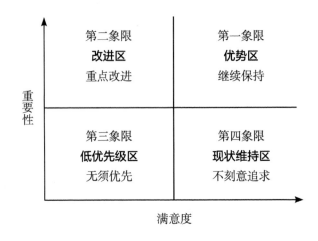

图 5-8　IPA 象限图

以国培计划体育骨干教师培训课程满意度分析为例，经过对 23 项培训课程"重要性"和"满意度"均值、标准差测算，得到 23 项课程"重要性"总均值得分为 4.00，"满意度"总均值得分为 4.25。以满意度为横轴，以重要性为纵轴，坐标原点为（4.00，4.25），将 23 项课程根据相应指标按照课程编号放置坐标中，见图 5-9 所示。其中课程 1、5、3、9 在第一象限，为高重要性和高满意度区域，根据 IPA 原理分析该四门课程为优势课程，需要继续保持。第二象限为高重要性和低满意度区域，所在区域课程有 2、7、13、16，根据 IPA

---

[1] 李慧：《基于 IPA 分析法的家长视角下研学旅行产品满意度研究》，载《四川旅游学院学报》，2022（2）。

原理分析该区域课程需要重点改进。第三象限为低重要性和低满意度区域，根据 IPA 原理分析该区域为低优先级区，该区域的课程有 4、10、14、15、21、23。第四象限为低重要性和高满意度区域，所在区域课程有 6、8、11、12、17、18、19、20、22，根据 IPA 原理分析该区域为现状维持区，不需要改进。通过以上分析能够得出，教师培训课程中的优势课程不多，仅 4 门，大部分课程分布在第三、第四象限，表明这些课程在教师"重要性—满意度"感知中属于较为普通的课程，另外还有 4 门课程需要重点改进。

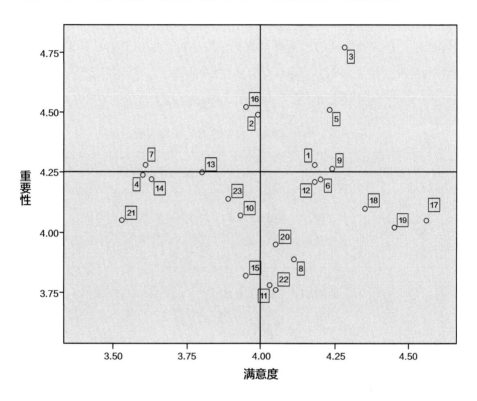

图 5-9　培训课程重要性—满意度 IPA 图[①]

二、评估定性数据分析

教师培训课程的评估除了分析调查问卷、量表数据之外，也可以通过分析教师访谈资料、培训心得等文本材料得出结论。在文本分析中，可以是使用 TF-IDF（Term Frequency-Inverse Document Frequency）关键词提取方法。该方法是由 Salton 在 1998 年提出的一种权重计算方法，用于判断字词对于一个文档集合的重要性。该方法有词频和权重两个指标，

---

① 陈一曦，曾新平：《"国培计划"体育教师培训满意度研究》，载《福建工程学院学报》，2018（2）。

比单一的词频统计更加科学。提取关键词时遵循大词优先原则，提取大词后，其中包含的小词不会重复计入词频统计。权重指标主要从词汇区分能力和语义聚合程度两个维度进行判断，一个关键词在文本中出现次数越多则表示其越重要，但如果其在语料库中出现次数过多，其重要性反而下降，例如部分虚词[①]。

例如，在《高校新入职教师培训课程设计及实施效果研究——基于北京理工大学的个案分析》中，通过对教师培训心得进行文本分析发现，近40%的教师提到"受益匪浅"，约92%的教师提到的关键词包含"收获""学会"等。教师认为培训课程在更新教育教学理念、开阔视野、提升教学能力、更好地规划职业生涯等方面对自己帮助较大。研究选取文本关键词中权重指标在0.7以上且具有显示意义的实词，并将其归类为师德思想相关、理念变革相关、教学技能相关和职业生涯相关四方面能力及素养，如表5-15所示。

表 5-15　教师培训课程关键词及权重类别分析[①]

年份	类别	关键词及权重
2015年	师德思想相关	思想（0.7657）、责任（0.7550）、素质（0.7418）、任务（0.7410）、教书育人（0.7326）、精神（0.7187）、道德（0.7106）
	理念变革相关	思考（0.7937）、改革（0.7818）、转变（0.7600）、创新（0.7549）、探索（0.7431）、环境（0.7365）、传统（0.7277）、变革（0.7153）
	教学技能相关	知识（0.8959）、课程（0.8786）、课堂（0.8714）、培养（0.8452）、评价（0.8120）、技术（0.7897）、实践（0.7885）、大纲（0.7778）、学习者（0.7692）、考核（0.7639）、网络（0.7634）、设计（0.7629）、教材（0.7601）、技能（0.7528）、课件（0.7438）、教学环节（0.7394）、备课（0.7362）、互动（0.7346）、影视（0.7321）、新媒体技术（0.7194）、手段（0.7179）、兴趣（0.7151）、上课（0.7125）
	职业生涯相关	发展（0.8108）、经验（0.7912）、引导（0.7565）、事业（0.7032）、职业素养（0.7119）

[①] 杜鹃，王颖：《高校新入职教师培训课程设计及实施效果研究——基于北京理工大学的个案分析》，载《高校教育管理》，2018（4）。

续表

年份	类别	关键词及权重
2016 年	师德思想相关	精神（0.7946）、思想（0.7737）、社会主义核心（0.7619）、道德（0.7376）、教书育人（0.7292）、素质（0.7257）、政治（0.7217）、素养（0.7015）
	理念变革相关	思考（0.7644）、创新（0.7444）、环境（0.7430）、改革（0.7180）、传统（0.7073）、政策（0.7069）、转变（0.7006）
	教学技能相关	课程（0.8681）、课堂（0.8681）、知识（0.8647）、培养（0.8218）、同伴教学（0.7992）、实践（0.7745）、设计（0.7649）、技能（0.7544）、备课（0.7389）、技术（0.7348）、技巧（0.7334）、讲课（0.7296）、讲台（0.7126）
	职业生涯相关	职业（0.8241）、经验（0.7586）、传授（0.7286）、规划（0.7259）、生涯（0.7226）、人生（0.7038）、困惑（0.7011）
2017 年	师德思想相关	师德（0.8145）、精神（0.8066）、延安（0.7881）、责任（0.7652）、政治（0.7641）、担当（0.7591）、使命（0.7578）、教书育人（0.7567）、素养（0.7524）、素质（0.7421）、思想（0.7416）、道德（0.7297）、修养（0.7182）、热爱（0.7148）、崇高（0.7115）、大任（0.7065）、贡献（0.7039）、奉献（0.7018）、职业道德（0.7004）
	理念变革相关	思考（0.7802）、建设（0.7697）、时代（0.7692）、概念（0.7461）、创新（0.7446）、改革（0.7340）
	教学技能相关	知识（0.8698）、课程（0.8465）、培养（0.8304）、课堂（0.8279）、同伴教学（0.7926）、技能（0.7572）、实践（0.7537）、模型（0.7376）、心理学（0.7072）
	职业生涯相关	职业（0.7815）、传授（0.7504）、引路人（0.7488）、事业（0.7424）、人生（0.7251）、领航（0.7191）、榜样（0.7038）

通过进一步将归类后的关键词总词频数进行标准化，得出四类词汇出现的频率图，如图 5-10 所示。从中分析出各主题关键词的频次变化与培训课程设置的调整具有较强的相关性，得到教师对师德思想相关课程的关注度提升迅速，理念变革相关课程的关注度无显著变化，但对课程中提到的新的教育理念如"以学生为中心""成果导向"等关键词出现频次显著增加；教学技能相关课程一直受到较多关注，但对职业生涯相关课程的关注度无规律性差异等结论。

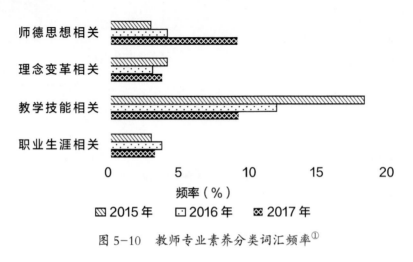

图 5-10　教师专业素养分类词汇频率[1]

对教师培训课程评估数据的分析，使培训者、教师培训机构或上级教育行政部门能够客观了解教师对培训课程的满意程度，衡量课程设计和实施是否满足教师发展需要，从而发扬课程的优势，改进课程的不足，为提高培训质量提供参考意见，体现培训对促进教师专业发展的重要价值。

第四节　教师培训课程评估的手段革新

《新时代基础教育强师计划》高度重视推进教师队伍建设信息化，倡导探索人工智能助推教师管理优化、教师教育改革的新路径和新模式。教育部、财政部发布《关于实施中小学幼儿园教师国家级培训计划（2021—2025 年）的通知》中明确提出，要建立基于大数据的教师专业发展测量与评估机制，对教师精准测评、指导，实施智能化、个性化、交互性、伴随性培训。本节从大数据在教师培训课程评估中的应用价值和作用途径两方面，论述了基于大数据开展教师培训课程评估的可能性。

一、大数据在教师培训课程评估中的应用价值

随着互联网和信息技术的飞速发展，大数据、云计算等新技术为深化教师精准培训提供了有利条件，给教师培训课程评估手段革新带来了巨大机遇。充分发挥大数据技术的正向作用，探索数据循证的教师数字化发展新范式，对实施分层分类精准培训，建立教师自主发展机制具有重要意义。

---

① 杜鹃，王颖：《高校新入职教师培训课程设计及实施效果研究——基于北京理工大学的个案分析》，载《高校教育管理》，2018（4）。

　　大数据作为一个抽象概念，目前并没有统一的定义。麦肯锡公司率先提出"大数据"时代的到来，对大数据的描述突出了存储数据的规模和整理分析的能力，并认为"数据"将逐渐成为各行各业领域中重要的生产因素。不同学者对大数据及其特征也有不同的诠释。秦卫斌指出，大数据是通过采用一定处理方式最终获得的有助于人们作出科学决策的海量、多样化的信息资产，是可以进行计算分析、揭示趋势、总结关联的非常大的数据集，最重要的是有关人类行为和互动的相关数据[①]。马建光和姜巍指出了大数据的"四V"特性，即数据规模大（Volume）、数据种类多（Variety）、数据要求处理速度快（Velocity）和数据价值密度低（Value），并认为"大数据"的概念与"海量数据"不同，后者只强调数据的量，而大数据不仅用来描述大量的数据，还更进一步指出数据的复杂形式、数据的快速时间特性以及对数据的分析、处理等专业化处理，最终获得有价值信息的能力[②]。徐建华同样认为大数据并不是一个单纯描述数据数量之巨大的概念，同时意味着数据来源的多样化、数据类型的多元化，以及在数据处理与分析层面的大容量与高速度。更为重要的是大数据立足于对大量数据的深度挖掘与科学分析，寻求数据背后的隐含关系与价值，使得人们可以从基于小样本数据的推测或基于感性的偏好性选择，转向基于数据分析与理性证据的决策，可见"大数据"在本质上已经转化为一种新的思维方式、一种新的问题解决方法[③]。

　　在教师培训课程评估中，根据采用培训模型的不同，大致可划分为培训前评估、培训中评估和培训后评估三个阶段，其中通过填写评估表、问卷调查、纸笔测试等方式，了解学员、培训者和其他相关人员对于培训满意程度、反馈意见和建议，获得对培训针对性和有效性的评估结果，是教师培训课程评估中经常采用的手段。这种以问卷、测试为主要手段的评估方式，虽然能在一定程度上了解培训情况及应用效果，但相对静态，不能完全反映教师个体发展变化的情况。对于规模较大的培训活动，受到人力、物力、财力成本的限制，往往只能通过抽样方式进行培训效果评估，此种方法虽然能在条件有限的情况下，最大限度获得相对客观的评估结果，但由于样本数量有限，抽选过程中受到调查对象主观因素影响等原因，可能导致评估结果出现偏差。而在大数据时代背景下，数据收集与分析、处理与呈现技术不断改进，以及强大数据分析平台与系统的逐渐建立与完善，使教师培训课程评估手段的改进和革新成为可能。

① 秦卫斌：《大数据时代的体育教学问题研究》，载《长治学院学报》，2021（2）。
② 马建光，姜巍：《大数据的概念、特征及其应用》，载《国防科技》，2013（2）。
③ 徐建华：《大数据时代教师培训效果评价方式转型》，载《中小学教师培训》，2016（7）。

二、大数据在教师培训课程评估中的作用途径

（一）树立大数据的评估理念

评估理念是评估行动的先导，指导培训课程评估的开展和实施。大数据时代背景下，对课程评估主体提出了更高的要求，评估主体如果不能较好地运用大数据技术，所获取的评估信息和隐藏价值无法被深度挖掘和发现。因此，评估主体应在坚持以人为本的评估理念基础上，树立评估新理念。一是正确认识大数据的价值，深化对教师培训课程评估规律的认知和理解，既不能简单地以量化方式评估培训过程及教师思想情感变化，要论证分析哪些要素可以量化、哪些不能；也要摒弃评估"工具化"倾向，否则会阻碍评估价值引领功能的发挥。二是形成大数据思维，坚持发展性、过程性的评估观念，用全数据样本思维方式和大数据预测思维方式思考和解决问题，积极运用大数据思维来有效开展评估工作。

（二）搭建大数据的采集平台

大数据时代背景下的教师培训课程评估，体现了基于教师学习过程和学习成果的能力与素养的发展性评估。教师备课上课、研讨反思以及参加各类专业学习活动，都会在各类终端上留有痕迹，使基于大数据的教师培训课程评估成为可能。当大量的数据碎片被采集、汇总（即形成大数据）以后，通过大数据的"分析""预测"等功能，能够获得教师动态变化的学习需求、学习行为和学习效果的数据档案，描绘教师专业发展轨迹，构建教师成长"画像"；能够更加清晰直观地了解培训课程实施效果，为教师学习提出优化"处方"，提供有针对性的建议和指导，帮助和促进教师自我反思和自主学习，进一步扩大培训效益，实施精准培训。

培训机构可以开发专门的大数据培训课程评估系统或功能，记录教师培训课程从设计开发到组织实施的详细过程，通过更为全面的数据分析，实现评估数据来源与分析反馈结果一一对应，获取更为准确的评估结果。以国家中小学智慧教育平台为例，聚焦教师、学生、家长等各群体需求和课前、课中、课后教育教学全过程，重视教师和学生使用资源的培训和指导，建立应用激励机制和跟踪考评机制，开展常态化应用评估督导，为基础教育高质量发展提供现实路径[①]。

（三）建立大数据的评估指标

依托大数据技术，优化指标及体系是实施评估的关键步骤，可以利用数据技术选取和设计具有系统性、先进性的评估指标体系。首先，在评估指标的设计和选取方面，需

---

① 李永智：《资源为本 应用为王 做好平台共建》，载《中国教育报》，2022-3-16（4）。

要从定量和定性两个层面加以分析。在定量层面，并不是所有的评估内容都能通过大数据技术进行量化，重点关注可以量化、目标明晰、便于获取的内容指标；在定性层面，需要理论推导以及实证研究评价指标及其权重设置是否科学合理。其次，在评估指标的分析与筛选方面，应该遵循相关政策规定和要求，对各指标要素进行鉴别、筛选，体现与评价目标相关性、全面性与重点性相结合，为全面科学评估提供依据。最后，在建立评估指标体系方面，对筛选出的要素指标进行对比和总结，建立层次划分清晰、具有可操作性的指标体系。

（四）完善大数据的应用机制

大数据在为教师培训课程评估带来发展契机的同时，也需要健全完善应用机制，减少大数据带来的安全风险和隐患。首先，建立数据信息的管理利用制度，实现数据信息管理利用有规可依、有章可循。其次，加强数据信息检索、数据归纳、数据处理、数据应用等相关的培训，提升教师培训评估数据使用及管理人员的数据素养和应用能力。最后，建立数据共享制度，在市区校各个数据信息管理部门形成数据共享、共同发展的数据使用和管理办法，在信息收集和资源共享上高度配合，减少数据共享的障碍，将数据价值发挥到最大化。

大数据为教师培训提供了新视角、新理念和新方法，基于新兴技术，发挥在线平台优势，探索更高效的教师培训课程评估，有助于进一步为教师成长和教育高质量发展赋能增效。

第六章 教师培训课程管理

教师培训课程管理作为课程管理者和课程管理对象之间的桥梁和纽带，是教师培训课程建设的重要内容。教师培训课程管理主要指在课程规划设计、课程组织管理、课程实施、课程质量评价等各个环节进行管理、监控和优化，从而提升教师培训效果的综合性活动。本章主要分为三节：第一节是"教师培训课程管理体系"，主要介绍教师培训课程管理系统中的要素和主要环节；第二节是"教师培训课程管理机制"，主要从团队研发机制、流程管理机制和质量保障机制三个方面介绍教师培训课程管理环环相扣的组织与制度保障；第三节是"教师培训与自主选学"，主要介绍教师培训自主选学机制的政策背景和机制建构。

第一节 教师培训课程管理体系

课程管理，顾名思义就是对"课程"的管理。课程管理（curriculum management）是课程理论研究的重要内容之一。钟启泉（1989）是较早提出"课程管理"概念的国内学者，他在著作《现代课程论》中认为，"课程管理是学校管理的一部分，是直接规定了教学活动的管理活动，是学校管理工作中具有重要意义的工作。课程管理的核心部分是课程编制，是系统处理课程编制技法和人、物条件的相互关系，以教育目标为准绳，加以组织的一连串活动的总称。"①美国学者 Joan S. Stark（1997）认为，课程管理是在成功实施课程教学过程中，对课程的编制、协调、实施、支持、评价和改进而履行的责任和行使的权力。②

本节所说的课程管理中的"课程"不同于一般意义上的学科结构课程，专门指向教师培训课程。教师培训课程需要符合成人学习特点，因此课程既是知识也是经验，既是已有培训计划、培训目标、培训内容的整合，也是教师教学的实践、经验的提炼、研究的成果。培训课程管理是指教师培训机构有关部门或人员对课程的各个运行环节所采取的规划、指导、决策、组织、协调、评估、统筹的综合性措施，是以保障教学计划顺利进行以及促进学习者提高学习效率为目的的综合活动。它包括教师教育课程规划、设计开发与实施、组织与评价等。

---

① 钟启泉：《现代课程论》，上海，上海教育出版社，1989。
② 王伟廉：《高等学校课程管理若干问题的探讨》，载《北京大学教育评论》，2003，1（2）。

一、规划与设计

（一）课程建设发展规划是课程建设的共同愿景

课程建设是教育教学的一项基础性工作，课程建设水平的高低，将直接影响教育教学的质量及人才培养质量。为进一步深化教师培训课程改革，更加规范有序地开展教师培训课程建设工作，教师培训课程建设要从区域教师专业发展的整体情况出发，通过广泛调研、专家论证，并基于课程建设发展的现状，找准课程建设的切入点和突破点，从课程建设的目标、内容、实施、评价等课程建设诸多环节层面，制定培训课程建设发展规划，明确课程建设的目标、战略和路径等问题，规范引领教师培训课程的整体建设。教师培训课程建设的共同愿景是培训课程管理的核心和前提。

（二）课程建设发展规划设计的五个要素

教师培训课程建设发展规划需要重点考虑以下五个要素：

一是教育改革热点与趋势。课程管理者要树立全局观念与学习意识，认真学习教育发展方针与政策，对教育热点与教育趋势能够准确理解和把握，能够综合考虑区域教育发展现状，并结合本单位培训工作实际对课程建设进行整体考量。

二是培训对象的需求。课程管理者要结合课程设计的设想，通过问卷调查、个别访谈等方式，全面了解培训对象在知识、能力以及个人发展等方面的诉求，依据一定的维度对调查数据进行分析整理，形成课程设计的框架和意向，为编写培训课程建设实施方案和培训课程开发指南奠定基础。

三是教师培训课程的现状与存在的主要问题。课程管理者要对培训目标、培训内容、培训形式、培训师资以及课程评价等方面进行综合考量，对教师培训课程存在的主要问题进行深入分析，全面掌握教师培训课程存在的主要问题及现状。

四是教师教育发展趋势。课程管理者在制定课程建设规划时需要认真考虑和把握教师教育的热点问题及发展趋势，在学习科学、教师学习以及教师专业发展等方面进行深入研究，结合教育教学改革对教师专业能力提出的要求，设计出符合形势需要的教师培训课程。

五是课程开发者的意愿。美国学者 LeoH.Bradley 认为课程管理者的智慧体现在课程管理过程中而不是课程内容中。课程内容的开发是教师的职责。因而课程管理者在制定规划前应该对教师参与课程开发的态度、能力、意向有所了解，然后将每个教师的个人意愿与学校发展的具体实际、学校发展趋势与教师教育发展趋势很好地结合，设计反映学校各层面意愿的课程建设规划，形成学校课程建设的共同愿景。[1]

---

[1] 刘金华：《教师教育课程管理者的职能与作用》，载《中小学教师培训》2011（10）。

二、组织与管理

培训课程规划为课程实施提供一个蓝图,更为重要的是如何基于课程规划去落实课程,为参训教师提供更优质的适切性课程。近年来,为了满足教师培训课程的多样化需求,各教师培训机构在集中优质师资进行自主研发的基础上,也开始尝试合作开发或者购买课程资源等,丰富培训课程,建立培训课程超市。课程开发需要进行有序地组织和管理,才能保证课程建设的规范性、科学性和实效性。

(一)制订课程建设实施方案,明确课程建设思路

教师培训课程建设方案是教师培训课程建设的重要内容之一,是培训课程走向规范化的重要举措。为了加强和指导教师培训课程建设的组织与管理,提升培训效果,实现培训目标,需要制订教师培训课程建设方案,确定课程建设思路。在实施方案中明确课程开发的背景、依据、类型以及实施主体,明确课程开发与建设各方职责,确定课程开发流程和各环节具体要求,做好课程成果的梳理与总结等工作。

(二)编制培训课程开发指南,明确课程开发方向

培训课程开发指南提供了课程建设的方向和课程内容的范围,对于课程开发者而言,可以依据指南进行课程设计,确定研修形式。编制培训课程开发指南,需要以教育部《中小学教师培训课程指导标准(师德修养)》等3个文件为指导,以《教师专业标准(试行)》中对教师专业素养要求为依据,根据市区级教师培训工作意见以及培训机构教师培训课程建设实施方案,构建符合区域特点、满足教师有效需求的培训课程体系,引领教师培训课程开发,明确课程开发方向。

(三)制定课程开发相关基础文件,保证课程开发质量

课程管理者需要制定培训课程开发评价标准、课程申报书、课程说明、课程大纲模板以及文本课程编写要求等基础文件,这些文件的制定可以帮助教师在培训课程开发过程中明确课程开发的具体要求,凸显课程开发的基础性、科学性和规范性,使开发者在进行课程开发申报、审批、审核中有所遵循,规范操作,从而统一规范课程开发整个流程,保证课程开发的质量。

三、培训课程实施

课程实施是课程管理的关键环节,实施过程同样需要规划和管理。为提高教师培训的针对性和实效性,保障培训课程质量,需要建立健全课程申报评审流程,不断优化课程管理机制,通常一门课程的实施需要经过三个阶段。

（一）开发阶段的文本审核

一般来说，一门课程实施前首先需要下发课程开发通知，参加课程开发的教师要依据课程开发指南和课程开发具体要求进行文本填报。其次，课程建设领导小组组织人员对所有文本进行初筛，在逐层审核之后进入第二阶段——课程论证阶段。课程论证将邀请专家进行现场论证，通过教师陈述、专家问答以及提出建议等环节衡量开发者关于本门课程开发的必要性、科学性和创新性。再次，通过课程论证的教师，如果需要在下一学期组班开设该门课程，需要提前向相关教学教务管理部门上报相关信息，通过审核后可以面向全区教师开设相关课程。至此，课程开发工作基本结束，转入课程组班实施阶段。

（二）组班论证阶段的效果审核

课程实施需要教学教务管理部门提前发布教师培训组班信息、招生工作信息。一般来说，培训教师需要按照招生要求，提前准备组班论证材料，填写"开班申请表"。开班申请表内容涵盖培训性质、培训类别、申请人及单位、招生方式、班级名称、学科、预设班主任、学时、学分、招生对象、资料费、课程说明、培训目标和考核方式、本班每门课程教师任课情况、培训内容安排、活动方式等。如果是新课程第一次开班，班主任则需要提交组班论证材料，例如4课时PPT、4课时教学设计、开班申请表、意识形态承诺书等，教学教务管理部门组织专家对教师提交的组班论证材料进行审核。所有组班申请通常需要经过教学教务管理部门、主管领导、分管校级领导以及区继续教育办公室审批。课程建设领导小组将对备课资源进行审核，审核通过方可进行招生组班，组织授课。

（三）课程实施阶段的监控管理

招生工作完成后，授课教师将进入课程正式实施阶段。课程管理部门通常要进行培训质量监控管理，主要是按照培训要求做好过程管理，对培训计划的实施情况、培训方案的调整、学员考勤、课程与教学活动、学习任务完成情况、实践环节等的执行和落实情况进行监控，根据发现的问题及时改进和完善。在课程结束后，教学教务管理部门会对课程质量进行匿名测评，并做好培训后的跟进与追踪。

四、培训课程质量评价

为加强教师培训课程质量管理，课程管理者需要构建科学合理的教师培训课程质量评估指标体系。在培训课程实施后，要对培训课程进行质量评价，即对课程全过程进行总结，重点分析培训目标达成度、学员满意度和需要改进的地方。

（一）培训课程质量评价指标

课程管理者依据课程实施标准，通过教学观察、问卷调查、个别访谈等多种形式，对课程内容与实施方式、课程组织与管理、课程资源与学习环境、培训者教学表现等进行综合考量，主要以课程质量为评价对象，评价内容包含课程目标、课程内容、学习资源、教学策略、教学活动、学习状态、学习者内容掌握程度、学习者满意度、学习者所在学校满意度、课程管理及课程评价等指标，在此基础上对各项指标进行内涵梳理与界定，形成评价要点。在了解课程实施情况基础上，运用专业的课程知识和数据材料分析每一门课程，将开发评价结果和实施结果综合起来进行质化和量化的评价。

（二）培训课程质量评价流程

为提高培训课程质量评估的准确性，可以适时采用自我评价、同行评价、专家评价、社会评价和教师评价等多维度、多主体参与的评价方式，适时引入社会专业评价机构等第三方协同评价，组建独立的评估小组，开展以课程建构、教学实施、即时效果以及行为变化为主要内容的全程跟踪评价。评价采取定性与定量相结合、即时与后续评价相结合、过程性考核与终结性考核相结合的方式。既要对教师培训预期目标达成度进行评价，又要注重对教师培训前后改进程度的评价。评价结束后，培训管理者需要及时提出改进意见和建议，及时调整课程内容，完善培训课程，保障培训课程的有效性。

教师培训机构课程管理者应该始终保持学习热情，树立研究与反思意识，对学校课程建设各个环节保持清醒认识：一是要及时了解掌握国家课程改革以及教师培训的最新政策和要求，并能够结合区域特点和教师专业发展要求不断丰富、拓展和完善教师培训课程思想和内容；二是要通过对课程开发、实施过程的监管，反思自身课程管理工作存在的不足，逐步规范和完善学校课程管理制度、流程，提高课程管理的有效性；三是要结合自身工作实际对课程管理工作开展研究，不断深化对课程管理工作的认识与理解，提升课程管理的科学性；四是要结合形势政策变化，不断动态调整、优化与完善课程内容，创新培训课程形式，建立起与各类培训相配套、结构完整、种类齐全、层次多样、满足需求、特色鲜明的教师培训课程体系。

第二节　教师培训课程管理机制

教师培训课程管理侧重于对教师培训课程各环节的管理内容，而教师培训课程管理机制是课程管理过程中各要素有机组合共同发挥作用的过程和方式，关注的是培训课程的整个运作流程是否顺畅合理，是课程能否高质量实施的重要保障。教师培训课程管理机制主要有团队研发机制、流程管理机制和培训课程质量保障机制等。

一、团队研发机制

（一）课程研发系统设计

教师培训课程研发是理论逻辑与实践逻辑的统一，需要进行科学性、系统性的设计。主要需要从以下三个方面进行综合考虑：第一，能够对党和国家对教育事业发展布局进行专业分析，增强对新时代中国特色社会主义教育发展方向、道路、方针、原则等一系列根本性问题的认识，深化对社会主义建设规律、教育发展规律、人才培养规律的认识；第二，能够把握教师队伍建设的总体方向，对高素质专业化创新型教师队伍建设的整体要求有深刻理解与认识，能够遵循教育规律和教师成长发展规律，促进教师专业发展与终身学习；第三，能够对接教师培训的组织需求、岗位需求与个人需求，依据上情——国家大政方针、下情——区域教育现状、学情——教师培训需求，立足教师岗位要求与区域师资专业发展现状，明确课程研发的总体方向。

（二）课程研发制度建设

课程研发是一个系统工程，犹如一个大的集成网络，与之对应的制度框架也应该被囊括其中。一般来说，课程研发制度需要基于整体思维进行顶层设计，是能够建立一整套与教师培训目标相匹配，适应内、外环境条件，并且易操作、可实施的制度，进而将制度优势转化为研发效能。例如，培训课程研发标准、培训课程研发论证机制以及课程组班论证机制、课程研发效果评估和反馈机制等。

（三）课程研发团队建设

一支结构合理、专业化且多元化的团队能够满足课程研发的多样化需求。不同领域、不同层面的团队成员，按各自视角和认知方式展开交流，通过相互借鉴、相互补充，可以在一定程度上决定课程研发的引领性功能。有效课程研发需要构建合作机制，形成课程开发的合力。第一，可以由教师培训机构课程研发部门牵头，协调、动员社会资源特别是市、区的相关力量支持教师培训机构的课程研发；第二，由教师培训机构组织成立课程研发项目小组，整合科研与课程研究部门、教学教务管理部门、学科教师三方面的力量，组成课程研发的专职队伍；第三，充分调动学员积极性，以"学员即资源"探索建立学员参与课程研发的合作机制，也可以吸收学员成为课程研发项目小组的成员；第四，适当采用外包或者招标的方式，充分利用高校和其他培训机构的优质培训资源开展课程研发。

二、流程管理机制

（一）教师培训课程需求调研机制

课程研发需求调研是课程研发的起点，基于调研基础上的培训需求分析是确定教师培训课程目标和培训内容的重要参考，是用以判断组织和个人是否需要培训和需要哪些培训的重要依据。培训需求分析可以在三个层面上展开。一是微观层面分析。主要是对教师进行个体分析，确定其接受哪种层次、哪种类型的培训及培训内容，在专业成长中面临哪些问题与困惑。二是中观层面分析。主要是对教师培训机构课程开发及实施现状进行调研，对培训课程目标、课程内容、课程资源、课程文化、课程评价等因素进行分析，找出目前培训课程存在的主要问题。三是宏观层面分析。主要是从教育改革和课程改革发展趋势的高度进行培训需求未来预测分析，着眼于教师未来发展需求，进而提出战略性、前瞻性的培训课程设计方案[1]。通过对学员基本信息和课程需求信息的调研，分析和提炼出有价值的培训需求，既可以帮助课程研发者了解学员的共性需求，也可以了解到个性化需求，明确课程目标，从而确保培训的有的放矢。

（二）教师培训课程实施保障机制

教师培训机构根据教育部《中小学教师培训课程指导标准（师德修养）》等 3 个文件和本单位培训课程开发指南，基于区域教师专业发展需求和现状，确定培训目标。课程管理部门和教学教务管理部门负责组织培训课程开发，围绕培训主题和专题内容为教师选择或开发适切的课程资源，统筹培训实施工作，制定培训流程，编制培训手册，组织教师为参训学员提供科学性、针对性、时代性的教学课件、授课大纲、任务设计及学习资料等。同时，利用网络研修平台提供系统化的培训课程资源，确保学员网络学习的丰富性、稳定性和流畅性；选配一支数量足够、业务精湛的管理和辅导队伍，确保对培训学习进行有效管理，并提供必要的在线辅导；组建一支稳定、素质互补且学有专长的课程开发团队，发掘整理培训过程中的生成性成果，注重参训学员培训成果总结和提炼，以便根据学员的反馈和教育形势的变化，定期调整、更新与拓展培训课程资源。

（三）教师培训课程资源保障机制

丰富的高质量课程资源能够为教师的培训课程开发提供更为广阔的空间。因此，培训教师要学会识别资源、获取资源、利用资源、开发资源和积累资源。教师应具有强烈的课程资源意识和开发利用课程资源的技能，特别是积累和利用课程实施过程中动态生成的资源的能力。同时，师资资源库、实践教学基地、成果转化平台等培训资源是课程研发的重要支撑，课程资源系统应与课程研发系统形成精准对接与同步开发。构建类型多样、衔接

---

[1] 赵凤平：《课程体系建设：教师教育的重要环节》，载《中小学教师培训》，2012（8）。

紧密、更新及时、应用适当的高质量培训资源对于课程研发具有重要意义。

上海市教师教育学院以数字化转型为基础，着力打造市、区、校合作，教、科、研、训一体化实施的上海教师学习体系与资源体系，建立推动教师专业发展和终身学习的支撑和服务体系，从而实现优势资源共享，发挥资源最大效益，形成高质量培训资源的流动与整合常态，提高资源利用效率。

三、培训课程质量保障机制

教师培训机构需要研制教师培训课程指导标准和教师培训课程评价标准来提升教师培训课程质量。通过建立质量保障机制来检查课程目标、编订和实施是否实现了培训目标，实现程度如何，以此判定课程设计的效果，并作出改进课程的决策。

（一）课程实施监控机制

通过开展课程实施前测、课程实施中评价、课程实施后评价对课程质量进行全过程监控。例如培训课程设计、课程教学质量、教学过程管理、培训课程效果、培训保障以及总体效果等内容。浙江省教育厅于2018年启用"浙江省教师培训质量监控管理平台"，及时掌握相关数据，分析、研判培训质量现状，充分利用信息化手段实现培训质量监控的常态化、即时化、精准化，确保教师培训高水平实施。

（二）课程质量评估机制

培训课程质量评估机制可以采取参训教师评估、自我评估、学术委员会评估、第三方评估等相结合的评估方法，从不同的角度对教师培训的质量进行价值判断和分析培训中存在的问题，检验所设置课程和所研发课程是否达成了培训内容的科学性、教育性、指导性、生成性，同时检验评价标准的实用性、信度和效度[1]。

课程管理者可以在此基础上对课程进行管理，并对后期的课程评价提供参考，以及为下一轮培训的课程设置提供依据。

第三节　教师培训与自主选学

自主选学是中小学教师培训改革的应然选择，其符合教师专业发展特点，是破解当前教师培训困境的有效路径。本节首先明确自主选学的内涵与政策背景，随后探讨自主选学机制的建立与资源平台建设，最后阐述各地关于自主选学的实践探索，以便为深化精准培训改革提供实践参考。

---

① 杨建英：《区本干部教师培训课程研发的思考与实践》，载《教师博览》，2020（11）。

一、自主选学的内涵与政策背景

（一）自主选学的内涵

自主选学是创新教师培训机制和方式方法的一种探索和尝试。参训教师根据学校需求、岗位需求和个人发展需求自主选择培训机构、培训内容、培训形式、培训主题、培训时间等。或者教育培训部门统筹协调个性化推送培训内容，这是一种形式多样、时间灵活的参训模式，其既区别于传统的自上而下的指令性培训，也不完全等同于自主性教师专业发展，而是介于两者之间，既强调借助于外力，突出政府、培训机构及学校在教师专业发展中的支持，又强调根植于教师自身需求，注重发挥教师的主体自主性。在中小学教师培训中推行自主选学具有重要的现实意蕴①。

自主选学是一项"需求导向"的制度改革，在充分尊重教师专业发展的多样化和个性化需求基础上，把学习主动权还给教师，使教师在专业成长的自主规划中，主动思考"学什么、怎么学、何时学、在哪学"等问题，积极调动教师的参训动力和学习主动性，实现由"因工作没时间学"转向"有计划选时间学"，以此来缓解"工学矛盾"的压力，有针对性地参加培训，切实提高培训效率②。

目前，自主选学已经在江苏、浙江、重庆等地试行，已经获得比较好的经验和实践模式。研究表明，自主选学有助于增强教师的培训意识，提高教师参训的主动性，提升教师培训的满意度和工作绩效③。

（二）自主选学的政策背景

中小学教师继续教育有着一套完整而又成熟的教师培训制度和体系，通过设立教育学院、教师进修学校等机构专门培训在职教师。2010年，我国开始全面实施"中小学幼儿园教师国家级培训计划"（简称"国培计划"），地方则启动省（自治区、直辖市）级、市级和区县级骨干教师培训，至此我国的中小学幼儿园教师培训实现了"全覆盖"，在体制机制和经费支持上得到了切实的保障。

2011年初，教育部印发《教育部关于大力加强中小学教师培训工作的意见》，对中小学教师全员培训工作作出了总体部署和安排，要求"努力改进培训方式方法""鼓励教师自主选学"④。这是国家教育主管部门首次对自主选学培训提出明确要求。

---

① 徐建华：《中小学教师培训自主选学的浙江实践及推进路径》，载《中国教育学刊》，2023（7）。
② 蒋红：《教师培训自主选学的大数据分析与思考》，载《中小学教师培训》，2017（10）。
③ 宋宁宁：《浙江省中小学教师自主选择式培训调研及建议》，载《浙江外国语学院学报》，2017（3）。
④ 教育部：《教育部关于大力加强中小学教师培训工作的意见》，http://www.moe.gov.cn/srcsite/A10/s7034/201101/t20110104_146073.html.

2013 年 5 月教育部出台《教育部关于深化中小学教师培训模式改革全面提升培训质量的指导意见》指出，省级教育行政部门要探索建立教师自主选学机制，建设"菜单式、自主性、开放式"的选学服务平台，为教师创造自主选择培训内容、时间、途径和机构的机会，满足教师个性化需求①。

2016 年教育部下发《教育部关于大力推行中小学教师培训学分管理的指导意见》指出教师培训中存在的一些问题，如"重项目设计、轻整体规划，重统一培训、轻教师选学，重短期学习、轻持续提升"等，同时提出"各地要以大力推行教师培训学分管理为抓手，着力构建培训学分标准体系，科学规划培训课程"，并把"积极推行教师培训选学"作为解决这些问题的一项具体策略提出来②。

2018 年 1 月，中共中央、国务院印发《中共中央　国务院关于全面深化新时代教师队伍建设改革的意见》，要求"推进教师培养供给侧结构性改革""转变培训方式，推动信息技术与教师培训的有机融合，实行线上线下相结合的混合式研修……推行培训自主选学，实行培训学分管理，建立培训学分银行，搭建教师培训与学历教育衔接的'立交桥'"③。

2019 年 3 月，教育部教师工作司印发《教育部教师工作司关于组织 2019 年"国培计划"示范项目申报工作的通知》，在"国培计划"示范性项目中设立教师自主选学试点项目，鼓励地方培训机构进行申报并开展试点实验④。

2021 年 5 月，教育部、财政部发布的《教育部　财政部关于实施中小学幼儿园教师国家级培训计划（2021—2025 年）的通知》中强调，要开展教师自主选学试点，根据教师专业发展不同阶段制定个性化、周期性的发展规划，建设选学服务平台，教师自主选择培训项目，探索教师自主发展机制⑤。

2022 年 4 月，教育部等八部门印发的《新时代基础教育强师计划》中再次强调要优化培训内容、打造高水平课程资源，建立完善自主选学机制。此外，中共北京市教育工作委员会等十部门于 2022 年 12 月份印发的《北京市新时代基础教育强师计划实施方案》中也

---

① 教育部：《教育部关于深化中小学教师培训模式改革全面提升培训质量的指导意见》，http://www.moe.gov.cn / srcsite/A10/s7034/201305/t20130508_151910.html。
② 教育部：《教育部关于大力推行中小学教师培训学分管理的指导意见》，http://www.moe.gov.cn / srcsite / A10 / s7034 /201612 / t20161229_293348.html。
③ 新华社：《中共中央　国务院关于全面深化新时代教师队伍建设改革的意见》，http: / / www.gov.cn / zhengce /2018-01 / 31 / content_5262659.htm。
④ 教育部：《教育部教师工作司关于组织 2019 年"国培计划"示范项目申报工作的通知》，https://cce.cqnu.edu.cn/info/1078/3799.htm。
⑤ 教育部：《财政部关于实施中小学幼儿园教师国家级培训计划（2021—2025 年）的通知》，http://www.moe.gov.cn /srcsite /A10/s7034/202105/t20210519_532221.html。

强调，要"优化培训内容、打造高水平课程资源，建立完善自主选学机制和精准帮扶机制，创新线上线下混合式研修模式，提升中小学教师的信息技术应用能力和科学素养。"

从上述系列政策文件的表述看，教师自主选学是未来教师培训改革的重要方向。根据国家关于自主选学的政策要求，各地开展了有益的实践探索并积累了一定的经验。随着教育数字化转型的推进，自主选学在形式、内容、评价等方面将得到进一步完善，运用人工智能提高自主选学精准度，注重过程监测、改进自主选学效果评价等方面仍待继续探索。

二、自主选学机制的建立

（一）建立培训需求调研制度，按需设计培训项目和专题

教师选学内容和课程专题的设计，将教师的学习需求调研作为出发点和第一步。教师培训机构应全面了解参训者需要哪些方面的培训，差异性的培训需要以何种方式满足，如何论证这些需求的合理性和必要性，用什么样的制度去保护和满足参训教师的正当诉求，等等。[①]例如，通过问卷调查、走访座谈等多种方式，全面了解和掌握教师的学习需求。根据调研结果，深入分析教师工作岗位需求、个人成长需求，并结合教育发展要求，将广大教师最希望了解的知识、技能与工作领域中迫切需要解决的问题整合起来，纳入自主选学拟开设的专题目录，经有关方面专家综合论证、修改完善后，形成自主选学"专题菜单"，供广大教师选择。

（二）依据教师专业标准和培训课程指导标准，建立课程研发制度

"自主"选学不是"自由"选学，"自主"并不意味着完全放手不管，而是要对自主选择的内容与资源进行有效的调控并加以积极引导。

2012年，教育部颁布《幼儿园教师专业标准（试行）》《小学教师专业标准（试行）》和《中学教师专业标准（试行）》，提出了基本的教师专业素养结构，即专业理念与师德、专业知识、专业能力三大领域，促进教师在这三大领域的发展就是教师培训的共性问题。

2020年，教育部印发《中小学教师培训课程指导标准（师德修养）》《中小学教师培训课程指导标准（班级管理）》《中小学教师培训课程指导标准（专业发展）》，这为培训课程研发提供了指导。自主选择的培训内容可以依托项目也可以依据课程。参训教师在提供的课程资源中一方面根据个人的需求选择，另一方面还要根据组织需求和岗位需求来选择。为此，在课程选择方式上可以采用必修和选修相结合的方式。一方面根据国家政策要求，

---

① 骆亮，任春亮：《自主选学模式促进教师培训机构变革：机遇与挑战》，载《黑河学刊》，2021（6）。

从组织需要和岗位需要角度确定必修学习内容，根据必修主题设计多门类课程模块和不同专家授课资源，以便为教师提供多种选择机会。另一方面，为了便于选学的推进，一般可以同时采用学分制，规定在一周期（一般为 5 年）或一学年内学员培训的必修课程学分和选修课程学分，便于教师统筹规划好自己培训的课程。

（三）依据"满足个性化、多样化需求"原则渐进式推进选课

为了满足教师个性化的培训需求和灵活多样的学习方式，培训课程的自主选学从易到难可以通过三种方式来实现。

第一种是依托培训项目。不同项目下设不同课程，培训课程的研发需要进行模块化设计，这在一定程度上能够满足学员选择课程的机会，操作层面也比较容易实现，但是存在的问题是项目中所设计的课程并不能完全匹配学员需求。

第二种仍以项目方式进行，但在项目内会有序呈现不同的培训主题，形成丰富的"培训课程库"，在表现形式上"菜单化"，从而帮助参训教师自主选择。有些课程一起学习，有些课程分开来学，整个培训有分有合，教师可以根据个人需要在不同课程菜单中进行选择。

第三种方式是根据学员自主选择的课程来组班，按照课程走班制的方式来进行培训。这种方式主题鲜明、分类合理、课程门类丰富、可选择性强，这将弱化传统的培训班级，最大程度满足学员的个性化、多样化学习需求。

（四）引导教师做好生涯规划和自我发展诊断，对自主选学进行指导

自主选学很大程度上依赖教师对于自身专业成长的审视与判断。教师在参与自主选学的过程中，应该对自身专业发展有所认识，明确职业发展的方向和目标，以自主选学为基础，提升个人自由选学的能力，从而实现教师专业能力和自身素质的高效发展。然而，有些教师并不清楚自身专业成长上存在哪些瓶颈、需要什么样的帮助，因此无法客观理性地基于自身真实需求去进行自我选学。教师的专业成长需要教师做好教师职业生涯发展规划。

教师的生涯规划是教师基于自己的职业经验和专业技能，根据所处的生涯发展阶段，结合遇到的困惑和问题而提出的目标设计与行动纲领，为教师指明前进方向。生涯规划的制订其实就是一个自我诊断和自我定位的过程，它可以帮助一线教师更加清晰地认识自己。其基本做法就是先进行个人现状分析，可以结合 SWOT 这一分析框架将个人发展情境进行详细分析，进而提出专业发展的总体目标和不同工作领域的具体目标，结合这些目标提出具体措施和实现目标的途径和手段。结合教师的生涯规划，培训机构和培训教师需要对教师的自主选学活动进行指导。通过指导让教师们理解持续专业发展的意义，以及如何根据自己的发展需求选择培训主题。[1]

---

[1] 宋时春：《中小学教师自主选学培训模型的建构与应用》，载《教师发展研究》，2021（2）。

（五）建立信息发布和选学申报制度，落实和保障教师的学习选择权

及时发布可供选学的信息并统筹整理选学结果，方便广大教师实时了解各类专题设置和课程安排。各类教师教育培训机构把年度自主选学开设的各类专题和班次项目，统一编制成为"选学菜单"。选学菜单可以是多样的，如由教育学、心理学、教学法等组成新任教师菜单，由不同学科相关内容组成的学科菜单，由教学基地考察、现场观摩等组成体验菜单，等等。

此外，还要让参训教师知道自主选学的基本要求，如选课的基本规则、学分赋值的要求和学分结构、菜单式课程的主题、学分分布情况、学习时间的分配、学习方法的选择、网络平台的使用、基本的技术操作等。确定选学菜单后，尽早地公开发布相关信息，供教师了解掌握和自主选择。培训管理部门、培训机构等相关各方通力合作，帮助所有教师能选上、学上自己期待的课程。

（六）建立专题授课制度，精心实施培训项目和课程

按照不同专题构建班次，开授课程，突出自主选学按需培训、按专题培训的特色，同时降低培训成本，提高培训效益。例如，根据教师选学时间和人数，每一个自主选学专题相应开设若干期培训班；每期培训班由占适当比例的教育专家、优秀学者和实践能手组成培训团队，围绕需求进行一段时间的集中型或分段型的授课。

为解决一次培训时间过长就会对工作或生活影响大的问题，可以缩短单次培训时间，开设有一定时间间隔的平行培训班和平行培训课，便于教师根据自身的工作安排灵活选择班次。在培训过程中，综合运用讲授式、研究式、案例式、模拟式等现代教学方法，增强自主选学课程教学的灵活性、吸引力和实际效果。

（七）建立考核和反馈制度，评估反映培训质量

自主选学辐射范围广、环节多、要求严，对于培训效果考核的要求更高，这需要课程管理者在过程管理中更加精细与规范，建立相应的考核和反馈制度，评估和反映培训的质量，保障自主选学培训顺利实施。

例如，探索制订符合自主选学特点的参训教师管理考核规定，将教师自主选学情况纳入已建立的教师培训学时学分考评制度范围，以学时学分为计量单位实施考评，考评结果纳入教师培训档案。

教育行政部门、培训机构、网络平台、中小学校均是自主选学的关键节点，要明确各自职责，加强四方协同联动，打通选学各个节点，闭合管理督导回路，真正构建起行政推动、区域联动、全区发展、整校跟进、平台支撑、学分认定的工作新格局，实现顶层设计、目标定位、方案发布、自主选项、学习督导、资源推送、过程监控、考核评价、实践应用

的一体化运行，从而最大限度地调动各方积极性，多维度加强管理与指导力量，形成助推教师选学的强大合力，解决区域教育改革难题[①]。

三、自主选学资源平台建设

信息技术、人工智能以及移动互联网的发展打破了传统教师培训的管理瓶颈，指引着系统化、个性化、精准化的教师培训新风向。特别是线上与线下、真实与虚拟结合的学习方式得以实现，面向每个人、适合每个人的教育正逐步得到探索，加上知识门类激增、更新周期缩短，教师获取知识的方式因人工智能的发展变得更加多元化，这为教师实现自主选学提供了更多、更广阔的空间。[②]随着教育信息技术的不断发展，自主选学的资源平台建设也在日益丰富和完善，在不断满足教师越来越个性化与精细化的培训需求时，极大激发了教师们的学习意愿与学习自主性。

（一）资源平台建设方向

1. 数字化与智能化转型

通过大数据和人工智能等技术，为教师提供基于工作场景的伴随式自主选学服务，进而实现大数据驱动的大规模因材施教。关注人技和谐合力，在运用智能技术解放人的同时，最大限度激发释放人的智慧，让平台成为孕育智慧的沃土。

2. 从资源服务向学习服务转型

平台定位逐步从资源服务向学习服务转变。数据要素资源要想用活、用出成效，就必须坚持用户视角、关注用户体验、注重学习情境、关心学习效果，为用户提供优质、高效、个性化的学习服务是平台做大做强、做出成效的战略基础。[③]

3. 教师成为平台资源建设和学习服务的主体

平台资源建设需要根据教师的学习需求开发汇聚教学资源，而且需要根据育人要求、政策导向和教师专业成长分析来培养和创造需求。同时，也需要通过引导教师开发和提供优质资源成为平台资源建设的中坚力量，确保资源建设与教师自主学习形成闭环，不断迭代更新，实现可持续发展。

（二）资源平台建设案例

国家智慧教育公共服务平台正是在这一背景下，于 2022 年 3 月 28 日正式上线，成为

① 杨波，张建华：《混合式自主选学：教师培训的新选择》，载《重庆广播电视大学学报》，2021（6）。
② 徐建华：《中小学教师培训自主选学的浙江实践及推进路径》，载《中国教育学刊》，2023（7）。
③ 李永智：《资源为本 应用为王 做好平台共建》，载《中国教育报》，2022 年 03 月 16 日第 4 版。

新一代智能化教师研修平台，为教师自主选学提供了"人人皆学、处处能学、时时可学"的"一站式"服务。

首先，从应用场景来看，国家智慧教育公共服务平台提供自主学习、教师备课、双师课堂、作业活动、答疑辅导、课后服务、教师研修、家校交流、区域管理等九大应用场景，支持手机、电脑登录访问学习。

其次，从平台建设来看，教师研修可以使用平台工具和平台资源开展集体备课、学科教研、培训交流、专家指导、名师引领、课题研究等教研活动。

再次，从资源建设来看，教师研修包括师德师风、通识研修、学科研修、作业命题、幼教研修、特教研修、国培示范、院士讲堂、名师名校长九大栏目。教师可以选择相关栏目、相关课程内容进行自主学习。国家智慧教育公共服务平台建设推动了数字教育资源共建共享、互联互通，实现优秀教师智力资源的线上流转，扩大优质培训资源的影响范围，让教师自主选学更加普惠、便捷与高效。

由北京教育学院、北京市教师发展中心主办的北京市教师学习网是面向全市中小幼干部教师，集课程资源、大数据管理和技术支持服务于一体的研修学习平台。这个平台以"构建首都基础教育干部教师学习新生态"为目标，共有八个功能模块，分别为中小学教师培训公共必修课、市级培训、国培计划、委托合作培训、援助培训、学院内训、学历教育和直播动态。该平台既可为北京市的干部教师提供理念新颖、内容丰富、实用便捷的优质课程资源，又创设教育同行相互交流、研讨的环境，为教师提供个性化的学习支持，满足了教师自主选学的需要。此外，北京市各区也都有符合自己区域特点的自主研修平台，像北京市朝阳区教育系统干部教师学习服务平台等。

四、自主选学的实践探索

自主选学的培训机制，是一种体现"尊重人、服务人、提高人"的现代培训理念，突出受训者的主体地位，保证和落实由受训者作出学习选择的培训机制。[1]开展教师自主选学试点，探索教师自主发展机制是当前教师培训改革的重要方面。近年来，多地在探索自主选学机制过程中，取得了比较明显的成效。

（一）重庆市"1431"自主选学培训模式[2]

2019年，重庆市教研部门联合全国中小学教师继续教育网申报并承担了"自主选学培

---

[1] 中共浙江省委组织部：《发挥资源优势 推进干部自主选学改革创新》，载《党建研究》，2009（8）。
[2] 田伟、陈元新：《国培案例：教师自主选学培训的探索与实践》，http://cqjy.edu.china.com.cn/2020-11/11/content_41355951.htm。

训制度建设"国培示范性综合改革项目，随即在重庆市南岸区和石柱县开展了教师自主选学培训试点工作，经过一段时间的努力，探索出了"一建、二选、三培、四评"选学流程，构建了"1431"自主选学培训模式，获得了比较完整的"基于个性化学习的教师自主选学培训探索与实践"的案例成果，给出了重庆教师培训自主选学模式（图6-1）。

"一建"指区县搭建自主选学培训网络平台。根据试点区县培训计划及教师培训需求，分层分类拟定一系列培训主题，由相关培训专家细化培训内容，搭建自主选学平台。

"二选"指教师选择培训主题。平台搭建完成后，由区县发布选学报名通知，教师登录自主选学平台，根据自身发展需求选择培训项目，填写报名信息完成报名。

"三培"指专业机构开展培训。区县教师发展机构和网络培训机构根据教师选学主题，采用线下线上相结合的方式组织开展培训。

"四评"指教育部门评价培训绩效。区县教育部门组织相关专家对学员自主学习情况和效果进行评价考核，经考核合格后认定参培学时，折算学分，存入培训学分银行。

"1431"自主选学培训模式强调学员主动参与，重在专家精准指导，培训主要分为四个阶段。第一阶段集中研修1天。主要内容为方案解读、通识培训和学习团队建设。第二阶段网络研修40学时。网络研修内容由相关学科专家定制，实行必修课程与选修课程相结合，在学科专家指导下，学员通过网络进行自主学习和交流研讨。第三阶段分学科线下实践研讨3天。在网络研修的基础上，由学科专家组织开展学科实践研讨，将网络研修成果应用于教育教学实践。第四阶段总结提升1天。参训教师梳理总结学习收获，集中展示学习成果，制定下一步专业发展和研修计划。

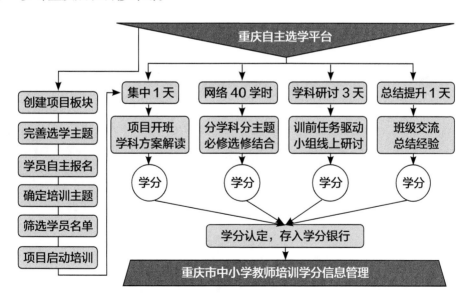

图6-1 重庆市自主选学模式

（二）基于自主选学的长春市中小学教师继续教育学习与管理平台构建[①]

长春市将自主学习与选择学习相关理论引入中小学教师培训，不断优化在线自主选学实施路径，建构了中小学教师全员培训在线自主选学模式。

1.PC 端功能设计

长春市中小学教师继续教育学习与管理平台 PC 端包括个人中心和后台管理两大部分，个人中心（图 6-2）具有个人信息管理、接收信息、在线选课、在线学习、学分查询、学分申报、学分申诉、个人空间等功能；后台管理（图 6-3）具有信息管理、帮助中心、培训管理、学分申报管理、学分申诉管理、注册审核管理、基础数据管理、数据统计、微信后台管理、系统管理等模块。其中个人中心主要实现教师报名登录系统、观看课程视频、完成在线作业、参与讨论互动等一系列在线学习活动。后台管理平台主要完成教师参与培训的过程管理、课程资源库管理、培训相关信息管理、数据统计管理等功能。

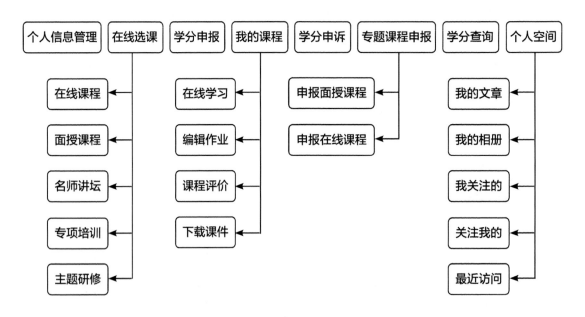

图 6-2　长春市中小学教师继续教育学习与管理平台之"个人中心"设计框架

---

① 李丹，周士玲，金鹏：《基于自主选学的长春市中小学教师继续教育学习与管理平台构建研究》，载《长春教育学院学报》，2022（6）。

图 6-3 长春市中小学教师继续教育学习与管理平台之"后台管理"设计框架

2. 移动端功能设计

平台移动端基于当下流行的微信公众平台，使用常用的开发软件工具实现。平台主要面向长春市中小学教师，用于培训学习，营销推广需求不强，公众号能够支撑所需实现的功能需求，有效节省成本和开发时间，同时能够满足用户的使用需求和使用体验。

平台移动端设计的目标是只要用户会使用微信，就可以进行日常培训信息管理的工作处理，包括用户个人信息管理以及待办事项提醒；能够及时了解最新的通知公告及政策法规；满足培训业务的报名、在线视频学习、扫码考勤、提交作业、评价课程、学分查询等需求。

移动端平台同时满足信息管理、培训学习的业务要求，以及满足参培教师和系统其他角色用户的使用需求（图6-4）。

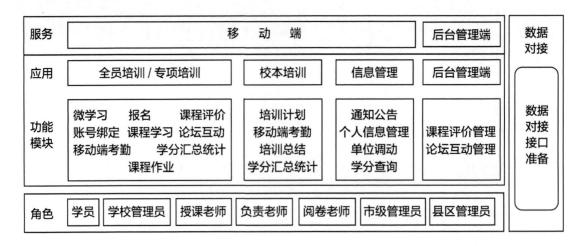

图 6-4　长春市中小学教师继续教育学习与管理平台之"移动端"功能框架

（三）"7+5+X"干部培训自主选学模式探索

北京教育学院朝阳分院干部培训中心根据干部成长需要及培训要求，对校级干部培训的课程进行了深入研究，基于课题研究基础上，构建了以"7+5+X"的课程模块为核心的校级干部培训自主选学模式（表6-1）。

北京市朝阳区校级干部培训"7+5+X"课程从类型上分为基础必修、专业选修和自主研修三种类型。

基础必修凸显共性学习需求，专业选修凸显个体化学习需求，自主研修凸显自主性学习需求，充分体现培训的灵活性，一定程度上给予干部更多的学习自主权。基础必修模块中传统文化、法律法规和国际素养等模块内容重在培养干部的文化领导力和变革领导力，旨在夯实校级干部专业基础，目标指向校级干部岗位胜任能力提升，既有书记又有校长专业化内容，体现发展性。

专业选修模块中关于校长专业标准的五个维度重在关注领导力的实践要素，旨在满足干部的个性化和差异化学习需求，目标指向干部自身的学习诊断及专业发展意识的觉醒，体现针对性。

自主研修 X 模块重在体现干部个体的自主学习意愿与专业发展成果，旨在激发干部自主学习意愿，目标指向干部专业发展的自我规划能力提升，体现自主性。课程实施上以任务驱动为主，以解决实际问题为核心，体现培训的参与性。课程评价引入学分互认机制，拓宽干部的专业发展途径，体现培训的开放性。

课程所呈现出的优势和特色让学员们获得了与众不同的学习体验。特别是自主研修主要是基于干部自主研学能力、综合素养及学术能力提升的拓展类培训课程。这部分课程根据干部自修自学情况进行学分认证。干部参加的其他区级及以上培训机构的培训活动、自主研发的区级层面课程和课题以及区级以上的学术成果可按照要求认证相应学分。通过鼓励学员自主研修实现学分互认，倡导多样化的学习方式，满足干部多样化的学习和发展需要，能够避免重复培训，减轻学员负担，体现了干部培训的开放性，有利于激发学员的学习动机，有利于拓宽学员专业发展途径，为学员参加多种形式的继续教育创造了条件。

表 6-1　北京市朝阳区教育系统校级干部培训课程

课程类型	基础必修（7个模块）	专业选修（5个模块）	自主研修（X个模块）
课程模块	1.传统文化 2.教育科研 3.法律法规 4.党风廉政建设 5.基层党组织建设 6.学校管理实践 7.国际素养提升	1.学校规划与治理 2.学校课程建设 3.学校文化建设 4.教师队伍建设 5.学校环境调试	自主研修与自我提升的培训、课程研发、课题及科研论文等，赋予相应分值； 1.综合素养自主提升 培训期间自主参加相关类型培训给予相应学分认定。参加区级以上其他培训活动获结业证书。 2.学员自主研发主题 培训期间相关活动及学术成果给予学分认定。 （1）区级以上课程研发按照主要研发人和参与研发人给予不同分值赋分； （2）公开出版各级各类专著和书籍，按照独立作者、主编、副主编和参编等给予不同分值赋分； （3）公开发表文章按照核心和非核心期刊，并依据独立作者、第一作者等顺序依次给予不同分值赋分； （4）承担课题，按照国家、市、区级分别赋分，根据课题参与人承担工作依次给予不同分值赋分； （5）市级以上学术报告或论坛发言给予相应分值赋分
学习要求	七个模块课程为干部通识类基础培训，学员要按照学习要求全部完成	五个模块课程学员可根据自身需求，自主选择一个模块完成学习	培训期间，学员自主设计、自主开发、自主研学的学习内容、学习任务或学习成果将根据级别以及参加情况给予相应分值赋分

总之，新时代背景下的教师教育面临新的课题和挑战，自主选学培训是回应相关挑战，在教师培训领域提出的方式和方法创新。从现有实践探索来看，关于教师自主选学的研究主要集中在自主选学的作用、实施情况和实施策略等方面。通过自主选学"引导教师根据工作需要和个人能力素质提升需求，自觉思考学什么、到哪儿学、什么时间学、跟谁学等问题，自愿选择培训机构、培训课程、培训时间和授课教师等，在此基础上最大限度地激发教师学习的内在动力和潜能"[①]，旨在唤醒教师的专业自觉，促进教师自主发展。在教师培训的实践中，需要基于培训公共服务平台的建设，在自主选择的制度保障与系统设计、培训资源整合、管理手段创新等方面进行综合考量。培训研究者与实践者未来需要充分发挥数据智慧，积极探索自主选学策略和方法，关联教师学习与教师实践的过程性及绩效性数据，充分应用大数据、学习分析、学习者画像等技术，不断完善教师自主选学机制，更好地推进教师培训课程高质量发展，持续探讨数字化转型背景下的教师培训自主选学的有效推进路径。

---

① 周海涛：《构建教师自主选学的培训机制》，载《教育发展研究》，2010（6）。

第七章　教师培训课程资源建设

教师培训课程资源是支持教师培训内容与实施培训活动的主要载体。当前，我国教师培训工作正处于提升质量、发展内涵的新阶段，培训课程资源建设的支撑引领作用日益突显。尤其是信息技术在教师培训中的加快应用，混合学习条件下广大教师对培训课程资源的多样化、差异化、优质化需求，对现有教师培训课程资源建设格局和开发方式提出了新挑战。本章首先明确教师培训课程资源的内涵与类型，随后分析教师培训课程资源的开发、利用与评价，最后探讨新技术支持的教师培训课程资源开发方式与应用。建构系统的教师培训课程资源，对于全面促进教师培训提质增效具有重要意义。

第一节　教师培训课程资源的内涵与类型

教师培训课程资源建设是我国教师培训工作体系建设中的重点内容和环节。培训课程资源的丰富性和适切性程度越来越决定着培训课程目标和项目目标的实现范围和实现水平。本节首先明确教师培训课程资源的内涵，随后探讨教师培训课程资源的类型，明确教师培训课程资源建设的基础。

一、教师培训课程资源的内涵

培训课程资源建设是改革教师培训模式、提升教师培训质量的重要路径之一。早在2010年，在教育部、财政部全面实施中小学教师国家级培训计划（简称"国培计划"）之初，即对培训课程资源予以关注。教育部办公厅下发《教育部办公厅关于组织开展"国培计划"培训课程资源征集、遴选、推荐活动的通知》（2010年），引导和鼓励各地教育行政部门、教师培训机构和出版部门开发、建设优质培训课程资源，建设"国培计划"培训资源库，提高教师培训质量。

2012年，为规范"国培计划"项目管理、提高培训质量，教育部根据不同类型、层次、岗位教师的教育教学能力提升和专业发展需求，发布实施了《"国培计划"课程标准（试行）》，明确要求"国培计划"的培训任务承担院校（机构）要根据《"国培计划"课程标准（试行）》及使用指南，设置"国培计划"培训课程，研制项目实施方案。

2013 年，教育部印发《教育部关于深化中小学教师培训模式改革全面提升培训质量的指导意见》，提出"国家制订教师培训课程标准，建立资源共享平台，促进资源共建共享"，希望通过在新形势下加强教师培训课程资源建设，来支撑我国教师培训模式变革，办一线教师满意的培训。

2013 年，教育部办公厅、财政部办公厅印发《"国培计划"示范性远程培训项目管理办法》，要求省级教育部门要加强培训课程资源整合，根据"国培计划"课程标准要求，开发、建设新资源，加工、利用生成性资源，充分利用"国培计划"资源库，促进优质资源共建共享。同年，教育部遴选出首批"国培计划"资源库入库资源，并开通了"国培计划"生成性课程资源平台，通过对各省、各培训组织机构报送的生成性资源进行分类查看、评分评价，面向"国培计划"参训学员开放使用，进一步发挥"国培计划"生成性资源的示范辐射作用，扩展学员的学习路径。

从上述政策来看，加强教师培训课程资源建设，使培训课程资源"够用""有用""能用好"是推动教师培训模式变革的基础性工作，也是我国教师培训政策关注的重点之一。

课程与教学密不可分。从内涵来看，课程与教学资源有广义和狭义之分。广义的课程与教学资源涵盖各种有利于实现课程目标的因素，狭义的课程与教学资源仅指形成课程资源的直接来源。研究者认为，课程与教学资源一般指形成课程的因素来源与实施课程的必要而直接的条件。[1]广义而言，课程资源是课程设计、实施和评价等整个课程编制过程中可利用的一切人力、物力以及自然资源的总和，包括教材以及学校、家庭和社会中所有有助于提高学习者素质的各种资源。

本章中的"教师培训课程资源"主要从狭义的角度进行理解，是指在教师培训课程中出现的讲义文本资源、音视频资源、多媒体课件、网络资源、书籍等[2]，以及专家库、数字化学习环境或学习场景构建策略等。

教师培训课程资源的建设应满足教师分级分类分层发展的需求。教师培训的课程资源，大多通过集中专家力量针对特定培训对象或者不同群体特色定制开发，也可以是根据培训需求征集，或者协同培训机构共享而来。亦有一部分是在培训过程中动态生成的课程资源，例如参训者的作品、半成品、教学过程中出现的问题等，都是重要的课程资源。

根据 21 世纪教师的能力结构需求（如图 7-1 所示），教师培训课程资源的内容，应该包括教学设计能力、资源应用能力、学科教学能力以及教师信息技术应用能力。教师培训

---

① 吴刚平，郭文娟，李凯：《课程与教学论》，上海，华东师范大学出版社，2023。
② 上海市师资培训中心：《上海市中小学、幼儿园教师培训课程资源建设指南（试行）》，https://www.sesedu.cn/Upload/Content/519/Attach/638046259275975126_508_26292.pdf，2022。

课程资源必须能够启迪教师专业思维、加深教师专业理解、扩展教师专业视野、提升教师解决问题技能、丰富教师教育教学经验、提高教育研究水平，形成教师自我建构的意识与能力，促使教师能够与时俱进、终身学习。

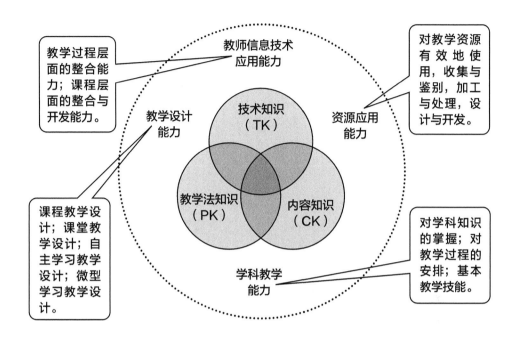

图 7-1　21 世纪教师能力结构[1]

数字化时代，课程资源发生巨大变化，原有的知识传输方式和建立方式都将随之发生巨大改变。书本不再是知识的唯一来源，数字化资源正在成为课程的主要呈现形式，分享共建成为课程建设的重要方式。

在课程资源建设过程中，通常以教师培训的真实性和科学性需求为依据，围绕培训目标设计主题培训课程专题及其相应目标，遴选资深专家组成授课团队，担任学科专业理论提升授课者，承担学科专题理论引领；组织区域内优秀教师承担个案课例，由遴选个案课例教师所在的学校组建案例课研磨团队，磨课团队在学科专题理论教师的引领指导下完成培训案例课备课的准备工作。在此过程中，教学设计是课程资源收集、建设、利用的起点。

教师培训课程资源的管理，主要采用主题作为主线来管理、建设和利用，以教师培训方案和具体教学设计来统领，建构起教师专业发展支持服务体系。

---

① 顾富民，袁从领：《现代教育技术应用》，江苏，南京大学出版社，2018。

当前，我国教师培训工作正处于提升质量、内涵发展的历史新阶段，培训课程资源建设的支撑与引领作用日益突显。尤其是数字技术在教师培训中的加快应用，以及混合学习条件下广大教师对培训课程资源的多样化、差异化、优质化需求，对现有教师培训课程资源建设格局和开发方式提出了新挑战。

二、教师培训课程资源的类型

对教师培训课程资源进行分类，是要把众多的课程资源，按照一定的标准、原则、特点，把它们区分开来，以便更好地对其进行认识、开发和利用。教师培训课程资源类型，按照不同的划分标准，可以划分出许多不同的分类，例如素材性学习资源、多媒体课件资源、专题学习网站、网络课程资源、其他数字化学习辅助工具和最新的数字化学习场景等。每类课程资源都有其自身的价值。本节主要理解课程资源主要的划分标准和类型，以帮助建立课程资源的基本概念框架，推进优质课程资源建设。

由教育部组织、北京师范大学负责起草的《教育资源建设技术规范》将常见的教育资源分为九类：媒体素材（包括文本、图形／图像、音频、视频和动画等）、试题、试卷、课件、案例、文献资料、常见问题解答、资源目录索引和网络课程[1]，还可以根据教育教学实际需求，增加其他类型的资源，如电子书籍、软件工具等。

此外，有研究者提出，在网络学习环境中仅向学习者提供学习内容并不能促进有效学习的发生，学习资源的设计不能只停留在内容的传递，更应该考虑与内容融合的活动设计，通过学习活动能够真正促进学习者的深度学习，这拓展了资源的范畴，将学习活动要素也纳入了学习资源[2][3]。

课程资源可以基于不同的视角进行分类（如表7-1所示）。基于多维视角的多种形态的课程资源，有助于课程资源开发者多方位地分析课程资源开发和利用的实际情况，解决实践问题，促进资源的有效利用。

表 7-1　课程资源的分类：多维视角

功能特点	素材性课程资源（知识、技能、情感态度等）	条件性课程资源（人力、物力、财力、时间、地点等）
存在方式	显性课程资源（客观存在的物质，如教材）	隐性课程资源（师生关系、校风等）

[1] 余胜泉，朱凌云：《〈教育资源建设技术规范〉体系结构与应用模式》，载《中国电化教育》，2003（3）。
[2] 余胜泉：《学习资源建设发展大趋势（上）》，载《中国教育信息化（高教职教）》，2014（1）。
[3] 余胜泉：《学习资源建设发展大趋势（下）》，载《中国教育信息化（高教职教）》，2014（3）。

续表

空间分布	校内课程资源 （各种场所设施、教育教学活动等）	校外课程资源 （社会可用于教育教学活动的设施条件以及自然资源）
物理特性	实体课程资源	数字化课程资源
性质	自然课程资源 （动植物、地貌、气候、自然景观等）	社会课程资源 （公共设施、人类交往活动、风俗习惯等）
载体	非生命载体课程资源	生命载体课程资源
与学习者关系	专门设计课程资源	非专门设计课程资源
管理层级	国家课程资源	地方和校本课程资源
生成时间	预设性课程资源	生成性课程资源

（一）功能特点视角：素材性和条件性资源

根据资源的功能特点，可以把课程资源划分为素材性资源和条件性资源。

素材性资源是课程要素（"课程目标""课程内容""课程形态"等）的直接来源，它是学习者学习和收获的对象。比如，知识、技能、经验、活动方式与方法、情感态度和价值观等，就属于素材性课程资源。加强素材性资源建设可以减轻课程实施的难度。本章提及的资源建设，主要指素材性资源建设。不同的教学方法会使用不同的素材性资源，例如故事在讲授法中的应用，会使概念更易理解；教师应用技术完成某一任务的过程、示范或录像是演练法教学中最好的辅助材料；教师精心准备的网页资源可以作为探究学习的基础；基于不同任务分工的合理评价方案，会激励协作学习的团队进行合作与竞争，等等。

条件性资源不是课程要素的直接来源，也不是学生学习和收获的直接对象，但它在很大程度上决定着课程的实施范围、条件和水平，如人力、财力、物力、时间、场地、媒介、设备、设施和环境等，就属于条件性资源。相当一部分课程资源既具有课程要素来源的性质，又具有课程实施条件的性质，比如师资队伍、图书馆、实验室、校园网络、校园文化等。[1]本章提及的数字技术赋能的新时代教师培训课程资源，其中的创设数字化的学习环境和场景，就属于条件性课程资源建设。教师是最重要的条件性课程资源，加强教师培训可有效提高课程实施的整体水平。

---

[1] 张文军，李云淑，王俊：《高中课程资源开发和利用的实践智慧》，北京，高等教育出版社，2004。

将课程资源划分为素材性资源和条件性资源两类，更多地是为了便于说明问题，两者并没有绝对的界线。现实中的许多课程资源往往既包含着课程的素材，也包含着课程的条件，比如图书馆、博物馆、实验室、互联网、人力和环境等资源就是如此。

（二）存在方式视角：显性和隐性课程资源

根据资源的存在方式，课程资源可分为显性课程资源和隐性课程资源。

显性课程资源指看得见摸得着、可以直接运用于教育教学活动的课程资源，如教材、计算机网络、自然和社会资源中的实物、活动等。显性课程资源可以直接成为教育教学的便捷手段或内容，相对而言易于开发与利用。

隐性课程资源是指以潜在的方式对教育教学活动施加影响的课程资源，如学校和社会风气、家庭氛围、师生关系等。与显性课程资源不同，隐性课程资源的作用方式具有间接性和隐蔽性的特点，它们不能构成教育教学的直接内容，但是对教育教学活动的质量起着潜移默化的影响，并持久发挥作用。因此，隐性课程资源的开发与利用需要付出更艰辛的努力。

教学方法是一种隐性课程资源。不同的教学方法适合不同的教学目标，如讲授法擅长概念教学，演练法适于技能训练，探究学习对培养学生自主学习能力有帮助，协作学习能有效培养学生的合作能力，等等。

（三）空间分布视角：校内和校外课程资源

按照课程资源空间分布的不同，课程资源可分为校内课程资源和校外课程资源，它们都可以包括素材性课程资源和条件性课程资源。

校内课程资源包括校内的各种场所和设施、校内人文资源及与教育教学密切相关的各种活动。如图书馆、实验室、专用教室、信息中心、实验实习农场和工厂等属于场所和设施资源；教师群体，特别是专家型教师、师生关系、班级组织、学生团体、校风校纪、校容校貌等属于校内人文资源；而实验实习、座谈讨论、文艺演出、社团活动、体育比赛、典礼仪式等属于与教育教学密切相关的各种活动资源。

校外课程资源包括学生家庭、社区乃至整个社会中各种可用于教育教学活动的设施和条件以及丰富的自然资源。其中，图书馆、科技馆、博物馆等都是宝贵的课程资源；学生家长与学生家庭的图书、报刊、电脑等也是不可忽视的课程资源；丰富的自然资源是我们生存和生活的基础，也是我们开发与利用的重要课程资源。

校内外课程资源对于课程实施非常重要，但它们在性质上有所区别。校内课程资源是实现课程目标，促进学生全面发展的最基本、最便利的资源。课程资源的开发与利用首先要着眼于校内课程资源。就利用的经常性和便捷性来讲，校内课程资源应该占据主要地位，校外课程资源则更多地起到一种辅助作用。校外课程资源可以弥补校内课程资源的不足，没有校内课程资源的充分开发与利用，校外课程资源的开发与利用就成为奢谈。充分开发与利用校外课程资源，能为我们转变教育教学方式，适应新课程提供有力的支持和保证。

美国课程理论专家泰勒认为：要最大限度地利用学校的资源，加强校外课程，帮助学生与学校以外的环境打交道。[①]我们应重视建立校内外课程资源的转化机制，一方面学校要善于合理发掘和运用社区及其他兄弟学校的课程资源，另一方面校内课程资源也可以向社区和其他学校辐射。

（四）物理特性视角：实体和数字化课程资源

在如今虚实融合的数字化、智能化社会背景下，课程资源可以按所存在于物理现实空间还是虚拟数字空间，将其分为实体资源和数字化资源两类。其中，文字资源、实物资源、真实活动资源属于实体资源，而在虚拟空间中存在的资源和发生的活动属于数字化资源。

1. 实体课程资源

所有存在于现实物理空间的课程资源都可以成为实体课程资源。文字资源如印刷品，记录着人类的思想，蕴含着人类的智慧，保存着人类文化，延续着人类的文明，是最重要的课程资源。实物资源如自然物质、教具及其他实物等，具有比较直观、形象、具体的特点。活动资源包括教师的言语活动和体态语言、班级集体和学生社团的活动、各种集会和文艺演出、社会调查和实践活动以及师生和学生之间的交往等。充分开发与利用活动课程资源有利于打破单一的课堂接受教学模式，使学生在掌握知识的过程中，同时增进社会适应和社会交往的能力，养成健全的人格。

2. 数字化课程资源

数字化课程资源主要指蕴含丰富教育信息，以数字形式发布、存储、获取和利用的信息集合，可以支持课程的设计、编制、实施和评价，更好发挥课程的教育价值。

数字化课程资源属于信息资源的范畴，是从狭义上理解的一种特殊的信息资源，是"经过选取、组织，使之有序化的，适合课程发展和学习者发展的有用信息的集合"[②]。

数字化课程资源具有容量大、智能化、虚拟化、网络化和多重媒介的特点，具有交互性、开放性、生成性、链接性、情境性、社会性、可进化性等特征。数字化课程资源对于延伸感官、

---

① ［美］拉尔夫·泰勒：《课程与教学的基本原理》（施良方译），北京，人民教育出版社，1994。
② 余胜泉，吴娟：《信息技术与课程整合——网络时代的教学模式与方法》，上海，上海教育出版社，2005。

扩大教育教学规模和提高教育教学效果具有重要的作用。伴随着教育生态和教学范式的数字化转型，数字化课程资源是最富有开发与利用前景的资源类型。[①]

余胜泉等将数字化课程资源概括为媒体素材、教学材料、教学活动、教学工具四类（如图 7-2 所示）。

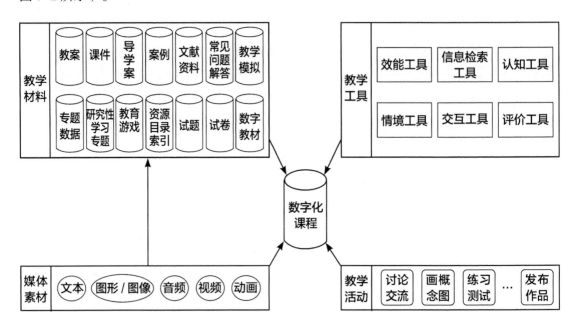

图 7-2　数字化课程资源的类别

根据上述数字化课程资源的分类，媒体素材是所有资源中最基本的单元；教案、课件、案例、试题等作用于教学过程的教学材料由不同类别的媒体素材组合而成；教学活动是支持知识习得的交互方式；教学工具则是用以完成各项教学活动的用具。根据一定的教学目标、教学策略，对上述四类资源（媒体素材、教学材料、教学活动、教学工具）进行组织便可形成数字化课程。

在线培训课程资源是数字化课程资源的主要形式，主要用于异步在线培训模式，是指在网络环境支持下以教师自主学习为主、专家非实时答疑指导为辅的异步在线培训模式所需的学习资源。在线培训课程资源一般以视频、音频、图像、网页、课件等形式呈现，具有主题明确、内容精炼、问题导向、案例丰富等特点，注重关照实践情境，利用任务单、学习支架、实践案例等资源形式引导教师学习、思考与应用。[②]

---

① 余胜泉，汪凡淙：《数字化课程资源的特征、分类与管理》，载《大学与学科》，2022，3（4）。
② 田丹丹：《中小学教师在线培训课程资源的选择策略与评价机制》，载《辽宁教育》，2021（8）。

（五）资源性质视角：自然和社会课程资源

我国幅员辽阔，山川秀美，物产多样，可以开发与利用的自然课程资源极为丰富。例如，用于生物课程的动植物、微生物，用于地理课程的水文和地貌、天气和气候。

人们可以开发与利用的社会课程资源同样也是丰富多样的。例如：为了保存和展示人类文明成果的公共设施如图书馆、博物馆、展览馆等无疑是重要的课程资源；道路的线条美、雕塑的造型美、音乐的节奏美等均可成为陶冶学生情操的课程资源；人类活动的交往如政治活动、军事活动、外交活动、科技活动等也可成为课程资源；另外，价值观念、风俗习惯等与教育教学活动有着直接的关系，因而也是不可或缺的课程资源。

（六）资源载体视角：非生命载体和生命载体课程资源

课程资源的载体主要是指素材性课程资源所依存的物化表现形式，即素材性课程资源总是以一定的载体形式为依存而表现出来。根据资源的载体形态，可将课程资源分为以人为载体、以物为载体、以活动为载体三类。按照课程资源与人的关系，素材性课程资源的载体可以分为非生命载体和生命载体两种形式[①]。

课程资源的非生命载体泛指素材性课程资源所依存的非生命物化形式，主要表现为各种各样课程材料的实物形式，如课程计划、课程标准、课程指南、教学用书、参考资料、学习辅导材料和练习册等纸张印刷制品和电子音像制品。从某种意义上讲，它们与教室、实验室、图书馆、科技馆、电教室、语音室、电脑室、文体活动场所等物质条件一样，都属于条件性课程资源，但它们并不能够成为课程自身的直接构成要素，不能成为课程的实质内容。

课程资源的生命载体主要是指掌握了课程素材、具有教育教学素养的教师，教育管理者，学科专家，课程专家等教育研究人员。另外，能够提供课程素材的学生、家长和其他社会人士也是课程资源的重要生命载体，他们构成课程资源的开发主体。

生命载体形式的课程资源具有内生性，它可以能动地产生比自身价值更大的教育价值，在课程教学资源中有着特殊的作用。教师、教育管理者以及各种层次的教育研究人员，乃至学生和社会人士等，作为这种具有内生性的课程资源的主要生命载体形式，他们自身创造性智慧的释放和创造性价值的实现，是课程教学不断向前发展的不竭动力。因此，以教师为核心的教育队伍建设和优化配置，始终在课程资源建设中具有决定性意义。

（七）基于资源与学习者关系的课程资源视角

根据资源与学习者的关系，课程资源可以分为五类。首先，按课程资源是否专门为学

---

① 吴廷熙：《教育资源建设之思考》，载《教学与管理》，1999（12）。

习者而设计，可将课程资源分为两类：一是专门设计的资源，指为课程实施专门设计的、以社会资源为内容或条件的学习资源，即从无到有所创造的资源，如主题活动设计的系列学习材料、综合实践活动资源包等，包括相关文字材料、录音带、录像带、多媒体课件以及相关活动场景和机会等多种形式。二是非专门设计的资源，指本来并非为课程实施直接设计的且具有一定课程价值的相关资源，自然界、社会中广泛存在的具有多种特征和功能的社会资源都可以看成这类资源。

其次，按课程资源距离学习者的远近程度，可将课程资源分为三类：一是直接的课程资源，泛指各种直接为学习者服务的课程资料和相关配套资料，不仅包括教材、练习册，还包括相关媒体和书籍等。二是教学环境内的课程资源，指课程实施涉及的主要社会环境资源，其功能是呈现教学信息和提供活动空间，如课程实施所涉及的课程、教具、传统游戏等。三是教育环境内的课程资源，指具有教育意义的广泛的社会环境资源，既包括以提供服务为主的支持系统，如乡村图书室、学习中心、电影院等，也包括科学技术、文化氛围等因素。

（八）管理层级视角：国家、地方和校本课程资源

根据课程政策与管理层级，课程资源分为国家课程资源、地方课程资源和学校课程资源三类。

1. 国家课程资源

国家课程是国家教育部门规定的统一课程。它体现了国家意志，反映了国家教育标准，是专门为未来公民接受基础教育后所要达到的共同素质而设计的课程。它根据不同教育阶段的性质与培养目标，制定各科目课程标准，编写教科书。国家课程是课程框架的主体部分，对基础教育的质量起着决定性作用。

国家课程资源建设除了包括国家统一的教材、教具、挂图、录像带、实验室和实验器材外，也包括国家统一建设的数字化教材、数字化学习环境以及数字化学习平台（如中小学智慧教育平台）等。例如，2013年，教育部印发《教育部关于深化中小学教师培训模式改革全面提升培训质量的指导意见》，提出"国家制订教师培训课程标准，建立资源共享平台，促进资源共建共享"，希望在新形势下，通过加强教师培训课程资源建设推进教师培训模式变革，办一线教师满意的培训。

2. 地方课程资源

地方课程是在国家规定的各个教育阶段的课程计划内，由省一级教育行政部门或所授权的教育部门依据当地政治、经济、文化的发展状况及其对学生发展的要求，充分利用地方课程资源而设计的课程。地方课程可以克服国家课程单一，很难全面顾及不同地区教育

需求的不足，是对国家课程的补充，也是学生了解社会、接触社会、关注社会、学会对社会负责并增强社会责任感的有效途径。

地方课程资源建设注重挖掘并利用具有地方或学校特色的自然、社会、文化等方面资源的育人价值，涵养学习者的家国情怀，铸牢中华民族共同体意识；还体现了多元一体的理念，坚持区域特征与共同要求相统一，强化地方与国家的不可分割性[①]。

3. 校本课程资源

基于学校的校本课程是以学校为基地，以国家及地方制定的课程纲要基本精神为指导，以满足学生需要、体现学校办学理念和办学特色为目的，在具体实施国家课程和地方课程的前提下，由学校成员自愿、自主、独立或与校外团体、个人合作，利用校内外现有条件和可挖掘的资源而研制的多样性的且可供学生选择的课程。

校本课程是国家课程计划中不可缺少的组成部分，它充分尊重和满足学校师生的独特性和差异性，特别是能更好地满足学生在国家和地方课程中难以满足的那部分发展的需要，对促进学生最大限度的发展起着不可替代的作用。它也能更好地满足教师的职业理想、专业发展、教学风格的多种需要，为提高教师素质提供了机会。同时，亦能较好地满足学校整体发展、凸显特色、弘扬个性的需要，让学校充分利用本校、本社区的教育资源，充分发掘学生潜能，全面实现课程的社会职能。

基于学校的校本培训课程资源开发是指学校根据自身办学理念和办学指导思想，在对本校的教育条件、教育资源、教师队伍状况、生源特点、社区环境等进行详细调查分析的基础上，以学校为基地开发的教师培训课程。基于学校的校本培训课程资源建设要注重满足学校教师个性化学习需求，注重体现综合性、实践性和选择性的特点，丰富校本培训课程的载体形式，并建设数字化课程资源，为教师学习提供多元选择。

（九）生成时间视角：预设性和生成性课程资源

1. 预设性课程资源

预设性课程资源以学科教育教学理论课程、实践类课程、学科教学工具为主，课程形式多样，多采取系统灵活的微单元形式，摒弃大而空的教学理念，聚焦一线教师典型疑难问题的解决。预设性理论课程与实践类课程为各学科提供了大量学科教学工具，如初中数学里的网络画板等。

---

① 教育部：《教育部关于加强中小学地方课程和校本课程建设与管理的意见》，http://www.moe.gov.cn/srcsite/A26/s8001/202305/t20230526_1061442.html，2023-05-17。

预设性教师培训课程资源一般采用"案例分析式"引领教学、"以问题为中心"单元化设计；资源呈现采用慕课（MOOC）和微单元的形式聚焦核心问题，促进学习行为便捷发生；"多元化"的课程结构设计以大量丰富的真实课堂教学案例为载体，进行专家引领、分析研讨及指导，让学员在直观的感受中加深理解、掌握方法、提高应用的能力[①]。

2. 生成性课程资源

教师网络研修是一个动态的、不断发展的过程，具有灵活的生成性和不可预测性。生成性资源以其具有的主体性、互动性、真实性、丰富性和开放性等特点逐渐被人们认识。网络研修的生成性资源是在研修活动中，以参训教师为主体、各角色互动生成的资源。与预设性课程资源不同，生成性优质课程资源更具有针对性、真实性，更具有地方特色。

生成性课程资源重点围绕培训生成性成果和参训教师研修成果，源自项目进行过程中不断生成的新问题、新情境、新内容。辅导教师和学科专家及时发现、提取典型和有代表性的问题，并针对这些问题进行有效指导，辐射给全体学员，同时挖掘出参训者中有典型和代表性的案例及教学设计引导学员学习与讨论，并加以点评。

生成性资源通常分为四类：一是学科专家统编往年培训中产生的资源；二是在项目实施过程中不断生成并通过学科专家进行统编后发布的课程资源；三是根据在项目实施过程中产生的新需求而研发并应用于项目中的课程资源；四是在学习活动的引领下，形成的参训教师反思类、研讨类、教学问题类、作品成果类等资源[②]。

概言之，课程资源分类本身不是目的。上述课程资源的分类，旨在开拓课程资源开发与利用的视野，展现课程资源开发与利用的广阔前景，避免可能出现的偏颇。例如，在课程开发与建设过程中，有可能比较重视校内资源，忽视校外资源；或可能注重文字和实物资源，淡化了活动资源和数字化资源；抑或看到显性资源，而忽略了隐性资源；也可能过分强调条件性资源，遮蔽了素材性资源，等等。我国幅员辽阔，各地经济发展存在着很大差异，民族众多，文化特色不同，课程资源分布不均衡。在课程资源开发与利用的过程中，需要发挥课程建构者的主观能动性，扬长避短、取长补短，突出学校特色、体现学科和教师个性。近年来，课程资源结构的重点正在发生变化，学校成为课程资源开发的重要力量，网络资源日益重要，时代变革为课程资源结构的优化提供了动力。

---

① ② 王瑞娥，杨虎：《中小学教师培训课程资源库建设的研究与实践——以北京大学"国培计划"项目为例》，载《继续教育》，2018，32（6）。

第二节　教师培训课程资源的开发、利用和评价

教师培训是动态的、可迁移的，培训的对象结构不同、层次不同，培训模式以培训对象、培训活动的不同而不同，完善而行之有效的课程资源建设体系是课程资源研发有效的"制度"保障①。有学者认为，指导者、课程和项目是培训取得实效最为核心的资源基础，并提出三者之间形成互相联系、相辅相成的"3C"模型②。课程资源的丰富性和适切性程度决定着课程目标的实现范围和实现水平，这与课程资源开发和利用的水平密切相关。本节主要聚焦于课程资源开发、利用和评价等问题。课程资源的开发者要聚焦培训课程目标，对照目标选择和组织内容，有针对性地开发和利用培训课程资源，并基于评价进一步优化改进课程资源。

一、教师培训课程资源开发的原则与策略

（一）教师培训课程资源开发的原则

提高课程资源开发的水平，在很大程度上有赖于遵循基本的原则。教师培训课程资源开发的原则概括为开发要遵循国家政策需求和教师发展标准要求、要丰富多样、要注重精品化、要注重保护知识产权。

1. 要遵循国家政策需求和教师发展标准要求

开发教师培训教材或讲义时，一是要遵循教育部发布的《教师培训课程标准》和《教师专业发展标准》，二是要遵循 21 世纪教师能力结构，不仅要呈现学科知识，还应该考虑到如何有利于引导参训教师利用已有的知识与经验，主动地探索知识的产生与发展，同时也应有利于培训者创造性地开展教学活动，培养参训教师的学科教学能力、创新精神、实践能力、收集和处理信息的能力、获取新知识的能力、发现和解决问题的能力以及交流与合作的能力，增强对自然、社会、教育的责任感。最后，要注意适应数字化时代要求，培养参训教师的数字化教学能力。

2. 要开发丰富多样的多元化资源

多样化地开发课程资源，一方面体现为"全方位"的开发对象观，避免开发对象的"狭窄化"。要把校内课程资源和校外课程资源、文字性课程资源和非文字性课程资源、素材

---

① 王瑞娥，杨虎：《中小学教师培训课程资源库建设的研究与实践——以北京大学"国培计划"项目为例》，载《继续教育》，2018，32（6）。

② 潘平：《上承战略 下接人才：人力资源管理高端视野》，北京，清华大学出版社，2015。

性课程资源和条件性课程资源等大量鲜活的资源都带进开发的视野，成为教师培训活动的有机组成部分，为教师培训活动服务，增强教学的生动性、创造性和吸引力，提升培训的效果。另一方面体现为"多元化"的开发主体观，避免开发对象的"单一化"。比如，除教科书、教学参考书、练习册、活动册、挂图、卡片、音像带和多媒体光盘等教材编写专家提供的现成资源外，还可以积极开发广播电视节目、报刊、书籍和网络平台中的课程资源，如有效使用国家中小学智慧教育平台上的优质教育资源等。另外，还可以鼓励参训教师参与课程资源的开发，增强教师学习的兴趣与积极性。

3. 要注重开发精品化资源

注重课程资源的收集，是指要根据教师培训的需要，分门别类地整理好教师培训的课程资源。在使用过程中，要不断优化课程资源，不断开发和补充新的课程资源。教师培训课程资源的开发，要围绕重点难点突破、专题活动开展，形成有利于教师专业发展和学生核心素养培养的典型教学资源，构建相对系统的教师培训课程资源库。

4. 要注重保护知识产权

教师培训课程资源开发中应该注重保护知识产权，包括版权、商标权、专利权等。其重要性包括：第一，鼓励创新。能够鼓励教师和开发者进行更多的创新和研究，因为他们知道他们的努力会得到保护和奖励。第二，保持质量。通过保护知识产权，可以确保只有高质量的资源被开发和使用。这是因为如果有人可以随意复制和使用这些资源，那么可能会有人提供低质量的资源。第三，避免侵权。如果知识产权没有得到保护，那么其他人可能会复制或使用这些资源，这可能会导致法律纠纷。第四，维护公平。保护知识产权可以确保所有开发者都有公平的机会来开发和使用这些资源，而不是只有那些有足够资源的人才能这样做。

（二）教师培训课程资源开发的策略

教师培训课程资源开发可以通过以下五个途径来生成：一是根据培训需求征集课程资源；二是在培训过程中生成课程资源；三是集中专家力量开发课程资源；四是协同培训机构共享课程资源；五是体现不同群体特色定制课程资源。例如，《教育部办公厅关于组织开展"国培计划"培训课程资源征集、遴选、推荐活动的通知》（2010年）引导和鼓励各地教育行政部门、教师培训机构和出版部门开发、建设优质培训课程资源，建设"国培计划"培训资源库，提高教师培训质量。

教师培训课程资源开发，首先要明确教师培训项目的目标和内容，随后还要调查研究参训教师的兴趣类型、活动方式和手段，确定参训教师的现有基础和差异，创造性开发和使用教学用具，安排和参训教师所在岗位相符合的教学实践活动，制定参考性的技能清单，有总结和反思的支架；其次要广泛利用校内外的场馆资源，充分发挥网络资源的作用；最后还要开发和利用好区域或乡土资源。

1. 编写教师培训教材或讲义，做好预设性资源开发

作为教师培训内容的重要载体，教师培训教材或讲义是最基本的教师培训课程资源。为在职教师专业发展设置的培训项目，其内容需求的时代性、时效性和实践性要求比较高，因此，多数情况下，讲义比教材更能满足培训需要。

教师培训教材或讲义的利用原则是在"尊重教材，研读教材"的基础上"调整教材，拓展教材"。亦即，当讲义成熟或能够提炼出一些稳固的理论、经验和内容时，可以编写为教师培训教材。

讲义或教材需要为教师培训和教师的学习提供基本的理论、案例和实例。培训过程中，若没有找到比教材或讲义中更好的案例，则可以用好用足教材或讲义。但培训中，使用与学习者兴趣、需求及区域特征相符合的案例和实例，与讲义和教材中的理论相呼应，能有效提升开发和使用教师培训课程资源的效益。

2. 勤于捕捉和整理培训过程中的生成性资源

生成性资源是在研修动态进行的过程中生成的，要把课程资源开发的意识贯穿训前、训中和训后整个培训过程，注重在培训中随时捕捉和利用参训教师在学习中动态生成的课程资源。

实践表明，优秀的教师培训资源很多都是在"互动教学""对话教学"的过程中不断涌现和生成的，培训过程中所产生的不明确的认识、质疑、意见分歧、偶发事件等都可能蕴含着宝贵的教育教学价值，是难得的课程资源。同时，教学交往之外的日常一线教学课堂中出现的任何问题，都可以成为潜在的课程资源。因此，需要有贯穿始终的培训课程资源收集和开发意识。培训者应成为动态生成课程资源的识别者、开发者、捕捉者、激活者和运用者，根据课程资源的实践性质和创生取向，灵活设计导引式学习活动，通过任务驱动、成果导向、动态整合、注重差异等多种通道引导优质生成性资源的形式与转化，能够及时将有价值的课程资源纳入培训课程中，以保持培训课程的动态生成性。

2013年，教育部遴选出首批"国培计划"资源库入库资源，并开通了"国培计划"生成性课程资源平台，通过对各省（自治区、直辖市）、各培训组织机构报送的生成性资源进行分类查看、评分评价，面向"国培计划"参训学员开放使用，进一步发挥"国培计划"生成性资源的示范辐射作用，扩展参训教师的学习路径。

3. 用好教师这一最重要的课程资源

对于课程资源开发的理论研究，强调不应仅仅把教师作为培训课程资源的接受者。一线教师，尤其是参加培训的教师应该成为培训课程资源开发的重要主体。教师可以通过对自身需求的诊断与反馈，对自身教育教学实践的反思、总结与展示，对现有课程资源的使用与评价，带动其他课程资源的优化发展。这些培训课程资源建设的理论研究成果，是进行教师培训课程建设的重要知识基础。

作为中小学教师培训课程的实施对象，中小学参训教师本身就是课程资源的一部分，既带来了培训中需要解决的问题，同时又是最好的问题解决者。因此，在新一轮基础教育课程改革的背景下，中小学参训教师不仅是课程实施的受体，也被赋予了课程开发者的角色。教师不仅是素材性课程资源的重要载体，而且教师自身就是首要的基本条件性资源。

在一定程度上可以说，无论是各类校内外课程资源，还是各种文字性、非文字性课程资源，都有赖于教师进行全面整合和优化，才能最终由潜在的课程资源转变为现实的课程资源，进而成为服务于学生的学习化课程资源。从这个意义上讲，教师是最重要的课程资源。教师带动着其他课程资源的优化发展，教师的课程资源开发意识和能力，决定着课程资源的识别范围、开发与利用的程度以及发挥效益的水平。

但必须清醒地认识到，再优秀的师资也不等同于培训课程，教师只能是某一门或某几门培训课程的承担者，或者是承载者。教师由一个课程资源的承载者转化为某一教师培训项目的课程需要一个过程（见图7-3）。[①]

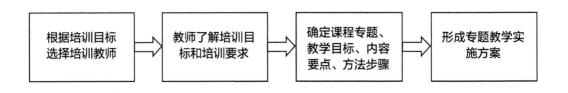

图 7-3　教师资源转化为培训课程流程图

教师培训课程资源的开发和利用，一定要提升教师课程资源的开发意识和能力，要求能够积极地整合和利用一切相关的课程资源。在培训过程中，参训教师自己生成的教学设计及实施中的亮点、不足甚至错误，都是最宝贵的培训资源。另外，教师培训课程适用的

---

① 王全乐：《中小学教师培训课程资源转化策略研究》，载《河北大学成人教育学院学报》，2013，15（2）。

对象所处的地域特色，所在学校的资源和学生生成资源等，都是课程开发的依据和利用的资源（图7-4）。

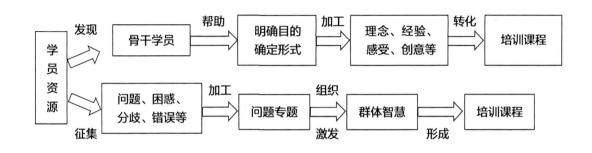

图7-4 学员资源转化为培训课程流程图

需要注意的是，参训教师提供的课程资源不仅要以经验交流、案例研讨、问题解决、实践探索课程资源为主，还需要培训课程设计者的组织、引领、点拨、提升作用，并在实施过程中必须要做好组织工作，否则极易造成"放羊"局面，达不到应有的教学效果。

4. 建立开放多元的课程资源开发社会网络

教师课程资源的开发利用，不仅要靠培训机构和培训专家，还需要教育行政部门、学校和参训者的支持。通过多种途径和方式，与利益相关方建立密切联系，学生、教师、家长、社会人士等都可以成为课程资源的开发者。

黄越岭等（2017）提出"互联网+"的教师培训课程资源众筹模式[①]。借用"消费者同时也是内容的创造者"的众筹定义，课程发起者与学习者共同参与课程资源的设计特点，使学习不再是一个单向的传输过程，培训过程中的学习者也可以参与到培训内容的制作、发布，以及培训的协作学习和教学辅导中来（图7-5）。让受训教师自身也成为课程资源的来源之一，利用教师丰富的教学经验和案例，无疑将丰富和提高课程资源的质量。

[①] 黄越岭，李鹏，朱德全：《资源众筹："互联网+"时代教师培训课程供给模式变革》，载《中国电化教育》，2017（1）。

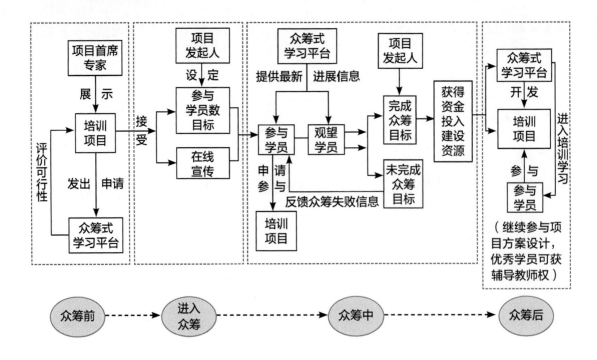

图 7-5　教师培训课程资源众筹模式

相较于传统教师培训课程供给方式，资源众筹的教师培训课程供给模式改革在满足教师培训的需求、调动教师学习积极性、保障教师培训学习效果以及节约培训成本方面具有良好的比较优势。

二、教师培训课程资源的开发过程

课程资源是开发和加工成为培训课程的素材，培训课程是保证培训质量的核心要素，是实现培训目标的重要载体。课程资源的开发和转化是教师培训实施过程的一个重要环节。

（一）教师培训课程资源开发模型

始终秉承"个性化"服务的原则，从不同角度构建适合不同类型教师使用的培训资源，并提出了多样化资源建设的生态链模型（具体如图 7-6 所示）[1]。

---

① 沙景荣，赵兴龙：《教师培训课程资源开发与实践研究——微软（中国）教育部"携手助学"项目个案研究》，载《现代教育技术》，2007（6）。

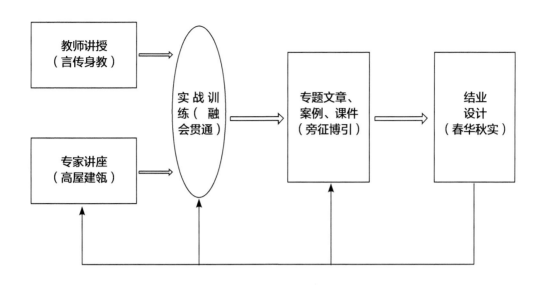

图 7-6　课程资源开发生态链模型

　　教师网络培训课程资源体系可视为一个有机的、复杂的、统一的系统，各类资源彼此之间有机联系，且每一类资源案例、课件等有其特有的学习效果和目标。例如，教师讲授类资源具有言传身教的学习效能，专家讲座具有高屋建瓴的作用，实战训练则在学习过程中起到融会贯通的指导作用，而专题文章、案例、课件等则能有效地帮助教师通过旁征博引，开阔自己的视野。因此，在课程资源选择、开发上应提倡多样化课程资源，最大限度地满足各种需要。在开发过程中，开发主体通过与学习者的对话，了解学习者的基本需要，开发出合理的课程资源，以促进学习者全面、和谐、健康地发展，从而兼顾学习对象显性适应和隐性适应能力的培养。

　　（二）教师培训课程资源开发流程

　　按照课程资源建设的模型，在具体开发过程中，需要从教师学习需求出发，基于教师学习的特点开发参训教师所需的资源类型和形式。为了保证开发过程的有效性，必须按照一个有序的开发过程，逐步实现课程资源开发与建设的目标。沙景荣、赵兴龙（2007）提出课程资源开发的具体流程（如图 7-7 所示）：

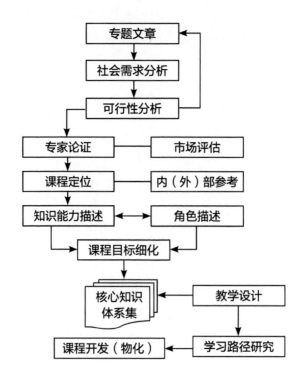

图 7-7　课程资源开发流程

在培训课程资源的开发层面，调研真实需求依对象不同而有差异，同时受到多方面客观因素的影响，抓住关键性需求，才能实现分门别类地建设课程资源。王瑞娥、杨虎（2018）梳理了影响需求判断的一般性、特殊性、常规性、典型性等因素，提出"五分法"调研模型（图7-8），作为分类、分层、分学科、分步骤、分教法进行课程资源设计调研的实施依据①。

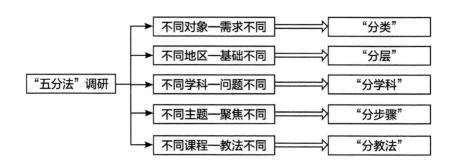

图 7-8　"五分法"调研模型

---

① 王瑞娥，杨虎：《中小学教师培训课程资源库建设的研究与实践——以北京大学"国培计划"项目为例》，载《继续教育》，2018，32（6）。

（三）教师培训课程资源开发过程要素分析

教师培训课程资源开发是一项系统工程，涉及多方面因素的综合作用。就影响课程开发质量的要素而言，主要包含教师角色与岗位能力、课程目标细化与核心知识体系确定、核心知识体系与资源形态对应关系等方面。

1. 角色分析与岗位能力描述

参训教师在学校的角色可以归结为授课教师、管理人员、培训支持人员三类角色，其专业发展的能力可以归结为教育理念、知识技能、教学设计、教学评价和教学研究等5个方面。这5个方面的能力也是培训课程的课程目标。

2. 课程目标细化与核心知识体系的确定

课程资源开发需根据角色描述和岗位能力要求，设计不同角色、不同纬度下的课程结构，以确保基本能力的实现。首先确定授课教师的岗位要求，然后确定每一个岗位要求下的课程体系。其次，明确每一门课程的目标。最后，梳理每一门课程的核心知识单元。因此，在课程开发中，明确核心知识单元是课程开发中重要的工作之一。

3. 核心知识体系与资源形态对应关系

在确定核心知识体系后，需要根据不同知识点的特性和课程目标要求，设计课程资源的表现方式。例如，有的课程设计为教师讲授、专家讲座，有的课程设计为实战训练、专题文章、案例库和课件库等。最后，可以按照不同的技术方式进入课程资源的物化阶段。

总之，教师培训课程资源的开发是在定位好课程对象后，经过角色分析、岗位能力描述、课程体系建立、核心知识体系的确定、核心知识体系与资源类型对应关系等环节的实践研究，实现课程资源开发的系统工程。在此过程中，需要不断根据社会需求和学习者的需求，借助网络学习平台的各种活动，动态地丰富课程资源内容和形式。这对于推进教师培训中的个性化学习和服务具有重要意义。

（四）教师培训课程资源的创新与实践

近年来，随着数字化技术的不断发展，教师培训课程资源的创新与实践也日益增多。例如，移动学习资源的开发和应用使教师可以随时随地学习；虚拟实验室的建设为实验课程提供了更加便捷的学习环境；在线课程的推广使更多的教师可以通过网络进行学习。这些创新和实践为教师培训课程资源的开发和利用提供了新的视角和方法。

三、教师培训课程资源的利用策略

课程资源是课程的来源和构成要素，是课程得以形成和发展的基本前提，它为培训目标的实现提供了资源上的保证。课程资源十分庞杂，在使用课程资源时，如果能有意识地从不同类型的课程资源中获取所需要的资源，那么就能够更有效地利用各种课程资源。同时，如果缺乏将课程资源转化为培训课程的有效策略，则课程资源也不能转化为精品课程。教师培训课程资源丰富多彩，承载形式各不相同，开发为课程的策略也各异。课程资源转化为培训课程的策略主要包含利用范例、利用环境资源、利用网络学习平台和数字化课程资源等方面。

（一）立足课程，充分利用好已有教材和讲义中的范例

精心设计和编写的教师培训教材或讲义以及开发的课程，都力图体现培训项目的目标和内容，应是基本的课程资源之一。教材是重要的课程资源，特别是一些针对教师培训编著的教材，是对教师进行培训的重要课程资源。但是，教材并不等于培训课程，也不是学员学习的全部对象和内容，需要有一个筛选、编排和转化的过程（图 7-9）[1]。

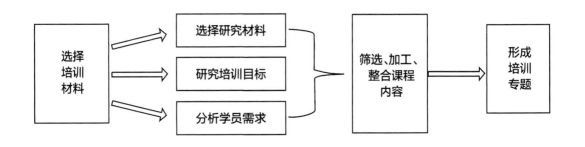

图 7-9　培训教材资源转化为培训课程流程图

其一，当前市场上的教师培训教材鱼龙混杂，培训者首先要根据项目需要对培训教材进行精选。然后对其进行分析研究，根据培训目标和学员的需求，筛选有价值的培训内容。其二，根据培训目标、培训需求和学员的不同特点，对教材所筛选出的内容进行加工、整合。在此过程中，有可能是一部教材内容之间结构的整合，也有可能是几部教材之间内容的整合。其三，对整合后的内容按照培训实施的要求加以设计，确定专题名称，设计实施形式，形成专题实施方案，最终才能成为培训课程的有效组成部分[2]。

（二）因地制宜，充分利用环境资源

教师所生活的环境和学校实践课堂也可作为开发利用教师课程资源的主要阵地。

---

[1][2] 王全乐：《中小学教师培训课程资源转化策略研究》，载《河北大学成人教育学院学报》，2013，15（2）。

一是充分利用实践基地学校、教师所在学校的实践课堂作为课程资源。教师是教育情境中的实践工作者，实践是教师工作的主要任务，解释实践、应对实践、变革实践的方法和思路是他们最需要的，也是他们最感兴趣的，更容易满足参训教师有针对性和实效性的学习要求。因此，实践是教师培训的一个至关重要环节。实践基地学校的培训课程资源大都以活动为主，而且经常因为实践学校和教室等而较为分散，所以组织管理工作尤为重要。

二是充分挖掘培训机构和教师所在城市、社区、基地和学校的资源，并将教师的一线实践活动作为重要资源，努力构建立体的教师培训生态资源。如地处农村的学校的自然资源、生产劳动资源、民俗资源；城市学校的社会、科技、文化资源；民族地区的民族特色、风俗文化资源等。有条件的地方可建立校外活动基地，或若干学校联合建立种植园、养殖园等劳动基地，或与学校周围的工厂、部队、乡村等建立联系。也可以利用博物馆、教育基地、图书馆、实验室、纪念馆、文化馆、自然和人文景观、各种社会组织和政府机构等建立资源。以及图书（包括教材及教辅）、报刊、图片、地图、图表等文本资源，影视节目、录音、录像、VCD、网络、软件等音像资源。

（三）远程访问，利用网络学习平台课程资源

随着现代信息技术的飞速发展，网络已经打破校内与校外课程资源的划分界限，使得课程资源尤其素材型课程资源的广泛交流和共享成为可能。借助网络课程资源平台，有利于打破时空阻隔，充分利用优质资源：在培训之外，成为师生扩大视野、学习知识的窗口；在培训中，以随机性、灵活性、整体化的方式把培训内容呈现给参训者，推动教师教育创新，构建高水平、高质量、高效益的开放灵活的教师培训课程的实施。

可以通过自主开发或使用公共在线网络学习管理系统，实现教师培训课程资源检索、资源素材下载、资源分类管理、在线资源及资源制作、资源发布等功能，真正实现以服务为导向的，教师交流探讨知识和经验的具有时代意义的资源中心。例如，在北京教师学习网建立课程资源，或者利用中国 MOOC 大学建立 MOOC 课程，或者利用 UMU 互动学习平台建立培训学习管理班级或课程模块。这些教师在线网络课程资源的利用，基本可以按照两条线索并行，一方面，通过平台所提供的课程资源，系统学习相关知识，或者获取所需要的各类资源；另一方面，可以通过参与平台组织的各种活动，如专题讨论、协作学习等，积极发表自己对事物的看法和评价，与网络平台上其他同伴交流和共享彼此的经验，使得教师培训课程资源的建设和应用基本形成了下载、应用、上传的动态循环过程。这个过程中可以充分挖掘教师的隐性知识。

教师研修平台的课程资源结构为课件（文档、视频等）→课程（专题）→课程包（模块）。课件有文档、单视频、视频包（支持特殊的三分屏格式）等格式；课程（或称"专题"）

设计形式多样，视频、参考文献、作业、研讨多种形式组合；课程作业支持单选、多选、复选、问答等多种题型，可对班级学员分组批改作业；课程研讨可规定字数、完成时间，支持推荐到班级首页。多个课件组合成课程（专题），多个课程又组合成课程包（或称"模块"），每个课程（专题）分有必修、选修，并可设置相应学时。教师远程培训课程结构将课程学时进行分解，即课程中的每项任务完成都能获得相应学时，使得学习者获得学时更加灵活、更符合实际，在有限课程的条件下满足学习者一定的个性化需求。

（四）数字化转型，利用数字化课程资源库

利用网络化、数字化、虚拟化环境，开发利用课程资源，建立数字化课程资源库，可以为教师终身学习提供有力的支持和服务。《教育部关于深化中小学教师培训模式改革全面提升培训质量的指导意见》（教师〔2013〕6号）明确提出"各地要加强优质课程资源建设，重点建设典型案例和网络课程资源，积极开发微课程"。2017年"国培计划"项目实施文件（教师厅〔2017〕2号）提出"大力推行混合式研修，遴选建设大量满足乡村教师需求和切合教育教学实际的精品案例资源和适用素材资源，增强培训的针对性和实效性"。

大数据、云计算等信息技术在教育领域的广泛应用促使课程资源建设形式逐渐多元化；培训内容不仅来源于培训者，也来源于受训者，课程资源更加开放、更加丰富；培训形式也呈现多样化，教师充分利用信息技术为学习者提供网络交互平台，通过微博、微信公众号、直播等多种网络社交工具进行答疑解惑，实现互动交流；培训时空呈现立体化，利用网络学习资源，可使学习者根据实际情况自行选择学习时间和内容，并且可以突破地域限制，使学习更灵活、更有实效；培训选择更具个性化，学习者可以根据自己的学习能力和水平，自主、灵活地选择培训内容、时空和形式，避免"一刀切"，从而满足学习者个人个性的需要，提高培训的针对性和效率[①]。

为促进我国教育信息化的发展，教育信息化标准委员会先后组织制定了以下三项教育资源建设标准：《学习对象元数据》（CELTS-3），《教育资源建设技术规范》（CELTS-41），《基础教育教学资源元数据规范》（CELTS-42）。师资培训资源从某种意义上来说，是教育资源的子集，因此可以使用CELTS-41来定义师资培训资源。《教育资源建设技术规范》的基本结构（如图7-10所示），主要分为三大部分，分别是严格遵守的必须数据元素、作为参考的并对每类资源都适用的通用可选数据元素和针对资源特色属性的分类数据元素[②]。

---

① 李芒，李子运：《"互联网+"时代高校教师发展的新思路》，载《中国电化教育》，2016（10）。
② 教育部教育信息化技术标准委员会：《CELTS-41，教育资源建设技术规范——信息模型》，2002-12-25。

图 7-10　"教育资源建设技术规范"的基本结构

　　随着"互联网+"、大数据、云计算和人工智能等先进技术的发展，以虚拟班级为单位，通过视频授课、文本学习、在线研讨的传统教师远程培训模式，逐渐无法满足教师自主学习需求，教师远程培训平台的课程资源库结构要朝着满足个性化选课的自主研修模式改变。王彦明（2013）①和张倩（2021）②提出"课程超市资源库"的概念，即根据学习者的不同学习需求和个性发展需要，根据自己的专业、兴趣和个性发展需要，自主选择研修课程，其目标定位于营造一个开放、受教育者主动参与学习设计的课程环境，以课程组合的多样性来适应个性发展的多元化，通过有针对性地选择，安排自己的课程内容，实现满足个人发展的教育目的。教师选课就像在超市选购一样，打破学科之间的限制，根据自身的兴趣爱好自主选择其他专业知识，拓展自身知识面，也可以学习相关专业的知识，为自身的后续发展奠定坚实的基础；还可以了解学科的最新知识，扩展自身的知识面，实现可持续发展的目标③。

　　基于课程超市的理念，教师研修平台将打破虚拟班级局限，打造个人学习空间。现有的课程模块只能在虚拟班级内使用，学员通过选择学科虚拟班级进行课程学习，这种方式有利于培训班管理团队对学员的集中指导，但不利于作为学习主体的学员根据自己的兴趣开展自主学习。平台需营造一个开放的、由学员自主选择课程的个人学习空间。课程不只与虚拟班级关联，也可直接关联于个人学习空间。学员自主选择课程，并确认添加进个人学习空间，形成课程选择的自主模式。

① 王彦明：《"课程超市"的构建及其意义》，载《教育导刊（上月刊）》，2013（8）。
② 张倩：《教师远程培训课程超市资源库构建研究》，载《福建教育学院学报》，2021，22（11）。
③ 董欢：《基于工作情境的在职成人网络培训课程体系构建》，载《中国成人教育》，2017（7）。

总之，教师培训课程资源的利用应该做到为教师培训服务，不求花样繁多，但求切合实际，真正为教师持续学习与专业发展提供多元的课程资源。

四、教师培训课程资源的评价

教师培训课程资源的优劣程度，直接影响教师培训的质量和效果。教师培训课程资源的评价是对课程质量的一种综合性评估，是课程开发、实施和管理过程中不可或缺的一个重要环节。需要建立有效的评价机制，对课程资源进行科学有效的评价，从而为课程资源能否成为下一次培训的首选资源提供一个可靠的参考依据。

（一）教师培训课程资源的质量评价指标

教师培训课程资源的质量评价指标主要包括内容质量、形式质量、实用性和创新性等。内容质量指课程资源内容的准确性、完整性、时效性和权威性；形式质量指课程资源的表现形式是否合理、美观、易于理解和操作；实用性指课程资源是否符合教师的教学需求和学生的学习需求；创新性指课程资源是否具有新的理念、新的技术和新的方法。

教师培训课程资源的评价标准，主要是课程资源是否符合教师的认知水平，是否有助于激发教师自主学习的欲望，是否有助于专家、教师间开展交流互动等，那些有利于学生学会学习、学会思考、学会合作、学会创新和发展的资源在新的教育价值观的引导下，将会逐步占据主导地位。

教师培训课程资源的质量评价指标是对课程资源质量进行评估的重要依据。通过建立科学、合理的评价指标，可以全面评估课程资源的有效性、实用性、创新性等方面，为课程资源的开发、实施和管理提供指导。

（二）教师培训课程资源评价的原则和方法

评价教师培训课程资源应该遵循一定的原则，如科学性、实用性、针对性等。科学性原则要求评价方法必须科学、合理、严谨；实用性原则要求评价方法必须能够切实反映课程资源的实用价值；针对性原则要求评价方法必须根据不同的课程资源特点进行设计。

评价方法主要包括量化评价和质性评价。量化评价主要是通过统计数据和建立模型来评价课程资源的优劣，如文献分析、问卷调查、实验研究等；质性评价主要是通过深入了解课程资源的内涵和特点来评价其优劣，如教学观摩、案例分析、专家评审等。

未来需要进一步探索更加全面、科学、有针对性的评价方法，以推动教师培训课程的发展。同时，教师培训课程资源的创新与实践也需要不断加强，以满足教师的需求和学生的学习需求。

（三）教师培训课程资源评价的途径

通过对课程资源的评价，可以发现问题、改进问题，提高课程的质量和效果，促进教师的专业发展，提高学生的学习效果。因此，建立科学、合理的评价途径，亦即评价的维度至关重要。

1. 评价途径的构建

依据科学性、实用性、针对性的评价原则，可以从目标、内容、形式、实用性和创新性等方面构建教师培训课程资源的评价途径。

（1）目标评价

目标评价是以课程目标为基准，通过对课程资源的实际效果与预期目标进行比较，评估课程资源的有效性。首先，要明确课程的目标，包括知识目标、能力目标、情感目标等。其次，根据课程目标设计评价方案，收集实际教学效果的相关数据，与预期目标进行比较。

（2）内容评价

内容评价是对课程资源的内容质量进行评估，包括内容的准确性、完整性、时效性、权威性等。可以通过专家评审、同行评议、文献资料分析等方式进行评价。此外，还要关注课程资源的内容是否符合教育规律、学科特点和学生需求。

（3）形式评价

形式评价是对课程资源的表现形式进行评价，包括教材、参考书籍、网络资源、实验设备等。评价重点是课程资源的形式是否合理、美观、易于理解和操作。可以采用问卷调查、访谈、实地观察等方式收集反馈信息，对课程资源的表现形式进行评价。

（4）实用性评价

实用性评价关注课程资源在实际应用中的效果，主要从教师和学生的角度进行评价。通过问卷调查、访谈等方式了解教师对课程资源的认可度和使用情况，收集学生的学习成果和反馈信息，评价课程资源的实用性。

（5）创新性评价

创新性评价关注课程资源的创新程度和创新价值。可以通过文献资料分析、专家评审等方式评估课程资源是否引入了新的理念、技术和方法，对教育领域的发展是否有推动作用。此外，还要关注课程资源的可持续性和可扩展性，关注其能否适应不断变化的教育环境和教育需求。

2. 评价途径的实施

构建了教师培训课程资源的途径，也就是常说的一级维度后，设计出实用可行的评价方案，才能保证评价最终起到相应的效果。评价实施的步骤和过程包括制订评价方案、选择合适的评价方法、数据采集与分析、撰写评价报告、反馈与改进、总结等方面。

（1）制订评价方案

根据评价目标，制订详细的评价方案。明确评价对象、评价内容、评价方法、数据采集和分析等具体事项。确保评价方案科学、合理、可操作。

（2）选择合适的评价方法

根据评价方案选择合适的评价方法，如问卷调查、访谈、实地观察、文献资料分析等。综合运用多种方法，确保数据采集的全面性和客观性。

（3）数据采集与分析

按照评价方案的要求，采集相关数据，包括教师和学生的反馈信息、课程资源的具体数据等。运用统计分析方法对采集到的数据进行处理和分析，提取有价值的信息。

（4）撰写评价报告

根据评价结果，撰写评价报告。报告应客观、准确、详细地反映课程资源的优点和不足，提出针对性的改进建议。评价报告应具有可操作性和可读性，以便相关人员理解和实施。

（5）反馈与改进

将评价报告及时反馈给相关人员，根据反馈意见进行必要的调整和改进。持续关注课程资源的应用情况，对评价途径进行不断完善和优化。

（6）总结

教师培训课程资源的评价途径是确保课程质量的重要保障。通过目标评价、内容评价、形式评价、实用性评价和创新性评价等多种途径对课程资源进行全面评估，可以发现课程资源的优点和不足，提出针对性的改进建议。

在实施评价途径的过程中，需要制订科学、合理的评价方案，选择合适的评价方法，进行数据采集与分析，撰写客观、准确的评价报告，及时反馈与改进并总结。通过不断优化和完善评价途径，可以提高教师培训课程的质量和效果，促进教师的专业发展和学生的全面发展。

第三节　新技术支持的教师培训课程资源

以人工智能为核心的新兴技术及移动数字设备，与传统的网络和计算机等硬件设备一起，构筑了一个虚实融合的数字化学习环境。除了具备传统的课程资源特征外，在全新的数字化环境中，实现了诸如需求驱动、个性化和多元化的数字化课程资源供给与推荐等全新功能，推动教师培训课程资源从传统的"人找资源"向"资源找人"的转变，增强了资源的生命活力，这也对数字化课程资源的适应性和灵活性提出了更高要求。随着教育数字化推进，如何创新性地开发和利用数字化资源成为新的课题。

一、数字化教育资源赋能教师培训的路径

数字化教育资源包括网络课程、声像资料、电子教案、数字化素材库等。数字技术与教育教学的深度融合，变革了教学结构和课程内容，扩大了对数字化课程资源的需求并为之提供更广阔的应用空间。在教学过程中，数字教育资源是数字化教学服务流程、个性化服务供给和模式创新的基础，也是促进教师教学和学生学习数字化转型的关键。

（一）技术迭新

在真实的环境中学习，是最有效的学习方式。但往往基于现实中的各种因素，我们无法实现每一门学科都能够到真实的环境中学习。基于图像识别技术、音乐识别技术、深度计算和神经网络计算的 VR 技术等新兴技术则很大程度上解决了这个问题。一些原来我们无法近距离接触的东西，比如天空、海底世界还有一些微观世界，都可以通过 VR 让我们近距离"看"见。对于医学院的学生而言，虚拟现实让他们可以"钻进"人体内部去了解里面的各个细胞。在未来，就像阿凡达一样，我们可能全部都到一个虚拟环境中，共同完成一项任务。

教学工具也属于一种重要的资源，它是指在教学过程中，为教师和学生的教学活动开展提供有效支持的用具总称。技术迭代催生教学工具类课程资源的发展和迭代。大多教学活动的开展需要教学工具的辅助，信息化环境下的教学工具一般为软件，它能够为教师教学和学生学习提供帮助和支持，促进教学效果的提升。根据教学工具对教学支持作用的不同，可将其分为效能工具、信息检索工具、认知工具、情境工具、交互工具和评价工具等。[1]

效能工具是指能够帮助人们提高工作效率的工具。在教学中，常见的效能工具包括协助师生整理、分析教学信息的工具，如个人学习空间、文字处理软件、作图软件、数据分析软件等。

信息检索工具是用来存储、查找信息线索的工具，能够帮助用户快速查找、获取所需要的信息或资源。常见的信息检索工具包括：搜索引擎（百度、必应等）、文献检索工具（知网、万方等）、资源目录索引、社会知识网络等。

认知工具是指能够支持、引导和扩充学习者认知过程的心智模式与设备，可以促进学

---

[1] 钟志贤：《信息技术作为学习工具的应用框架研究》，载《电化教育研究》，2008（5）。

习者发展各种思维能力。常见的认知工具包括：几何画板、思维导图、语义网络工具、知识建构工具、虚拟实验室、教学设计专家系统等。

情境工具是指能够支持创设真实学习情境的技术工具，通过将理论知识与实际情境相结合，促进学生的知识应用和问题解决等高阶思维能力发展。常见的情境工具包括：PSAA系统、PBL、微世界等。

交互工具可以支持师生之间、生生之间的交流与互动，以及支持学生的协作学习。常见的交互工具包括：即时通信工具（QQ、微信等）、视频工具（ZOOM、腾讯会议、中国移动云视讯等）、协同工作工具（有道云协作、腾讯共享文档等）、电子邮箱、BBS等。

评价工具能够记录学生的学习过程并对学生的学习情况进行评价与反馈，促进反思。常见的评价工具包括：智慧学伴、问卷星、批改网、电子档案袋等。

（二）方法纳新

在数字化课程资源中，教学活动类课程资源是支持知识习得的交互方式，也是与教学过程密切关联的重要资源。在教学过程中，需要设置一些复杂的活动来激发学习者进行深层次的认知加工，促进学习者对知识的深度理解。

2009年，国内学者提出信息时代的新型资源组织模型——学习元，并将活动作为资源的一个重要构成要素。同时，在学习元平台中融入了多种类型的活动来支持记忆、理解、应用、分析、评价、创造六个不同认知层次的目标达成。总体而言，可以将这些网络课程的教学活动归纳为14种类别，包括：讨论交流、投票调查、提问答疑、在线交流、发布作品、六顶思考帽、画概念图、学习反思、练习测试、辩论活动、策展活动、操练活动、SWOT分析图、作业社会化批阅。在实际课程教学中，教师可以根据教学的需要选择不同的教学活动类课程资源，并将其嵌入教学内容中，实现内容与活动的无缝融合。例如，在"教育数据挖掘和学习分析"的教学内容中融入了讨论交流活动，学习者在完成教学材料的学习后，可以围绕与教学内容相关的话题展开讨论与交流。此外，教学活动也可作为一种可共享的资源，当其他教师在创建"学习分析"相关主题的课程时，可直接引用该活动。

（三）理念革新

教师的教育理念革新、教学方法重置、信息素养提升对基础教育深化改革起着决定性作用，重构新型"教与学"关系和"师与生"关系的新型智慧课堂是信息化教育的重要抓手。

1. 从人机物学习空间向以人为中心的机物穹协同生产关系转型

传统的教育生产关系中，人机物构成学习空间，而在智能时代的数字化环境中，构成的是以人为中心的机物穹协同的生产关系（如图7-11所示）。

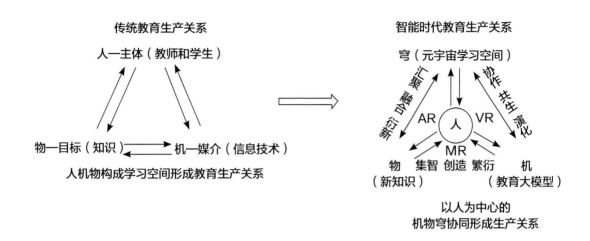

图 7-11　智慧时代教育生产关系

如在冰山模型中，数字化资源就像冰山在水下的看不见的那部分，作为重要支撑，托举起数字化时代教育教学模式的创新和变革，是智能时代重塑教育的重要基础。

2. 实现从传统思维模式向数智思维模式的转型

在当前数字化转型背景下，发生着传统思维模式向数智思维模式转型的变革。数智思维模式包括数据驱动思维、算法模型思维、创新思维和团队协作。其中，数据驱动思维是基于大数据和机器学习等技术的分析思维方式，包括数据分析和数据可视化。算法模型思维具备对多种技术工具的深刻理解，能够正确选择合适的算法模式，更好地服务于解决真实的复杂问题。创新思维与数据分析、跨领域交流、持续学习等因素紧密联系，在不断学习和追求创新中推动技术变革。团队协作是基于明确的任务目标，通过使用在线协作工具，促进团队成员多元化，建立信任团队，寻求创新解决问题的方案。

二、基于技术融合的数字化培训课程资源

（一）根据信息呈现方式划分的资源类型

按照信息的呈现方式划分，数字化教学资源可分为数字化幻灯、数字化投影、数字化音频、数字化视频、数字化网上教学资源等。信息化时代的数字教育资源分类如表 7-2 所示。

表 7-2　数字教育资源分类表

分类	举例
素材类	图片、视频、音频、表格、文本等
知识类	电子教材、试卷、教学案例、文献、课件、微课、网络课程、资源库、案例库等
工具软件类	通过工具软件、学科工具软件等
平台类	学习网站、研修平台等
虚拟环境类	虚拟手术台、虚拟数字博物馆等
智能类	智能学伴、智能导师等

（二）数字化赋能教学视角的数字资源

作为一种条件性资源，数字化赋能的学习场景构建，可以从人工智能在赋能教与学的角度以及市面上已开发完善的智能产品在实践案例应用的角度出发，按照备课、教学、学习、考试、评价、管理六大赋能角度进行分类，获得上述六个数字化赋能教与学场景（图7-12）。通过构建"资源、环境、管理、服务"四位一体的体系，全面建构个性化、泛在化、精细化和智慧化的资源开发和应用体系。

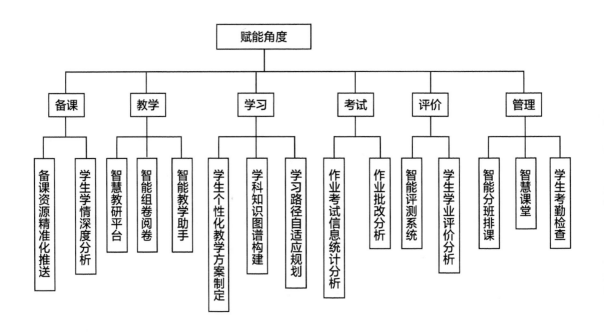

图 7-12　根据赋能角度划分的数字化教师培训课程资源

1. 备课

课前备课是教师教学工作的重要环节，也是教师教学活动顺利进行的前提和基础。将人工智能技术运用于教师备课，在一定程度上可以准确控制教学进度。备课阶段主要分为教师备课资源精准化推送和学生学情深度分析两大维度。

目前国内的智能备课平台针对教师课堂教学资源分散、制作花费时间较多等问题，提供了丰富的学科教学素材，方便教师备课。教师可以任意组合教学知识点，一键生成相应的教学资源。掌握学生学情也是教师在课前需要准备的，及时了解学生学习情况能够更好地协助教师对学生学习情况进行管理。

2. 教学

教师在整个教学过程所应用到的技术和平台，按照目前人工智能赋能教学的角度，主要分为智慧教研平台、智能组卷阅卷和智能教学助手三个模块。

其中，基于智能互联理念的智慧教研平台进一步提升了教师培训的针对性与有效性，有助于创设沉浸性更强的线上虚拟研修空间与"双师课堂"教学空间，可实现对教师认知结构、教学行为、教学风格与专业能力的智能监测与精准诊断，并实现精准化的课程推送、个性化的助学支持。

智能组卷阅卷系统是指利用"人工智能＋大数据"技术实现自动批阅、精准施教为主要功能出发点的智慧教育系统，可以实现快速批改，帮助教师解决教学难题，了解学生学情，提高教学效率。

智能教学助手本质上是用人工智能技术模拟人类的一对一教学（包括老师辅导学生学习，了解学情、学习兴趣、学习习惯等），其主要工作机制是根据学习主题为学生提供分步教程，系统利用相关科目和认知科学的专业知识，并采用知识追踪和机器学习方法，根据个别学生的表现自动调整难易水平并给予指导或提示。

3. 学习

学生学习主要分为学生个性化教学方案制定、学科知识图谱构建以及学习路径自适应规划。个性化教学以尊重学生个性为基础，根据学生的需要、兴趣爱好和学习基础来制定针对性的教学方案。

个性化教学的实施由"测—学—练—评—辅"组成教学策略的闭环，更加尊重学生个体差异，从而更好地促进学生个性化成长。

学科知识图谱是基于结点之间的语义关系而形成的知识逻辑网络，其中每个结点由知识点或者与该知识点相关的课程资源构成，最终以可视化形式呈现，揭示了学科中各知识点之间的逻辑和内在联系。

目前，市场上有一些"知识图谱型"AI产品，基于知识图谱的原理将学科知识点分类归纳整理，每一门学科按照课程标准、教学目标将不同章节的知识点连接在一起，构成一个完整的知识网络。

自适应学习路径是指根据学习者的知识水平、学习模式、资源偏好等个性特征所提供的特定学习路径，智能化地给学生推荐有关学习内容，随后进行测试，最后根据测试结果不断反馈迭代学习过程，以满足其个性化学习需求的学习活动和学习资源的有效序列。

4. 考试

从作业批改和考试两方面入手，分为作业考试信息统计分析、作业批改分析。作业考试信息统计分析是指应用大数据、云计算等信息技术手段对学生的学业情况进行统计分析，通过查看系统生成的多维度多方面的图表，获取不同学生对科学知识的掌握程度。

作业批改分析是指利用图像识别、自然语言处理、数据挖掘、人工智能技术，系统从教师在线布置作业到自动批改、生成学情报告和错题集等，再反馈给教师、家长和学生，并根据学生学情自适应推荐习题。教师在产品系统中设置学生课后任务，学生完成后拍照或在线提交，系统会自动批改，并生成分析报告，同时系统会根据学生习题的错误情况为他们智能化推荐习题。

5. 评价

评价从测试和学生学业角度分为智能评测系统和学生学业评价分析。

智能测评包含三个环节：测、评、练。首先利用知识图谱，通过测试了解学生对知识是否掌握，然后结合学生测试后的数据来判断其掌握程度，最后系统根据学生的知识掌握程度来推送相应的习题，通过阅卷、习题和作业等数据来收集反馈后的结果，进而准确地调整学生的学习进度。

人工智能在智能测评中的应用主要包括两个方面：一是通过知识图谱收集学生学情方面的有关数据，再通过数据分析出学生知识点薄弱的部分，然后推送相关题目来精准补强；二是通过语音识别来对用户的发音进行评分和纠正。

学生学业评价分析是指采集学生学习过程和结果的表现数据，并利用人工智能技术从学习风格、投入程度、学业成绩等维度进行分析，全面评价学习效果的过程。管理者通过查看多维度学习效果分析报告，可以及时了解学生学习进展、学习情绪状态、学业成绩等方面的真实情况。

6. 管理

学校管理主要针对课堂教学和学生日常生活检查，包括智能分班排课、智慧课堂、学生考勤检查。

智能分班排课是一种利用现代信息技术，通过系统内置的排课管理板块，可以轻松同时给每一个老师安排不同的课程、不同的场所，快速排好教学课表。它可以实现跨年级、跨学段排课，行政班和分层班、选修班等混合在一起排课，一次性完成。此外，还支持预排课、"固定无课时间"排课、"班级固定无课时间"排课、"师徒听课"排课等丰富的排课条件设置。智能分班排课的优点在于，它采用了最先进的分层算法，有非常丰富的模板可供选择，同时也支持在线自动排课，可以让用户更加轻松地进行课表的安排。无论是面向小学、初中还是普通高中学校，都能实现常规的自动排课、手动调课。这种方式不仅提高了排课的效率，也大大减轻了教师的工作负担。

智慧课堂利用新一代信息技术，如大数据、云计算、物联网和移动互联网等，打造全过程应用的智能、高效的课堂，包括课前、课中和课后环节。智慧课堂为教师提供了多种教学手段，实现全时互动和以学生为中心的教学，同时也可以随时调用后台的丰富学习资源。

学生考勤检查是指利用人工智能技术，获取学生在上课、就寝、用餐、考试等不同场景下的出勤情况，并通过记录分析对学生提出智能监管方案，保障学生的课堂学习质量和校园生活质量。

（三）基于线上线下使用场合的数字资源

线上教育具有时空无限、海量资源、路径多样、评价伴随、自动分析等优势，而线下教育则具有教学临场感、面对面交流、社会化发展等优势。线上线下融合式教学能够发挥两者的优势，成为学习环境变革的新常态。按照数字化资源的特征，可以分为数字环境、数字资源、数字任务、数字交互和数字评价五类。

1. **数字环境**。核心问题是如何营建开放的数字化课堂学习场景。需要关注课前课中课后、教学空间布置、技术设备设置和学习管理系统。

2. **数字资源**。核心问题是如何整合运用资源开展适切的教学环节。需要关注选择的资源类型、资源与真实情境的关联、生成性资源的整合运用以及对学习任务的支持。

3. **数字任务**。核心问题是学习任务如何促进学生核心素养的形成与发展。需要关注任务的形式与类型、任务组织的情况、学生参与程度等方面。

4. **数字交互**。核心问题是如何营建课堂关系，促进深度学习。需要关注交互的方式、学习的生成、"师—生—机"、学生思维的发展等。

5. **数字评价**。核心问题是如何落实"教—学—评"的一致。需要关注数据收集与分析方式、个性化学习的支持、素养导向的评价反馈、因材施教等。

（四）基于资源开放程度的数字资源

以数字形式出现和储存的资源都是数字资源，但数字资源不一定是免费开放的。开放教育资源（Open Educational Resources, 缩写为 OER）一词在 2002 年的一次联合国教科文组织会议上被采纳，意思指通过信息与传播技术来建立教育资源的开放供给，用户为了非商业目的可以参考、使用和修改这些资源。与会者表示，希望一起开发一种全人类可以使用的全球性教育资源，希望这种未来的开放资源能够动员起全球的教育工作者。"开放"是指免费、可复制、可重组、没有任何获取或交互上的障碍。

关于开放教育资源，通常是指免费开放的数字化材料，教育工作者、学生以及自主学习者可以在其教学、学习和研究中使用和再次使用。这里的"资源"包含三个部分：（1）学习内容，如完整的课程、课件、内容模块、学习对象、论文集和期刊；（2）工具，如有助于开发、使用、重复使用及传递学习内容的软件，包括内容的搜索与组织、内容与学习管理系统、内容开发工具和在线学习社区；（3）实施资源，如促进材料公开发布的知识产权许可，最佳实践的设计原则和本地化内容。

休利特基金会（Hewlett Foundation）官方网站对开放教育资源进行界定，认为开放教育资源是指在公共领域存在的，或者在允许他人免费应用和修改的知识产权许可协议下发布的教学、学习和研究资源，包括整门课程、课程材料、模块、教材、流媒体视频、测验、软件以及支持获取知识的其他任何工具、材料或技术。

开放性教育资源作为优质资源富集，具备交互性的数字学习环境，为智能学习路径的系统化设计提供了作为底层的知识图谱以及学习者与资源互动的界面，是从学习工程路径变革教育的有效方式。它能帮助教育者转变教学实践模式，并以丰富的资源提升教育效能，进而大范围提升学生学习效果。

开放性教育资源运动起源于本世纪初，由麻省理工学院发起。2001年，麻省理工学院将部分课程视频公开在网络上，供学生免费使用，在世界范围内掀起开放性教育资源浪潮。随后，耶鲁大学和哈佛大学等国外诸多名校纷纷加入课程共享运动。2010年，课程共享渐渐开始在我国流行起来。目前，世界上影响力较大的开放性教育资源主要有麻省理工学院开放课程项目、英国开放大学开放学习项目和中国网易公开课等。开放性教育资源的兴起对教育领域产生了深刻的变革，对教育思想、教育内容、教育方式以及教育技术等都产生了巨大影响。

开放教育资源的类型包括但不限于以下六种：

1. **开放课程资源**：这是由大学或教育机构开发和发布的免费在线课程，学生可以在任何时间、任何地点参与学习，例如麻省理工学院的开放课程项目。

2. **开放教材资源**：这指的是以数字形式发布的教材，具有开放授权，可以自由获取、使用和共享。开放教材可以涉及各个学科领域，包括电子教科书、教学设计、作业和评估等。

3. **开放学习资源库**：这是收集和分享各种学习资源的在线平台，包括教学视频、讲座录像、教学素材、学术论文等。学习者可以通过这些资源进行自主学习和知识探索。

4. 开放试题库：这是一个存储和共享试题的数据库，供教师和学生使用。学生可以通过访问开放试题库获取丰富的学习资源，进行练习和考试复习。

5. 开放实验室：这是提供在线实验模拟、虚拟实验环境或共享实验设备的平台。学生可以通过开放实验室进行实践操作和学习，获得实际应用和实验技能。

6. 开放教育平台：这是集成各种开放教育资源的综合平台，提供在线课程、教材、习题，具有交流讨论等功能。学生可以在开放教育平台上完成学习任务，与其他学习者和教师进行互动交流。

以上是开放教育资源的主要类型。开放性教育资源由于通过互联网可以免费获得，使广大教育者、学生、自学者及各界群体可反复利用数字化材料（包括开放课件、教科书、软件、辅助工具和技术等），为学习者提供了更为广泛、自由和灵活的学习机会，亦为教学和研究提供便捷资源，促进了教育公平和知识共享。

三、数字化赋能的培训课程资源开发与应用

信息化与数字化的最大差别在于：信息化是对于知识的演绎，以提升效率为主，而数字化是知识的归纳，以提炼价值为主。建构主义认为，外界的信息只有被学习者接受并经过加工后才能进入学习者的知识结构，对丰富的信息资源进行积极的建构式、发现式学习才是学习者获取知识的有效途径。建构方式无外乎两种，一是构建逻辑框架，二是联系实际应用。数字化赋能教师培训的课程资源建设，需要把如何应用作为第一考虑要素。

人类的智慧来源于日常知识的积累，而许多知识都是从以数据为载体的各种信息中不断地归纳总结提炼出来的。概而言之，人类一直在努力提高认识世界的水平，通过观察物理世界、描述现状、理解客观规律来解释过去、指导现在、预测未来。通过对自然信息的记录、描述、分析和推理，人们逐渐建立了经典的 DIKW 知识金字塔体系（图 7-13）。

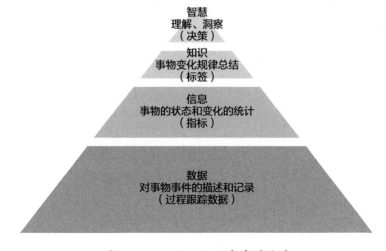

图 7-13 DIKW 知识金字塔体系

DIKW 金字塔很好地描述了人类认识世界的规律和层次结构，展现了数据是如何一步步转化为信息、知识，乃至智慧的方式。该体系主要包括数据（Data，原始的事实集合）、信息（Information，可被分析测量的结构化数据）、知识（Knowledge，需要洞察力和理解力进行学习）、智慧（Wisdom，推断未来发生的相关性，指导行动）。原始观察及量度获得了数据，分析数据间的关系获得了信息，在行动上应用信息产生了知识。知识进一步指导决策，形成智慧。智慧关心未来，它含有暗示及滞后影响的意味，每一层都对其下一层赋予了一些新的特质。

教师培训课程数字化资源的开发和应用，是收集数据、建构数据资源并最终应用来提高培训质量的过程。遵循实用性、开放性和可持续性三个原则的数字化教学资源建设，能够确保数字化教学资源体系的先进性与科学性，并将极大地推动数字化教学与学习的发展。

（一）数字化课程资源开发的主要方式

我国教师培训工作正处于提升质量、内涵发展的历史新阶段，培训课程资源建设的支撑引领作用日益突显。尤其是数字技术在教师培训中的加快应用，混合学习条件下广大教师对培训课程资源的多样化、差异化、优质化需求，对现有教师培训课程资源建设格局和开发方式提出了新挑战。

现在我们并不缺乏优质培训资源，缺少的是生成优质资源的机制和从海量资源中遴选有效资源的时间。如何利用数字技术赋能教师培训资源建设，是一个值得认真研究和实践的问题。教师培训数字化课程资源的开发主要有两种方式：用户创建及外部平台导入。

1. 用户创建

数字化环境下，教学资源的开发不再是某个机构或者专家团队的事情。随着互联网＋教育的不断深入，资源的共建共享和动态变化成为常态，很多资源以群智涌现的形态[1]，构建了一个开放的教育生态，形成了实践导向的多视角资源生产新方式，为传统学习提供支持，更支撑了诸如混合式学习等互联网数字化环境下的新型教学模式。

2. 外部平台导入

不同用户、不同平台在资源创建时依据的资源开发标准各不相同，导致资源之间常常存在描述异构的问题，难以在统一的资源空间中对多源异构的海量教育资源进行有效整合。通过建立统一、规范且标准化的资源元数据描述框架，并对教育资源进行描述与组织，能够实现多源异构教育资源的跨平台整合和共享，为众筹众建的数字化课程资源开发模式提供支撑。

---

① 陈丽，逯行，郑勤华：《"互联网＋教育"的知识观：知识回归与知识进化》，载《中国远程教育》，2019（7）。

如国家智慧教育公共服务平台汇聚课程改革、精品课程、备课资源、教改经验等多种资源，通过开放性学习机制，无差别地惠及了全国 1 800 多万名教师，支持全国教师高质量自主选学和研训活动的开展。国家智慧教育公共服务平台这种垂直供给的方式在推动优质研训资源均衡中迈出了重要一步。

数字化资源建设和信息化教学是信息技术课程教学中最突出的特点之一，在新课程实施之前已有丰富的数字化素材性课程资源（以下简称数字化资源），收集、管理和共享原有的数字化资源也是新课程实施的基础。新课程并不全盘否定以往的课程和教学，我们应该把新课程看作是对以往课程和教学的提高。因此，在新课程的数字化资源建设中，要重视收集和整理原有的各种资源。

数字化资源的来源主要有以下七个方面：（1）数字图书馆，其特点是信息数字化、服务网络化、资源规模化，其课程资源最丰富，但与课程主题之间有较大距离。（2）商品化的课程资源库，其课程资源最集中。商品化资源库建设工作近几年发展较快，市场上涌现出许多产品，但多基于旧的课程体系，因此已有厂家在筛选内容，重新组织新课程的资源库。（3）教育门户网站，是课程资源汇集之处。（4）学科教学专题网站，拥有更多更新的课程资源。（5）与教材配套的教学研究网站，是本次新课程实验中的一个特色。（6）IT 行业网站，包含丰富的软硬件咨询信息，是教学与学生生活实际相结合的重要资源之一。（7）使用搜索引擎在互联网络中搜索资源，这也是目前大家最常用的资源收集手段。

学科教学资源库的建设是数字化资源管理和共享的主要手段。传统的资源库建设存在一些问题：没有统一的数据标准；提取信息不方便；信息得不到及时更新。这些问题目前已有解决办法。教育部制定的《基础教育教学资源元数据规范》（2002 年）为资源库建设提供了统一的标准。以学科分类、年级水平、资源类型、资源格式、教学主题为主线组织的资源库，方便了用户提取信息，其中特别是以主题为线索的资源组织方式，得到了较大的发展，受到用户认可。以主题为线索的资源库不仅方便了用户的使用，同时通过建立内部激励机制（多以电子货币为手段），鼓励用户上传自己创设或收集的精品资源，有效解决了资源库的信息更新问题。近阶段，新课程资源建设将以元数据规范为指导、以教学主题为主线、以 Web 形式得到快速发展。

（二）数字化教师培训课程资源的应用

1. 不同技术融合发展阶段的数字化资源应用

从信息化发展的历程来看，技术融合大致可以划分为四个不同阶段，即计算机网络技术驱动的技术融合阶段，移动互联技术驱动的技术融合阶段，大数据分析技术驱动的技术融合阶段，人工智能驱动的技术融合阶段，每个阶段包含的数字教育资源类别不尽相同（表

7-3）。其中，智能化以"数据＋算法＋算力＋算网"为支撑，强调通过数据流动、分析和增值，实现高效协同、产销合一的资源优化配置，推进教育高质量发展。

表 7-3　技术融合发展阶段与数字教育资源应用

阶段	数字教育资源
计算机网络技术驱动的技术融合阶段（阶段 1）	媒体素材资源、知识资源加工汇聚、工具软件资源等
移动互联技术驱动的技术融合阶段（阶段 2）	阶段 1 所包含的数字教育资源、学习网站、学习交流平台等
大数据分析技术驱动的技术融合阶段（阶段 3）	阶段 1、阶段 2 所包含的数字教育资源、智能分析技术、虚拟技术资源等
人工智能驱动的技术融合阶段（阶段 4）	阶段 1、阶段 2、阶段 3 所包含的数字教育资源、人工智能技术等

在教师培训领域，数字化教师培训课程资源能够促进教师专业发展。随着数字技术的涌现，教师迫切需要提升自身的信息素养。信息素养不局限于获取信息的能力，也包括利用工具快速定位所需资源的能力，还包括资源的使用能力，即如何将资源有效整合到课堂教学中。资源的整合不是简单、机械的 1+1=2，而要发挥 1+1 > 2 的作用，创造性地转化资源，做到为我所用，从而有效提升课堂教学质量。这就要求教师主动学习、适应和使用开放性教育资源。同时，学校和政府应予以支持，为教师专业发展提供机会和平台，提升教师驾驭开放性教育资源的能力，使教师有效地适应、改进并运用开放性教育资源。

2. 基于用户学习情境的数字化教师培训课程资源推荐逻辑流程

在数字化学习环境下，教学从"PPT＋视频"的传授知识重点，转向沉浸式、交互式学习场景，从无差别的提供资源到定制化、个性化的资源推荐（图 7-14），教师的职责也从教授知识转向引导和陪伴，最终从师生二元关系的教学转向"师—机—生复合主体"的教学。

（1）基于不同学习场景（教室、实验室、博物馆等）的不同用户（教师、学生等）通过多元终端（电脑、手机、平板等）开展学习，终端设备通过情境感知系统获取当前学习者的学习情境信息（包括学习主题、学习者风格、学习目标、认知水平、场所信息等），并对情境信息进行封装。

（2）适应性资源生成服务获取封装的情境信息并解析。

（3）传递情境信息给信息存储容器，根据学习主题 T，信息存储容器从平台资源库中聚合所有关于主题 T 的资源，此时信息存储容器中的资源含有丰富的语义描述。

（4）基于学习情境信息，抽取信息存储容器中与学习情境匹配度最高的资源集，包括教学材料、工具、活动等，以及与资源关联的人际网络，将资源集传递至"内容组织"模块。

（5）"内容组织"中的资源情境要素通过获取的情境信息，包括学习目标、知识类型、学习偏好、学习场所等信息，选择适合的教学策略模板，并根据教学策略及知识点关联关系（前序、后继等），对资源集进行结构化组织，使之符合教学逻辑。

（6）将重组后的个性化资源输出给学习者，并根据学习者的终端设备及设备参数，进行格式转换，适应性呈现推荐的资源。

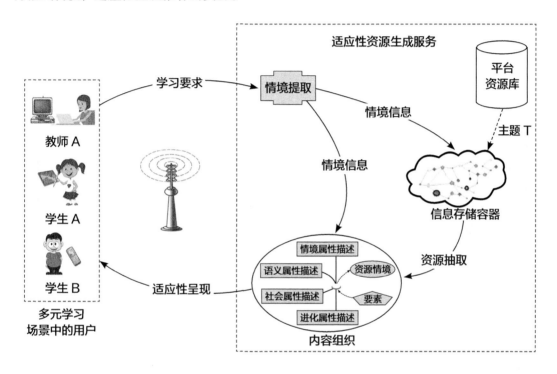

图 7-14　基于学习情境的资源推荐

（三）基于空间和平台工具类的数字化教师培训课程资源应用

数字化教师培训课程资源的应用，技术是必备环境条件，问题和需求是基础，实践应用是关键。对数字化学习空间和平台工具的应用，是利用数字化教师培训课程资源提升教师培训质量的关键基础之一。

数字化教学诊断平台面向三类对象，开放不同权限和数据。（1）教师：成绩查询、成绩统计、试卷讲评、教学诊断和质量检测。（2）学生：成绩报告，小题诊断，知识点、能力点、题型诊断和进退步监测。（3）家长：移动端可登录，方便家长了解孩子的学业水平、学科优劣势和学业成绩的变化。

通过对数据的加工和使用，数字化教学诊断平台可以帮助教师、学生发现问题，进行个性化改进和突破。基于数据，学生进行自我分析，查找问题，知己知彼；教师则基于问题开展成绩分析，聚焦问题，精细落实，同时精准施策，做好教学设计，通过步步跟进达到提质增效。

构建出符合本校学情的智慧作业平台，在实践中迭代利用作业机、扫描仪、移动终端等智能硬件设备采集学情，动态更新学情画像，形成数据驱动的作业设计优化与反馈机制，可以实现减量提质、以评促教。全面的数据分析能为精准教学提供依据；数字的学情画像，靶向指导个性化学习；留痕的打印批改，真正实现为教师减负；同时，实时的数据分析能够提升作业治理水平；持续的项目迭代，有助于提高校本教研能力，促进学校发展；及时的数据反馈，亦将促进有效的家校沟通和家校社合作与协同育人。

"双师课堂"是数字化教师培训课程资源应用的一种方式。双师课堂实践中，有两对关键问题：深度与效率、质量与评价。从技术与教学融合角度，推进数字化资源应用，实现深度学习并提高效率的有效策略主要包括：构建技术支持的翻转课堂教学模式。课前学生利用学习平台自主学习；课中教师利用技术工具开展符合学科特点的学习活动，优化学生的认知结构与水平，开展靶向教学。利用智能终端等设备，教师即时获取学生学习分析报告，开展精准教学。在质量与评价方面，其策略主要包括：个性评价与及时反馈，如借助智能语音互动设备，实现个性化英语对话评价；群体共创与共评留痕。在智能设备支持下，实时保留课堂互动痕迹，生成过程性学习资源。

经过长时间的发展，现在的教师培训学习工具包括非同步对话工具、同步通信工具及其他工具。

（1）非同步对话工具：该工具支持讨论。①对话允许用户参与到一个讨论中；②已经贡献的对话被分成不同话题并参与到讨论中；③辩论允许用户支持不同的主题或立场；④根据辩论所采取的立场，用户的观点按不同的颜色标识；⑤"头脑风暴"允许用户匿名在线发表自己的观点和主张；⑥"热座模式"允许发帖人向任何一位能够立刻做出回应的客人或专家提问；⑦问题和解答按线程排列，并允许进一步讨论。

（2）同步通信工具：①聊天为一群用户在一个特定的时间内在线会晤、开展实时讨论提供环境；②白板提供了一个图形界面，它能使得讨论围绕着图形、图标等展开；③即时通信系统提供一对一的同步沟通交流环境。

（3）其他工具：①页面发布允许用户上传和分享文字、音频、视频；②文章允许用户撰写和发表基于文字的信息；③电子邮件提供了基于 Web 的电子邮件系统；④便签笔记能使用户写便签，并留给其他用户去看；⑤一系列先进的协作工具为学习者的交互提供"脚手架"，使一系列的学习行为成为可能。

四、数字技术赋能教师学习的课程资源

数字时代的到来，教育必须适应技术变化，加速教育资源的数字化改造，完善数字化公共服务平台，在教材数字化、学具数字化、教学过程数字化、管理评价数字化和服务数字化全过程中发力。虚拟现实、扩展现实等沉浸式技术丰富了资源的呈现形态。基于大数据、人工智能的资源精准推荐新模式，凸显了资源内容动态化、小颗粒、语义化等特征，方便教师根据实践中的即时问题便捷利用和学习。

利用大数据、虚拟现实等辅助手段使得"线上＋线下＋实践"混合式教学日渐成熟。数字化学习资源具有获取的便捷性，形式的开放性，资源的共享性，平台的互动性，内容的拓展性等特征和优势。教师可以灵活备课，积极与课堂教学相结合，搭建数字化知识传播共享平台，实现开放学习与资源共建，利用数字技术在学习教学过程中进行有效的互动沟通与交流。数字化教学资源体系不是封闭、一成不变的，而是开放、可持续发展的。学生可以在任何时间、任何地点以适合自己的方式学习任何课程。教师、学生甚至整个社会经过审核后，都可以将合理有效的教学资源添加到其中。这些丰富的教学资源将会被开放，成为终身教育体系的一部分，并为数字化教学资源建设的可持续发展、教师的教学和科研带来极大的支持和帮助。

（一）新技术赋能数字化学习场景资源

新技术包括了大数据、云计算、区块链、数字孪生和元宇宙等新兴技术。这些数智技术的深度融合，使得智能时代的学习者处于多样化数字化学习情境中，具有个性化的学习偏好和特征，在知识、社会等层面具有个性化的需求。数字化课程资源拥有的丰富的语义化描述，可以为这一智能适应过程提供良好基础，实现需求驱动、个性化和多元化的数字化课程资源供给与推荐。

缺少情景化链接，理论难以向实践迁移，是教师培训实施中的常见顽疾，因而架构理论与实践的桥梁将成为关键性突破口。场景是在特定时空内发生，由一定人物行动或关系所构成的具体生活画面。随着数字技术的发展，场景较多构筑在智能设备、社交媒体以及大数据之上，便捷使用度高，且在呈现形态上越来越具有沉浸式与交互性特征，这些场景在促进学习者认知理解、经历体验等方面体现出较大潜力。

利用虚拟现实、扩展现实、元宇宙等技术构建和应用场景也成为当前支持教师专业发展的新趋向，例如美国的 SimSchool、德国的 Breaking Bad Behavior 等平台都在创造沉浸式

场景，以此帮助教师练习课堂管理技能和策略。尽管上述场景构建工具和事例还较为有限，但现实已经表明，面对理论与实践之间的鸿沟，学习场景可提供迁移高通道。

高通道是与低通道对立的信息迁移机制，低通道迁移即只能在相似任务中机械拷贝，而高通道迁移有助于教师在不同场景、不同任务中实现"具体—抽象—具体"的灵活转化。场景通过重现教育现场和人物互动，有助于教师在真实或拟真教学情境中思考，进行具身体验，以此丰富新理论与新方法带来的实践意义，积累面对复杂挑战的经验，从中发展实践智慧，提升面对复杂教育实践的能力。

基于"真实"场景的学习会比背几十遍的术语更让学习者印象深刻。例如，建立在图像识别技术基础上的教学反馈系统，通过视频监控的方式进行数据采集，然后用大数据对每个孩子在课堂上互动的情况进行分析。通过这些数据的分析结果，老师能够更精准地知道每个学生各自的学习困难点在哪里，从而提高学习的有效性。

基于场景的数字化资源具有沉浸式、交互式、场景化和游戏式的特征。通过视觉、听觉、触觉、静觉等多模态感知技术打造的全感官体验的沉浸式学习环境，具有逼真性、完整性和安全性的特质，提供了易于引导的丰富课堂背景、易于理解的知识概念观测和更加安全的虚拟课堂实践资源。通过真人替身、虚拟教师、虚拟环境和虚拟装备，重构出虚实联动、突破时间和空间限制的人环交互式数字化学习环境。通过场景预设、编辑和演化的创新，实现课堂教学内容的场景化，通过有差异的学习者选择不同学习场景，实现个性化学习和人才的差异培养。抓住情境性、多样性、趣味性和及时反馈等游戏化特色，通过自由开放达到高效频繁的创新生产，通过价值激励促进资产和信息交换，通过规则运行完备管理和奖惩机制，通过情境预设提升玩家参与活跃度，进而在学科教育中为实验性学科提供更轻便的设备，让学生在非正式学习中以虚拟身份开展丰富多样的活动，在系统化培训中提升教师的综合实践能力。

（二）AIGC技术赋能教育资源新活力

生成式人工智能（Artificial Intelligence Generated Content, 缩写为AIGC）指能理解和生成文本、图片、音频、视频等多模态内容的预训练模型等人工智能技术，典型应用如ChatGPT，表现为理解对话机器人，能理解和生成资源语言，进行多轮高质量对话等。

随着AIGC快速涌现，一方面AIGC提供了数字化和智能化的支持，使得抽象、平面的教材具体化、立体化，使知识传播更生动、趣味。具体表现为：（1）自动化生成教学资源和学习材料，减轻教师的工作负担，提高教学效率和质量；（2）提供个性化的学习方案和内容，分析学生的学习数据和行为模式，满足不同学生的学习需求和兴趣；（3）自动化进行学生评估和反馈，提供个性化的反馈和建议，帮助学生更好地理解和掌握知识；（4）提供实践机会和项目经验，帮助学生通过虚拟实践和仿真实验来学习和掌握实践技能和经验；（5）显著提高劳动效率，为学生带来了高效率、低成本的工作方式，使其能从事更具挑战性的工作。

另一方面，AIGC 冲击着教学从知识流通进入知识生产领域，教学资源的性质发生根本性转变。智能评测、试题自动生成等生成式人工智能为教师提供了全天候、个性化的教学辅助服务，提高了教学效率。帮助教师分析学生学习表现，包括学习习惯、学习进度等方面，为教师提供更科学的学生管理和评估。

教师在开发和利用 AIGC 资源过程中，要避免人工智能技术滥用的风险，合理使用 AIGC 技术，遵守相关的法律和伦理规范，更好利用其优势高效处理大量数据和复杂任务。

数智时代教育格局发生着巨变，人才培养过程中，在学习环境、学习内容、学习方式、学习组织、学习评价和课程供给等方面发生了巨大变化，新的人才培养范式正在形成，教育将迎来人机混合增强的人才培养新模式，教师学习资源也必将向智能化、综合化、多元化、扁平化、精准化、个性化、协同化和平等化方面发展，即在学习环境智能化、学习内容综合化、学习方式多元化、学习组织扁平化、学习评价精准化、课程设计个性化、认知方式协同化、师生关系平等化等方面将有新的进展和突破。同时，教育目标、内容、形式和手段的变革，也必将促使教育资源不断更新以适应发展，并能解决新的教育平台和技术支持的需求增多和教育资源流通性等问题。

（三）数字技术赋能教师教研的资源

2022 年 11 月 30 日，教育部发布《教师数字素养》教育行业标准，从数字化意识、数字技术知识与技能、数字化应用、数字社会责任、专业发展五个维度构建教师数字素养框架，着力提升教师利用数字技术优化、创新和变革教育教学活动的意识、能力和责任。鼓励教师分享利用数字技术资源进行教学知识的技能、教学反思与改进，推动大家互鉴学习，培养教师围绕数字化教学相关问题开展教学研究，开展数字化教学研究，支持教师创新教学模式与学习方式（图7-15）。

数字技术让教研信息变得更加丰富，从课前准备到教研报告的生成，每一个环节都可以是集图、文、音、视、动画、游戏的多种格式文件，虚拟的场景和现实的场景都有，丰富的场景给教和学的改进提供了更多可能，也许在玩的过程中就把重、难点突破了。在教研活动中，应该树立系统思维，收集资源强调共享，鼓励每一位参与者都成为资源转发者、生产者，对 PPT、微视频、微视课、说课材料、教学反思材料都进行标签，对长材料进行焦点分割标识标签，以建体系为目标，把各种资源像课本一样，梳理出目录，形成区块，形成链条，方便随点随链接，为教师精准提供教研资源，带动更多教师或学生生产原创资源，促进资源的迭代更新，提供丰富的高质量资源。

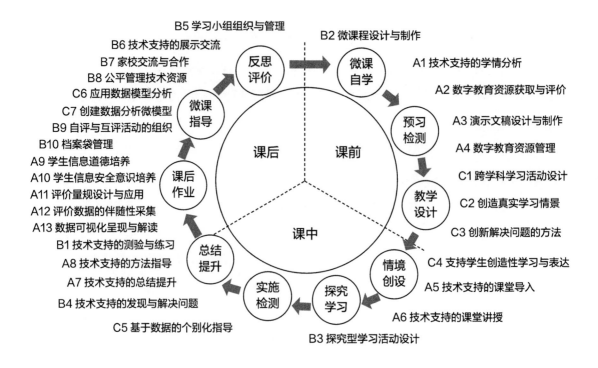

图 7-15　数字化教学研究

传统教研面临四个瓶颈问题：教师精准反思难，同侪精准帮扶难，教研员精准指导难，教育管理者教师专业发展评估难。智能研修平台更智能、更客观，具有基于人工智能的课堂教学行为分析和基于量表评分的教师能力矩阵分析两大特色功能，有效支撑备课磨课、观评课、优质课评选三种教研模式，为精准诊断教学问题提供数据支撑。平台通过搭载OCR 识别、语音识别、人脸识别、肢体识别等人工智能技术的智能录播设备，可以通过直播或录播形式进行在线备课磨课，线上也可以随时随地参与。实时记录每一次备课磨课时的课堂总体评价，可随时调用，教师和教研员观看课堂视频更方便，备课磨课更深入。全员参与观评课，无须到达教室现场，在任何地点，只需用手机、电脑等终端进入平台，即可开始在线签到、共享资源、AI 评课、在线讨论等环节，打破时空限制，完成在线观评课。量表打分 +AI 分析，自动统计活动数据，从不同维度生成分析报告，完成优质课评选，以客观数据促进教师夯实教学技能。教师在观评课的同时，平台会自动生成并推送"被评课例"的两份数据报告，一份是基于量表打分的教师能力矩阵分析报告，一份是基于人工智能的课堂教学行为分析报告。通过 AI 教学行为数据 + 教学视频，量表评分，定性 + 定量，主观 + 客观，真正以第三方视角进行判断，摆脱经验主义带来的盲点。

数字化环境下，一切教研元素均可以形成数据。每一位参与者，每一次教学准备、授课、教学反思，每一次教研评价，每一个互动，都会成为数据节点。应用现代统计技术为个人画像，可以进行纵向对比，即一段时期内有没有取得进步，有什么样的变化，从而为我们提供参考。教研机构或学校管理者可以通过一个数据看板来看机构的整体数据，也可以看某个教研员或教师的数据，常规统计一个月做了多少次教学视导，听了多少课，做了多少次视导总结，等等。应用 AI 技术还可以分析教学视导质量怎么样？某一阶段老师们关注什么问题？哪些是影响教育质量提升的关键问题？分析结果都会以数据方式呈现给管理者研判，指导教研员或教师研究，为教育局或者学校的决策提供数据实证，使得教科研变得更加精准高效。

以专家讲座、典型课例、教学设计等为主要形式的研训资源是支持教师实践和专业发展的关键。"一体化联合教研"构建教研员、教师、学生、资源、平台、工具之间的创新互动联合机制，通过平台赋能教研、支持教师集群学习。听评课，实现即时同步教师的教案，结合纸质听课本，让教师能便捷记录课堂的文字与音视频，所有的听课记录可一键便捷导出。同时评价结果即时反馈给授课教师，助力教师的课堂专业发展。校本培训云空间，沉淀学校多年积极探索实践的系统、多样、完善的教师校本培训体系，并通过平台提供的学分激励机制，让教师主动参与学习，发挥名师辐射带动作用，推动教师提质增效发展。

信息技术的发展使教育教学环境发生了很大变化，基于 AI 大数据的课堂教学行为分析深度挖掘课堂教学过程，让感性、模糊的问题可视化、精准化，切实赋能教学行为评价和改进，为精准教学教研开辟了新的路径。

校本科研高效协作，鼓励老师们形成课题组，就共性问题团队开展研究和反思。一方面助力教师提升项目研究能力，另一方面科研管理者能够随时查看到各学科教师在科研方面的关注点及取得的成果。科研内容覆盖了课题、教学比赛、论文比赛等各种科研类型，极大提升了教师参与课题研究的积极性与便捷性。

参考文献

1. Donald L. Kirkpatrick, James D. Kirkpatrick. 如何做好培训评估：柯氏四级评估法 [M]. 奚卫华，林祝君，等，译. 北京：机械工业出版社，2007.

2. Leigh Chiarelott. 情境中的课程：课程与教学设计. 杨明全，译. 北京：中国轻工业出版社，2007.

3. R.M. 加涅，W.W. 韦杰，K.C. 戈勒斯，J.M. 凯勒. 教学设计原理（第五版修订本）[M]. 王小明，庞维国，陈保华，汪亚利，译. 上海：华东师范大学出版社，2018.

4. R.W. 泰勒. 课程与教学的基本原理 [M]. 罗康，张阅，译. 北京：中国轻工业出版社，2008.

5. R. 基思·索耶. 剑桥学习科学手册（第 2 版）[M]. 徐晓东，杨刚，阮高峰，刘海华，等，译. 北京：教育科学出版社，2021.

6. S. 拉塞克，G. 维迪努. 从现在到 2000 年教育内容发展的全球展望 [M]. 马胜利，译. 北京：教育科学出版社，1996.

7. T. 胡森，T.N. 波斯尔斯韦特. 教育大百科全书：课程 [M]. 丛立新，赵静，译. 重庆：西南师范大学出版社，2011.

8. 安德森等. 布卢姆教育目标分类学：分类学视野下的学与教及其测评 [M]. 蒋小平，等，译. 北京：外语教学与研究出版社，2009.

9. 鲍勃·派克. 重构学习体验：以学员为中心的创新性培训技术 [M]. 孙波，庞涛，胡智丰，译，南京：江苏人民出版社，2015.

10. 比彻姆. 课程理论 [M]. 黄明皖，译. 北京：人民教育出版社，1989.

11. 彼德·泰勒. 如何设计教师培训课程：参与式课程开发指南 [M]. 陈则航，译. 北京：北京师范大学出版社，2006.

12. 布鲁克菲尔德. 批判反思型教师 ABC[M]. 张伟，译. 北京：中国轻工业出版社，2002.

13. 曹磊. H 大学"国培计划"学员课程满意度的实证研究 [D]. 湘潭：湖南科技大学，2017.

14. 陈丽，逯行，郑勤华. "互联网＋教育"的知识观：知识回归与知识进化 [J]. 中国远程教育，2019（7）：10-18+92.

15. 陈琦，张建伟. 建构主义学习观要义评析 [J]. 华东师范大学学报（教育科学版），1998（1）.

16. 陈霞，万立荣. 交互式教师培训设计 [M]. 上海：上海教育出版社，2022.

17. 陈霞.教师培训课程设计 [M].上海：上海教育出版社，2019.

18. 陈向明.如何营造一个支持性培训环境 [J].教育科学，2003，19（1）.

19. 陈一曦，曾新平.“国培计划”体育教师培训满意度研究 [J].福建工程学院学报，2018（2）.

20. 崔允漷.课程·良方 [M].上海：华东师范大学出版社，2007.

21. 崔允漷.有效教学 [M].上海：华东师范大学出版社，2009.

22. 丹尼尔·平克.驱动力 [M].龚怡平，译.北京：中国人民大学出版社，2012.

23. 董欢.基于工作情境的在职成人网络培训课程体系构建 [J].中国成人教育，2017（7）：94-97.

24. 杜鹃，王颖.高校新入职教师培训课程设计及实施效果研究：基于北京理工大学的个案分析 [J].高校教育管理，2018（4）.

25. 范光基，黄澄辉.新时代中小学教师培训需求研析与培训建议 [J].教育评论，2022（11）.

26. 冯晖.教育评价与教育评估辨析 [J].上海教育评估研究，2022，11（5）.

27. 傅建明.“隐性课程”辨析 [J].课程·教材·教法，2000（8）.

28. 高洁，方征.评价、评估、考核、监测：教育评价若干同位概念辨析及启示 [J].教育发展研究，2022（19）.

29. 格兰特·威金斯，杰伊·麦克泰.理解为先模式：单元教学设计指南（一）[M].盛群力，等，译.福州：福建教育出版社，2018.

30. 顾富民.现代教育技术应用 [M].江苏：南京大学出版社，2018.

31. 顾明远.教育大辞典（第 1 卷）[M].上海：上海教育出版社，1990.

32. 顾明远，檀传宝.中国教育发展报告：变革中的教师与教师教育 [M].北京：北京师范大学出版社，2004.

33. 何锐钰，陈霞.教师实践体验课程设计 [M].上海：上海教育出版社，2021.

34. 黄甫全.论课程范式的周期性突变律 [J].课程·教材·教法，1998（5）.

35. 黄宁生.教师培训方案的设计与撰写：从“国培计划”某些申报方案的问题说起 [J].中小学教师培训，2015（9）.

36. 黄越岭，李鹏，朱德全.资源众筹：“互联网 +”时代教师培训课程供给模式变革 [J].中国电化教育，2017（1）：58-63.

37. 蒋红.教师培训自主选学的大数据分析与思考 [J].中小学教师培训，2017（10）：26-27.

38. 江婧.小学教师校本培训满意度提升策略研究：以重庆两所小学为例 [D].重庆：四川外国语大学，2022.

39. 靳玉乐，黄清.课程研究方法论 [M].北京：人民教育出版社，2012.

40. 科拉·巴格利·马雷特，等.人是如何学习的 II：学习者、境脉与文化 [M].裴新宁，王美，郑太年，译．上海：华东师范大学出版社，2021。

41. 课思课程中心．培训课程开发实务手册 [M]．北京：人民邮电出版社，2017.

42. 李丹，周士玲，金鹏．基于自主选学的长春市中小学教师继续教育学习与管理平台构建研究 [J]．长春教育学院学报，2022，38（6）．

43. 李方．教师培训管理工具箱 [M]．北京：高等教育出版社，2010.

44. 李慧．基于 IPA 分析法的家长视角下研学旅行产品满意度研究 [J]．四川旅游学院学报，2022（2）．

45. 李芒，李子运．"互联网 +"时代高校教师发展的新思路 [J]．中国电化教育，2016，（10）：11-17+50.

46. 李其龙，陈永明．教师教育课程的国际比较 [M]．北京：教育科学出版社，2002.

47. 李琼，裴丽．建设高素质专业化创新型教师队伍：基于《中国教育现代化 2035》的政策解读 [J]．中国电化教育，2020（1）．

48. 李淑敏，时勘．基于胜任特征的培训需求分析 [J]．中国人力资源开发，2009（3）．

49. 李树培，魏非．教师培训需求分析的误区辨析及实践探索 [J]．北京教育学院学报，2018，32（3）．

50. 李永智．资源为本　应用为王　做好平台共建 [N]．中国教育报，2022-03-16（4）．

51. 廖信琳．TTT 培训师精进三部曲 [M]．北京：企业管理出版社，2017.

52. 刘金华．教师教育课程管理者的职能与作用 [J]．中小学教师培训，2011（10）：20.

53. 骆亮，任春亮．自主选学模式促进教师培训机构变革：机遇与挑战 [J]．黑河学刊，2021（6）：59.

54. 马尔科姆·S·诺尔斯，等．成人学习者：成人学习和人力资源发展之权威（第 7 版）[M]．龚自力，马克力，杨勤勇，崔箭，译．北京：北京师范大学出版社，2016.

55. 马建光，姜巍．大数据的概念、特征及其应用 [J]．国防科技，2013，（2）．

56. 潘平．上承战略下接人才：人力资源管理高端视野 [M]．北京：清华大学出版社，2015.

57. 秦卫斌．大数据时代的体育教学问题研究 [J]．长治学院学报，2021，38（2）．

58. 沙景荣，赵兴龙．教师培训课程资源开发与实践研究：微软（中国）教育部"携手助学"项目个案研究 [J]．现代教育技术，2007（6）：71-75.

59. 沙兰·B·梅里亚姆，拉尔夫·G·布罗克特．成人教育的理论与实践：导论 [M]．陈红平，王加林，译．北京：北京师范大学出版社，2016.

60. 施良方．试论课程的心理学基础 [J]．高等师范教育研究，1995，7（2）：26-32.

61. 施良方．课程理论：课程的基础、原理与问题 [M]．北京：教育科学出版社，1996.

62. 石中英．知识转型与教育改革 [M]．北京：教育科学出版社，2001.

63. 舒尔曼.实践智慧：论教学、学习与学会教学 [M].王艳玲，等，译.上海：华东师范大学出版社，2014.

64. 宋宁宁.浙江省中小学教师自主选择式培训调研及建议 [J].浙江外国语学院学报，2017（3）：105-111.

65. 宋时春.中小学教师自主选学培训模型的建构与应用 [J].教师发展研究，2021，5（2）：100.

66. 宋耀武，崔佳.心理学发展与教学设计的演变 [J].教育研究，2018，39（7）.

67. 苏争艳.中学历史教师培训课程标准与评估体系研究 [D].西安：陕西师范大学，2018.

68. 孙华，张志红.反思性实践认识论引领下的人工智能科技教师培训模式创新 [J].未来与发展，2022，46（4）.

69. 汤丰林.教师培训如何突破经验的藩篱：关于教师培训理论建构的哲学省思 [J].北京教育学院学报，2023，37（4）.

70. 田丹丹.中小学教师在线培训课程资源的选择策略与评价机制 [J].辽宁教育，2021（8）：44-46.

71. 托马斯·库恩.科学革命的结构 [M].金吾伦，胡新和，译.北京：北京大学出版社，2003.

72. 王海波，满昆仑.培训设计艺术 [M].北京：清华大学出版社，2018.

73. 王全乐，韩素兰.依据中小学教师培训目标开发培训课程探究 [J].保定学院学报，2013（5）.

74. 王全乐.中小学教师培训课程资源转化策略研究.河北大学成人教育学院学报，2013，15（2）：56-59.

75. 王瑞娥，杨虎.中小学教师培训课程资源库建设的研究与实践：以北京大学"国培计划"项目为例 [J].继续教育，2018，32（6）：9-12.

76. 王伟廉.高等学校课程管理若干问题的探讨 [J].北京大学教育评论，2003，1（2）：81-85.

77. 王晓平.教师培训：从功能、模式到管理 [J].继续教育研究，2013（2）.

78. 王笑地.实践取向的中小学教师培训课程设计研究 [D].贵阳：贵州师范大学，2018.

79. 王彦明.课程超市的构建及其意义 [J].教育导刊（上半月），2013（8）：69-72.

80. 吴刚平，郭文娟，李凯.课程与教学论 [M].上海：华东师范大学出版社，2023.

81. 吴廷熙.教育资源建设之思考 [J].教学与管理，1999（12）.

82. 肖北方.教师职业理想与道德 [M].北京：北京师范大学出版社，2012.

83. 肖建彬.基础教育教师培训课程与培训质量评估研究 [M].北京：北京师范大学出版社，2019.

84. 肖韵竹，张永凯．赓续奋进七十载：北京教育学院干部教师培训历史、经验与未来发展 [J]．北京教育学院学报，2023，37（4）.

85. 徐建华．大数据时代教师培训效果评价方式转型 [J]．中小学教师培训，2016（7）.

86. 徐建华．中小学教师培训自主选学的浙江实践及推进路径 [J]．中国教育学刊，2023（7）.

87. 徐长福．走向实践智慧：探寻实践哲学的新进路 [M]．北京：商务印书馆，2020.

88. 雪伦·B·梅里安，罗斯玛丽·S·凯弗瑞拉．成人学习的综合研究与实践指导（第2版）[M]．黄健，张永，魏光丽，译．北京：中国人民大学出版社，2011.

89. 杨波，张建华．混合式自主选学：教师培训的新选择 [J]．重庆广播电视大学学报，2021，33（6）.

90. 杨建英．区本干部教师培训课程研发的思考与实践 [J]．教师博览，2020（11）：22.

91. 姚春燕．高中教师培训需求分析 [J]．知识经济，2016（4）.

92. 叶雨亭．中学教师信息技术应用能力培训课程满意度研究：以课程《多媒体教学系统应用》为例 [D]．广州：广州大学，2017.

93. 余德英，王爱玲．教师教育课程范式变革及其启示 [J]．教育理论与实践，2018，38（1）.

94. 余胜泉．学习资源建设发展大趋势（上）[J]．中国教育信息化，2014（1）：3-7.

95. 余胜泉．学习资源建设发展大趋势（下）[J]．中国教育信息化，2014（3）：3-6+32.

96. 余胜泉，汪凡淙．数字化课程资源的特征、分类与管理 [J]．大学与学科，2022，3（4）：66-81.

97. 余胜泉，吴娟．信息技术与课程整合：网络时代的教学模式与方法 [M]．上海：上海教育出版社，2005.

98. 余胜泉，朱凌云．《教育资源建设技术规范》体系结构与应用模式 [J]．中国电化教育，2003（3）：51-55.

99. 余新．教师培训师专业修炼 [M]．北京：教育科学出版社，2012.

100. 虞村．成人学习理论发展探究 [J]．中国成人教育，2016（15）.

101. 袁利平，杨阳．施瓦布的"实践"概念及课程旨趣 [J]．全球教育展望，2020，49（1）.

102. 约翰·杜威．我们怎样思维·经验与教育 [M]．姜文闵，译．北京：人民教育出版社，2005.

103. 约翰·杜威．民主主义与教育 [M]．王承绪，译．北京：人民教育出版社，2015.

104. 张华，石伟平，马庆发．课程流派研究 [M]．济南：山东教育出版社，2000.

105. 张华．课程与教学论 [M]．上海：上海教育出版社，2000.

106. 张建伟，陈琦．从认知主义到建构主义 [J]．北京师范大学学报（社会科学版），1996（4）.

107. 张倩. 教师远程培训课程超市资源库构建研究 [J]. 福建教育学院学报, 2021, 22（11）: 21-23+32+129.

108. 张祥龙. 中西印哲学导论 [M]. 北京: 北京大学出版社, 2022.

109. 赵凤平. 课程体系建设: 教师教育的重要环节 [J]. 中小学教师培训, 2012（8）: 19.

110. 赵康. 专业、专业属性及判断成熟专业的六条标准: 一个社会学角度的分析 [J]. 社会学研究, 2000（5）: 30-39.

111. 郑志辉. 课程实施中的教师培训研究: 基于教师改变研究的视野 [D]. 重庆: 西南大学, 2010.

112. 中共浙江省委组织部. 发挥资源优势 推进干部自主选学改革创新 [J]. 党建研究, 2009（8）.

113. 中国大百科全书出版社编辑部. 中国大百科全书·教育 [M]. 北京: 中国大百科全书出版社, 1985.

114. 中小学教师专业发展标准及指导课题组. 中小学教师专业发展标准及指导 语文 [M]. 北京: 北京师范大学出版社, 2012.

115. 张文军, 李云淑, 王俊. 高中课程资源开发和利用的实践智慧 [M]. 北京: 高等教育出版社, 2004.

116. 钟启泉, 胡惠闵. 我国教师教育课程标准的建构 [J]. 全球教育展望, 2005（1）.

117. 钟启泉, 汪霞, 王文静. 课程与教学论 [M]. 上海: 华东师范大学出版社, 2008.

118. 钟启泉. 现代课程论 [M]. 上海: 上海教育出版社, 1989.

119. 钟思明. 基于大数据的陕西省高校排球普修课教学评价模式的构建研究 [D]. 西安: 西安体育学院, 2023.

120. 钟亚妮. 教师专业学习视域中的高质量教师发展: 基于国际研究的探讨 [J]. 中国教师, 2022（7）.

121. 钟亚妮. 完善新任教师专业发展支持体系 [M]. 光明日报, 2023-4-4（13）.

122. 钟亚妮、曹杰、张泽宇. 中小学新任教师专业学习的现状及优化路径: 基于北京市3150 名教师的数据分析 [J]. 北京教育学院学报, 2023, 37（1）.

123. 钟志贤. 信息技术作为学习工具的应用框架研究 [J]. 电化教育研究, 2008（5）: 5-10.

124. 周海涛. 构建教师自主选学的培训机制 [J]. 教育发展研究, 2010, 30（6）.

125. 朱旭东, 廖伟等. 论卓越教师培训课程的构建 [J]. 课程·教材·教法, 2021, 41（8）.

126. 朱旭东. "高素质、专业化和创新型" 教师内涵建构 [J]. 中国教师, 2017（11）.

127. 朱艳玲. 培训需求分析的技术路径及其在农村教师培训中的应用 [D]. 兰州: 西北师范大学, 2012.

128. 朱益明. 改革中小学教师培训的原则与策略 [J]. 教师教育研究, 2017, 29（2）.

129. Australian Institute for Teaching and School Leadership. Australian Professional Standards for Teachers.

130. Basil Bernstein, Joseph Solomon. Pedagogy, Identity and the Construction of a Theory of Symbolic Control: Basil Bernstein questioned by Joseph Solomon[J]. British Journal of Sociology of Education, 1999,20（2）:265−279.

131. CCSSO. InTASC Model Core Teaching Standards and Learning Progressions for Teachers 1.0.

132. Christine Counsell.Disciplinary knowledge for all, the secondary history curriculum and history teachers' achievement[J]. The Curriculum Journal，2011（22）:201 – 225.

133. Cochran−Smith, M., & Lytle, S. L. Relationships of knowledge and practice: Teacher learning in communities[J]. Review of Research in Education, 1999 （24）: 249−305.

134. Department for Education, UK. Teacher Recruitment and Retention Strategy.

135. Department for Education, UK. Teachers' standards.

136. Freidson, E., Professionalism: The third logic[M]. Cambridge: Polity, 2001.

137. H.Taba. Curriculum Development:Theory and Practice. New York: Harcourt,Brace&World, 1962.

138. John−Steiner, V. P. & Meehan T. M. Creativity and collaboration in knowledge construction. In Lee C. D., & Smagorinsky P. （Eds.）. Vygotskian perspectives on literacy research: constructing meaning through collaborative inquiry[M]. Cambridge, 1999.

139. Judyth Sachs. Teacher Professional Standards: Controlling or developing teaching? [J].Teachers and Teaching: theory and practice, 2003,9（2）:175−186.

140. Lieberman A. & McLaughlin M.. Professional development in the United States: Policies and practices[J]. Prospects, 2000, 30（2）, 226.

141. M.Johnson.Definitions and Models in Curriculum Theory[J].Educational Theory, 1967（2）:130.

142. McGehee W.Thayer P W.Training in Business and Industry[J]. New York: Wiley,1961.

143. National Board for Professional Teaching Standards. National Board Standards.

144. National Board for Professional Teaching Standards (NBPTS). Teacher Continuum – Building a Coherent Path to Accomplished Practice.

145. National Board for Professional Teaching Standards (NBPTS). What Teachers Should Know and Be Able to Do.

146. OECD. Supporting Teacher Professionalism: Insights from TALIS 2013[R]. TALIS, OECD Publishing, Paris, 2016.

147. OECD. New insights on teaching and learning: Contributions from TALIS 2018[R]. Teaching in Focus, No. 27, OECD Publishing, Paris, 2019.

148. OECD. TALIS 2018 Results (Volume I): Teachers and School Leaders as Lifelong Learners[R]. TALIS, OECD Publishing, Paris, 2019.

149. OECD. TALIS 2018 Results (Volume II): Teachers and School Leaders as Valued Professionals[R]. TALIS, OECD Publishing, Paris, 2020.

150. Stufflebeam,D.L,Guili Zhang.The CIPP evaluation model:how to evaluate for improvement and accountability[M].London,The Guilford Press, 2017.

后 记

　　强国建设，教育优先；教育发展，教师优先。教师是教育发展的第一资源，是推动教育发展的第一动力。有高质量教师队伍，才有高质量教育体系，才能为建设教育强国、建成社会主义现代化强国提供坚实支撑。而高质量的教师队伍，需要有高质量的教师培训支撑引领、保驾护航。北京教育学院全面贯彻党的教育方针，将高质量教师队伍建设作为教育强国建设的基础工程，以70年深厚的教师培训实践为基础，持续探索高质量教师培训体系理论与实践建设新路径，形成了"新时代高质量教师培训研究丛书"，本书是系列成果之一。

　　加强培训课程建设是深化精准培训改革的重要着力点之一。本书从教师专业标准、教师生涯发展与终身学习等视角，结合课程与教学论等相关理论，力图勾勒出教师培训课程建构的基本架构，并对培训课程内容选择、培训课程实施、培训课程评估与管理、培训课程资源建设等基本流程和关键环节进行深入探索，以提升教师培训课程建构的规范性和科学性，提升培训课程内容与一线教育教学实际的关联度，提高培训课程对教师专业发展个性化需求的满足度，以优质课程助力教师主动适应教育高质量发展和基础教育课程改革的现实需求。

　　我们期望，本书能为各级机构和一线学校优化培训内容、建构高质量培训课程资源、完善自主选学机制等方面提供实践参考，指导教师培训工作者推进教师培训转型升级发展，深化精准培训改革取得实效，进而支持服务教师专业发展和终身成长。

　　本书凝聚了教师培训领域关于培训课程建设脚踏实地、坚持不懈的实践探索与理论探询，是作者协同研究、通力合作的成果。

　　全书分为序（总序、序）、前言、正文、参考文献与后记五部分。其中，总序由北京教育学院党委书记肖韵竹、党委副书记/院长张永凯、副院长汤丰林撰写；序由北京外国语大学党委书记王定华撰写。前言和后记由北京教育学院钟亚妮博士撰写；第一章由北京教育学院许甜博士撰写；第二章由北京教育学院钟亚妮博士撰写；第三章由北京市房山区教师进修学校白永然博士撰写；第四章由北京教育学院王志明博士撰写；第五章由北京市西城区教育研修学院李玮副主任撰写；第六章由北京市朝阳区教师发展学院何冲博士撰写；第七章由北京教育学院于晓雅副教授和北京市东城区教育科学研究院常洁云老师撰写。钟亚妮博士对全书进行统稿修订工作。

感谢北京教育出版社将此研究成果列入出版计划，同时，特别向本书的编辑们致以深深的谢意，他们出色的编校能力、认真细致的工作保证了本书内容的流畅和清晰，极大地提升了本书的品质。在本书撰写过程中，作者还得到来自北京师范大学教育学部、北京开放大学、全国中小学教师继续教育网、西城区教育研修学院、海淀区教育科学研究院等机构的相关领导与专家的指导和帮助。关于本书在研究内容中所存在的不足之处，希望专家和读者不吝赐教。

本书系北京教育学院"十四五"学科创新平台"教师培训学"的研究成果，以及北京市教育科学"十四五"规划 2023 年度优先关注课题"首都基础教育教师培训体系构建研究"（课题编号：BFEA23017）阶段性研究成果。

著者

2023 年 9 月 10 日